CONHEÇA vinhos

Dados Internacionais de Catalogação na Publicação (CIP)
(Jeane Passos de Souza – CRB 8ª/6189)

Vianna Junior (MW), Dirceu
Conheça Vinhos / Dirceu Vianna Junior (MW), José
Ivan Santos, Jorge Lucki. – 3ª ed. rev. ampl. – São Paulo :
Editora Senac São Paulo, 2015.

Bibliografia
ISBN 978-85-396-0839-3

1. Gastronomia 2. Vinhos - Guias 3. Vinhos e vinificação
4. Viticultura I. Santos, José Ivan. II. Lucki, Jorge. II. Título

14-283s   CDD-663.2
                                     BISAC CKB088000

Índices para catálogo sistemático:
1. Vinhos : Guias   663.2
2. Enologia : Guias   663.2

CONHEÇA vinhos

DIRCEU VIANNA JUNIOR (MW) • JOSÉ IVAN SANTOS • JORGE LUCKI

3ª edição revista e ampliada

Editora Senac São Paulo – São Paulo – 2015

ADMINISTRAÇÃO REGIONAL DO SENAC NO ESTADO DE SÃO PAULO
Presidente do Conselho Regional: Abram Szajman
Diretor do Departamento Regional: Luiz Francisco de A. Salgado
Superintendente Universitário e de Desenvolvimento: Luiz Carlos Dourado

EDITORA SENAC SÃO PAULO

Conselho Editorial: Luiz Francisco de A. Salgado
Luiz Carlos Dourado
Darcio Sayad Maia
Lucila Mara Sbrana Sciotti
Luís Américo Tousi Botelho

Gerente/Publisher: Luís Américo Tousi Botelho
Coordenação Editorial: Ricardo Diana
Prospecção: Dolores Crisci Manzano
Administrativo: Verônica Pirani de Oliveira
Comercial: Aldair Novais Pereira

Edição de Texto: Maísa Kawata
Preparação de Texto: Rodrigo Villela, Augusto Iriarte
Revisão de Texto: Gabriela Lopes Adami (coord.), Karinna A. C. Taddeo
Fotografias: dos autores, Claudio Wakahara [figuras 3 (p. 183), 4 (p. 185), 6 (p. 189), 7 (p. 191), 2 (p. 197),
4 e 5 (p. 198)], Vinícola Salton, José Luiz Pagliari (p. 149)
Figuras e mapas: Alberto Massanobu Honda
Projeto Gráfico, Capa e Editoração Eletrônica: Antonio Carlos De Angelis
Impressão e Acabamento: Coan

Proibida a reprodução sem autorização expressa.
Todos os direitos desta edição reservados:
Editora Senac São Paulo
Av. Engenheiro Eusébio Stevaux, 823 – Prédio Editora – Jurubatuba
CEP 04696-000 – São Paulo – SP
Tel. (11) 2187-4450
editora@sp.senac.br
https://www.editorasenacsp.com.br

© José Ivan Santos e Dirceu Vianna Junior, 2010

Sumário

Nota do editor 7

Agradecimentos 11

Apresentação, Beto Gerosa 13

1. Introdução ao vinho 15
2. Clima, solo e plantio 31
3. Uvas viníferas 65
4. Vinificação de tintos, brancos, rosados e doces 85
5. Influência do carvalho 107
6. Práticas enológicas 115
7. Espumantes 125
8. Fortificados 139
9. Das garrafas às rolhas e aos rótulos 155
10. Servir o vinho 177
11. Degustação 191
12. Harmonização de vinho e comida 205
13. Fator saúde 213
14. Vinhos do Brasil 221
15. Vinhos do Chile 263
16. Vinhos da Argentina 321
17. Vinhos do Uruguai 361
18. Vinhos de Portugal 375

Índice remissivo 431

Nota do editor

O CRESCIMENTO DA OFERTA de vinhos de qualidade levou muitos consumidores brasileiros a desejar conhecer melhor a bebida: a diferença entre os tipos e entre os locais de produção, o que afeta o paladar, os aromas e a aparência, enfim, tudo o que lhes permita escolher com critério o vinho que irão consumir.

A vitivinicultura brasileira também tem evoluído bastante nos últimos anos. Mesmo em regiões que não apresentam as condições tradicionalmente consideradas necessárias para o desenvolvimento de uma boa uva, a utilização de tecnologia moderna tem permitido uma melhora acentuada na qualidade dos vinhos produzidos.

O consumo de vinhos argentinos, chilenos, uruguaios e portugueses também tem se destacado. Por isso, os autores de *Conheça vinhos*, Dirceu Vianna Junior – único *master of wine* brasileiro –, José Ivan Santos e Jorge Lucki, dedicaram, nesta terceira edição, capítulos para abordar as especificações de cada uma dessas bebidas.

Com este livro, o Senac São Paulo leva informações às pessoas que desejam conhecer essa cultura e que querem aprender a escolher o vinho mais adequado a cada ocasião, sem se deixar guiar apenas pelo parecer de enólogos, pelo rótulo e pela ideia de que quanto mais caro, melhor o vinho.

Dedico este livro a minha mãe, que me ensinou a lutar com força e determinação para alcançar meus objetivos desde criança. A meu pai, com quem aprendi o valor da humildade. A minha esposa, Adriana, pelo apoio e pela paciência, sem os quais grande parte das minhas conquistas não seria possível. E a minha filha, Sophia, simplesmente por existir e me fazer sorrir.

DIRCEU VIANNA JUNIOR

Dedico este livro a meus netos, Luiz Felipe, Enzo e Mariá, que alegram meus dias desde que chegaram.

JOSÉ IVAN SANTOS

A Ju e a Lonka z"l.

JORGE LUCKI

Agradecimentos

PARA ESTA REVISÃO foram importantes as sugestões feitas por especialistas, que permitiram aperfeiçoar o texto e as imagens.

Gostaríamos de consignar nossa gratidão a alguns deles:

- Aos jornalistas José Maria Santana, da revista *Gula*, e Jorge Carrara, da revista *Prazeres da Mesa*, a Roberto Gerosa (Blog do Vinho), a José Luiz Giorgio Pagliari, do Senac São Paulo, a Gustavo Andrade de Paulo, da Associação Brasileira de Sommeliers (ABS-SP), aos pesquisadores da Embrapa Uva e Vinho: Celito Crivellato Guerra, Mauro Celso Zanus e Giuliano Pereira; a Viniportugal – representado por Sonia Vieira, Sofia Roquette e Marta Galamba –, a Wines of Chile – representado por Alessandra Casolato e Magaly Corgosinho (CH2A) –, a Wines of Argentina e a Wines of Uruguay.

Apresentação

CERTO DIA, um vinho lhe chama a atenção. Você leva a taça próxima ao nariz e percebe um aroma qualquer — e identifica uma fruta, uma flor, algo que atiça sua curiosidade. Ou então, um gole lhe dá uma imensa satisfação e o sabor do vinho permanece em sua memória gustativa. A primeira providência é anotar o nome. Em seguida, procurar mais informações: o tipo de uva, o país de origem, a região onde foi produzido. A razão? Simples. Você quer sentir aquela sensação prazerosa outra vez. E, para isso, procurar entender um pouco mais sobre o tema. Não tem volta. Você foi definitivamente fisgado pelo "mundo do vinho". E quer saber mais. É esse conhecimento que este livro que você tem em mãos passa aos seus leitores.

Como um bom livro de referência, esta obra pode ser lida na sequência ou pulando os capítulos, indo direto ao que interessa. De forma didática e com linguagem simples, explora desde a história do vinho, passando por informações básicas de plantio, principais uvas, vinificação e estilos de vinho, até uma parte mais prática que desmistifica e facilita o serviço do vinho, as etapas da degustação, a harmonização com comida e ainda traz informações sobre tipos de rolha, garrafas e como entender os rótulos.

Se na última edição um capítulo exclusivo sobre os vinhos brasileiros mostrava as principais regiões e produtores nacionais, o serviço foi ampliado com um rico material sobre os países mais vendidos no mercado brasileiro: uma ampla radiografia sobre as regiões vinícolas e os principais produtores da Argentina, do Chile, do Uruguai e de Portugal. Com informação precisa, esses novos capítulos vão ajudar a entender e a escolher um vinho entre tantos rótulos disponíveis desses países.

Lançado em 2011, *Conheça vinhos*, da autoria de Dirceu Vianna Junior (único *master of wine* brasileiro) e de José Ivan Santos, já tem seu lugar na biblioteca dos amantes do vinho. Mais completo e com o conteúdo original revisto, chega à sua terceira edição com a colaboração do especialista Jorge Lucki. Esse trio, assim como nos melhores *assemblages*, junta conhecimento e experiência para proporcionar uma leitura que certamente vai ajudar a compreender melhor o universo fantástico dos tintos, brancos, espumantes e fortificados. Saúde!

BETO GEROSA
Jornalista, autor de Blog do Vinho e colaborador da revista The President

Introdução ao vinho

A ORIGEM DO VINHO é anterior ao aparecimento da escrita e, portanto, da História; em uma época em que a vida era árdua, às vezes brutal e curta, outras vezes envolvida por medo e doenças. O vinho servia como elixir. Em alguns casos, servia como remédio, um tônico natural; em outros, aliviava o fardo do dia a dia. Por um curto período proporcionava alegria, alívio e ajudava a esquecer as dificuldades, os medos e os problemas de uma vida difícil. Com certeza não foi o aroma atrativo ou o gosto que inicialmente levaram nossos ancestrais a experimentar e explorar o vinho, mas sim o seu efeito. Foi ele que levou uma donzela do harém do rei Jamshid da Pérsia a descobrir o vinho. Diz a lenda que, em seu castelo, as uvas eram guardadas em jarros. Um desses vasilhames começou a exalar aromas estranhos e a borbulhar. Foi separado por ser algo que poderia conter um líquido venenoso. A donzela, que sofria de dores extremamente fortes, decidiu acabar com a própria vida bebendo o tal veneno. O resultado foi inicialmente de euforia e alívio, seguido por um profundo sono. A notícia da bebida milagrosa se espalhou pelo reino e logo ganhou fama. São histórias deliciosas. Mas, a rigor, a descoberta das bebidas fermentadas perde-se nos primórdios da vida do homem na Terra e certamente foi fruto do acaso.

Escavações arqueológicas revelaram informações importantes. Por exemplo, em virtude do formato das sementes, temos evidências de que a transição de pés de uvas selvagens para o cultivo ordenado de vinhedos já acontecia na Idade da Pedra, cerca de 5000 a.C. A Bíblia defende a tese de que a área em que se originou o vinho foi a região montanhosa do Cáucaso. O mistério da transformação da uva em vinho, sem interferência humana, contribuiu para a mística de sua origem divina.

Mas uma coisa é certa: o vinho é uma bebida que acompanha a humanidade desde o início. Nasceu no Oriente, como a civilização. Espalhou-se por todo o mundo, tornou-se companheiro do homem nos momentos de alegria ou tristeza e ocupou importante papel cultural, político e religioso na vida de inúmeros povos.

No antigo Egito, faraós e nobres consumiam a bebida. Belos desenhos que retratavam a colheita dos cachos decoravam o interior das tumbas reais. Entretanto, a era vinícola, como a conhecemos hoje, começa com os gregos e os fenícios, que colonizaram o Mediterrâneo a partir de 1500 a.C.

e espalharam vinhedos pela França, Espanha e principalmente Itália, denominada então Enotria, o país das vinhas. Os romanos seguiram seus passos. Plantavam uvas e bebiam vinho em quantidades prodigiosas, no embalo de suas famosas orgias. Júlio César conquistou a Gália e estabeleceu as raízes dos grandes vinhedos franceses. Na Idade Média, a herança dos antigos foi zelosamente preservada pelos mosteiros. Os monges espalharam os vinhedos por toda a Europa, como os de Clos de Vougeot, na Borgonha francesa, e de Steinberg, no Rheingau, uma das grandes regiões vinícolas alemãs.

A Idade Moderna também deixou suas marcas no vinho. No século XVII, surgiram as garrafas de vidro e, logo depois, as rolhas de cortiça, até hoje alguns dos melhores materiais para embalar e conservar a bebida. No século XIX, o mercado do vinho conheceu grande crescimento, até que ocorreu uma tragédia: a partir da década de 1860, uma praga, a *Phylloxera vastatrix*, destruiu quase todos os vinhedos da Europa. Somente depois de muitos anos de pesquisa, descobriu-se

Fermentação alcoólica

a solução, que veremos a seguir, e salvaram-se os parreirais.

Por um bom tempo, a existência da indústria vitivinícola foi ameaçada. Passado o susto, a produção europeia manteve seu curso, fazendo vinhos da mesma maneira que antes. Algumas áreas, entretanto, deixaram de produzir vinhos definitivamente.

Graças ao trabalho de Louis Pasteur, na metade do século XIX, a indústria começou a entender os processos microbiológicos relacionados ao vinho. Pasteur descobriu que a fermentação ocorria pela presença de micro-organismos.

Uma nova revolução aconteceu nas últimas décadas. Vinhateiros do Novo Mundo, especialmente da Califórnia, nos Estados Unidos, e da Austrália, mostraram que também podem fazer bons vinhos com uma tecnologia proveniente dos modernos recursos da ciência.

O vinho é uma bebida natural. As uvas amassadas constituem o mosto. Um micro-organismo que se forma na pele da uva, chamado levedura, converte o açúcar da uva em álcool etílico e gás carbônico (CO_2). Esse fenômeno é denominado fermentação alcoólica e sua formulação simples é:

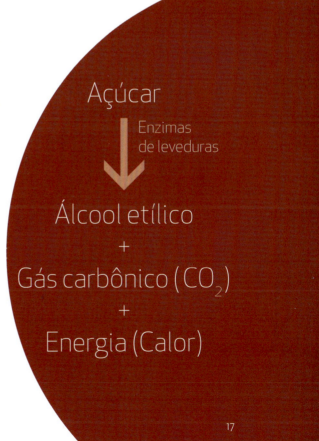

Açúcar
↓ Enzimas de leveduras
Álcool etílico
+
Gás carbônico (CO_2)
+
Energia (Calor)

O vinho, portanto, decorre da fermentação natural do açúcar das uvas, mas é necessária a mão do homem para que ele alcance toda a sua plenitude.

A fermentação alcoólica é uma reação exotérmica (ocorre com aumento de temperatura), pois a levedura libera energia térmica durante o processo. É um primeiro fator que se deve observar, já que a temperatura pode chegar até a 45 °C ou mais e, nessas condições, as leveduras podem morrer sem concluir a fermentação. Vinhos brancos são geralmente fermentados entre 10 °C e 15 °C; em alguns lugares a temperatura é um pouco mais elevada, mas raramente ultrapassa 20 °C. Vinhos tintos exigem temperaturas mais elevadas, geralmente entre 25 °C e 30 °C, para facilitar a extração de componentes desejáveis.

O maior componente do vinho é a água, que corresponde a cerca de 80% de seu volume. Os açúcares da uva são a glicose e a frutose. A glicose é a primeira a participar da fermentação, e no final, havendo açúcar residual, ele é quase todo de frutose. Com relação ao álcool etílico, diremos, inicialmente, que 17 gramas de açúcar existentes em 1 litro de mosto produzem 1 grau alcoólico, em geral indicado em porcentagem de volume (% vol.). Essa relação entre açúcar e álcool pode variar em razão do tipo de levedura, pois algumas são mais eficientes do que outras durante a conversão. Então, um vinho com 12% vol. provém de uvas com mosto de 205 gramas de açúcar por litro.

A maior parte do gás carbônico é liberada no meio ambiente durante o processo da fermentação; pequena parte permanece diluída no vinho. Em certos casos, esse gás carbônico é preservado, pois faz parte do estilo do vinho. Contudo, na maioria dos casos, o nível de gás carbônico deve ser ajustado antes de ser engarrafado.

Além do álcool etílico e do gás carbônico, durante o processo de vinificação formam-se em menor volume outras substâncias, que incidem de maneira notável sobre as características organolépticas (que impressionam os nossos sentidos) do vinho. A qualidade e a

Videira

quantidade dessas substâncias dependem do tipo de uva, da levedura e das condições de fermentação. Sabe-se que mais de oitocentas substâncias químicas naturais podem ser identificadas no vinho.

Por último, destacamos que existem substâncias do mosto que passam para o vinho sem sofrer alteração e outras que se modificam por processos alheios à fermentação alcoólica.

A videira (ou parreira) é uma árvore trepadeira formada por raízes, tronco e ramos longos e flexíveis, chamados sarmentos, onde se localizam as folhas, as flores e os frutos.

As raízes ficam enterradas, fixando a videira no solo. Sua principal função é a absorção dos nutrientes que ali existem, como água e substâncias minerais, necessários ao desenvolvimento da videira e ao processo de frutificação. Formam um sistema radicular que pode chegar a mais de 10 m de profundidade, atravessando camadas do solo e do subsolo, onde absorvem os nutrientes que são enviados às partes superiores e processados pelas folhas.

O tronco é a parte da videira que sai do solo e sustenta todo o conjunto aéreo. Funciona como um condutor de seiva (conjunto de nutrientes) das raízes às folhas. Acima do tronco, espalham-se os sarmentos, cujas ramificações se enchem de folhas e, no final do ciclo anual, de cachos de uvas.

As folhas podem ser consideradas, na videira, como verdadeiras usinas

Figura 1. Estrutura da videira.

produtoras de açúcar, pelo fato de nelas se realizar o processo conhecido como *fotossíntese*, que consta de uma série de reações químicas. De forma simplificada, no entanto, pode-se considerar que as plantas combinam o gás carbônico do ar com a água que foi absorvida da terra na obrigatória presença de luz. Produzem-se açúcares e oxigênio, sendo este devolvido à atmosfera. Os açúcares, como a glicose, são substâncias fundamentais para a produção do vinho. Numa folha, distinguimos duas partes: o limbo, que é a folha propriamente dita, e o pecíolo, o cabinho que prende a folha no ramo. O limbo possui cinco cordões principais, chamados nervuras, e, no seu contorno, saliências e reentrâncias formam uma borda denteada (figura 3). Conforme o tipo de videira, as folhas têm determinadas características, como forma de coração ou de cunha, denteada, arredondada ou angulosa.

Os frutos apresentam-se na videira em forma de cacho de botões (figura 2).

A flor jovem da videira tem um cabinho, o pedúnculo, na extremidade do

Figura 3. Estrutura da folha.

Figura 2. Frutos da videira.

qual existe um cálice – conjunto de folhinhas verdes chamadas sépalas (figura 4).

A flor é hermafrodita, possuindo órgãos masculino e feminino. A parte masculina é composta pelos estames (antera e filamento), produtores de pólen, e a parte feminina é composta pelo ovário e pelo estigma, que futuramente originará a uva. Após a queda do capuz protetor dos órgãos reprodutores, o pólen é depositado sobre o estigma (polinização). O ovário contém pequenas estruturas, os óvulos; depois de fecundado, o ovário se transforma em fruto (a própria uva), e os óvulos originam as sementes. A figura 5 mostra o corte esquemático da flor de uma videira e seus elementos reprodutores.

Canópia é o termo que designa toda a parte aérea da videira com os sarmentos, as folhas, as flores e os frutos.

Em estado selvagem, a videira tem um grande desenvolvimento vegetativo. Por essa razão, cresce com muitas flores e produz uvas pequenas, de sabores ácidos e pouco aromáticos. Com o passar do tempo, descobriu-se que a poda, além de reduzir o tamanho dos sarmentos,

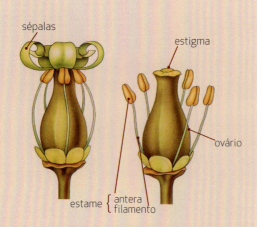

Figura 4. Estrutura de uma flor da videira.

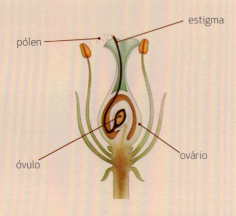

Figura 5. Elementos reprodutores da flor.

Espécies europeia e americana – filoxera

tornava-os mais fáceis de ser trabalhados e a qualidade das uvas melhorava de maneira surpreendente. À medida que se aprendia com experiências, constatou-se que as videiras davam melhores uvas em determinados tipos de terrenos e de climas. Foi também a experiência que ensinou quais os tipos de videiras que permitiam a elaboração dos melhores vinhos.

Vinhedo (ou parreiral) é um conjunto de videiras plantadas próximas entre si.

A espécie de videira europeia, do gênero botânico *Vitis* e nome específico *vinifera*, produz uvas com teor de açúcar e elementos ácidos em condições de produzir vinhos de qualidade. Existem mais de 5 mil variedades, das quais não muito mais do que setenta são as responsáveis pela produção dos melhores vinhos do mundo.

Os frutos do gênero da videira americana, que inclui as espécies *Vitis labrusca*, *riparia*, etc., são mais utilizados como porta-enxerto, uvas de mesa e para a elaboração de sucos; não produzem vinhos de qualidade.

Durante alguns séculos, em diferentes regiões da Europa, a *Vitis vinifera* reproduzia-se por multiplicação de estacas. Simplesmente cortava-se um sarmento da árvore-mãe e o enterrava. As raízes multiplicavam-se com rapidez, originando uma árvore-filha idêntica à original.

Na metade do século XIX, uma praga levada dos Estados Unidos atacou as raízes das videiras na Inglaterra. Logo se propagou para a França, Espanha, Itália

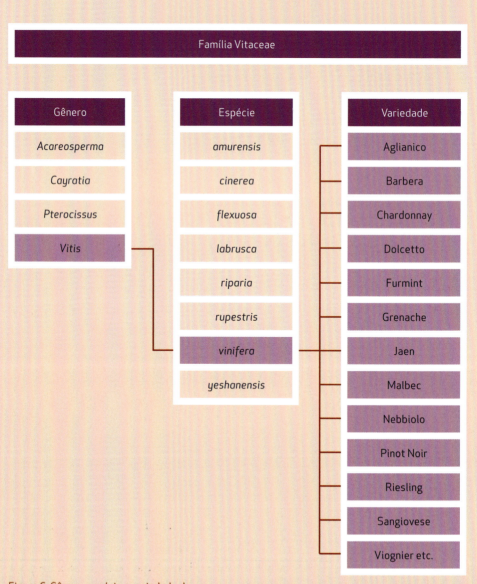

Figura 6. Gênero, espécie e variedade de uva.

e outros países, arrasando plantações. Antes do início do século XX, a maior parte dos vinhedos do mundo tinha sido atacada pela praga. A filoxera (figura 7), um inseto minúsculo, originário da costa oeste dos Estados Unidos, encontra na *Vitis vinifera* o que precisa para a sua sobrevivência. Ela se alimenta picando a camada da raiz imediatamente abaixo da epiderme da planta. Como nas videiras europeias essa camada é pouco ativa, ela não cicatriza em seguida, dando tempo para que micróbios do solo penetrem e provoquem a decomposição da planta. Na espécie americana, ao contrário, a camada subepidérmica é bastante ativa e rapidamente cicatriza a ferida, mantendo as raízes imunes à degeneração.

Constatou-se que o inseto não atacava as partes aéreas da *Vitis vinifera* e, como as raízes das videiras americanas eram resistentes a ele, desenvolveu-se a técnica da enxertia: em uma videira americana, corta-se o seu caule e, no corte, enxerta-se uma vara de videira europeia (figura 8). Com essa técnica, conseguiu-se uma videira com raiz resistente à filoxera e

Figura 7. Filoxera.

Figura 8. Enxerto.

Porta-enxertos e clones

um fruto com as características da espécie europeia. O porta-enxerto americano é um simples condutor de seiva; a parte superior, derivada da variedade europeia, determina a qualidade da uva e, portanto, do vinho.

Hoje, quase toda *Vitis vinifera* que se cultiva no mundo está enxertada sobre um pé de videira americana. O Chile é um dos poucos países onde não houve ataque da praga, porque os importantes acidentes geográficos que delimitam o território impediram seu ingresso. O oceano Pacífico ao oeste, o deserto de Atacama ao norte, a cordilheira dos Andes ao leste e as geleiras do sul foram barreiras naturais que protegeram o país da filoxera. As videiras europeias, plantadas diretamente no solo, são denominadas pé-franco e têm maior longevidade do que as enxertadas. Além do Chile, outros poucos lugares do mundo, como algumas regiões da Austrália, da Espanha e de Portugal, ostentam esse privilégio em razão do tipo de solo.

Para se realizar a enxertia, os dois elementos devem ter as mesmas dimensões, e a secção do corte deve permitir maior superfície de contato entre as partes.

Antigamente, os enxertos eram feitos de forma manual; hoje, são realizados por máquinas, como demonstrado na figura 9a.

A figura 9b mostra a sequência do enxerto.

Na figura 10a, tem-se um feixe de mudas enxertadas e, na figura 10b, a sua implantação no solo.

Para protegê-lo de infecções, o enxerto é recoberto de parafina. A maioria das videiras do mundo é propagada por meio de enxertos.

A escolha do porta-enxerto é tão importante quanto a do enxerto que originará as uvas, pois tem que se adaptar ao solo, às condições externas do vinhedo e à variedade europeia.

Clone é uma videira proveniente de uma propagação vegetativa a partir da seleção de uma planta-mãe, escolhida por possuir certas características superiores. Cada videira mantém características individuais

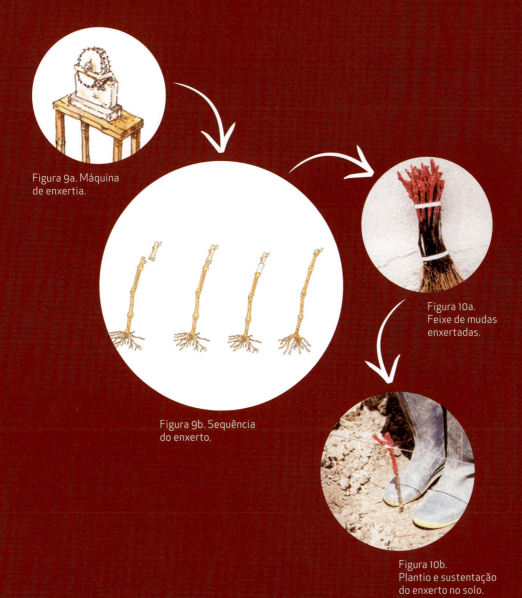

Figura 9a. Máquina de enxertia.

Figura 9b. Sequência do enxerto.

Figura 10a. Feixe de mudas enxertadas.

Figura 10b. Plantio e sustentação do enxerto no solo.

Cacho de uva

idênticas às da planta original. Por exemplo, o clone da uva Sangiovese HV6-9 proporciona alto rendimento, mas a qualidade da fruta, e consequentemente do vinho, é inferior se comparada à do clone 7, que gera bagos pequenos, de pele mais grossa e uvas de qualidade superior. Algumas variedades, como a Pinot Noir, estão mais sujeitas à mutação genética, portanto existem muitos tipos de clones dessas variedades.

Além da espécie de uva desejada, deve-se considerar o porta-enxerto e ambos devem ser compatíveis entre si e com o meio ambiente. Quando o clone não se mostra compatível com o porta-enxerto, em pouco tempo a planta morre.

O cacho de uva é composto de um esqueleto, que é uma parte lenhosa chamada engaço, a qual se ramifica de modo que na extremidade se encontre um bago (figura 11).

O engaço é muito rico em uma substância chamada tanino, responsável por conferir estrutura mas também adstringência ao vinho. Por isso, o engaço, em geral, é separado no momento da elaboração do vinho.

A pele é o revestimento do bago e contém substâncias tânicas, que são responsáveis pela sensação de rugosidade em vinhos tintos jovens; também contém antocianinas, componentes químicos que dão cor ao vinho, e outros componentes importantes. A pele muda de cor durante o ciclo anual da uva; deixa de ser verde e torna-se amarela nas uvas brancas e roxo-violácea nas uvas tintas. A parte externa da pele é recoberta por uma cera, chamada pruína, na qual se depositam as leveduras, capazes de provocar a fermentação alcoólica.

A polpa é o elemento mais importante, pois contém os açúcares que, ao serem fermentados pelas leveduras, convertem-se em álcool etílico e gás carbônico. É composta, em sua maior parte, por água, que representa cerca de 90% do peso do bago. Contém também três ácidos orgânicos – tartárico, málico e cítrico –, além de substâncias orgânicas nitrogenadas e matérias minerais. O suco, seja de uva tinta ou branca, geralmente é incolor, exceto o das uvas chamadas tintureiras, como a Alicante Bouschet, cuja polpa é rubra.

As sementes, que se localizam no centro do bago, além de tanino, contêm um óleo vegetal que é usado na indústria de cosméticos. Ele é amargo e, se liberado, prejudica o gosto do vinho. Na elaboração de um vinho de qualidade, deve-se tomar muito cuidado para não esmagar as sementes.

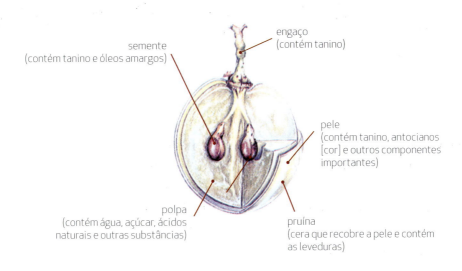

Figura 11. Estrutura do bago.

Leveduras

As leveduras são fungos microscópicos que transformam naturalmente o açúcar da uva em álcool. Existem várias espécies de leveduras que podem fazer parte da fermentação alcoólica, entretanto, a *Saccharomyces cerevisiae* é, sem dúvida, a mais importante. Tem uma morfologia extremamente simples: a célula única possui, de fora para dentro, uma parede celular e uma membrana plasmática que envolve o citoplasma, no interior do qual ocorrem as reações bioquímicas da fermentação alcoólica.

Como todo organismo vivo, as leveduras necessitam de energia para sobreviver. A fermentação é um processo celular no qual elas atacam o açúcar do suco para retirar a energia de que necessitam. O álcool resultante dessa reação é rejeitado pelas leveduras, que se multiplicam rapidamente no início da fermentação alcoólica, depois estacionam e começam a decair. O álcool produzido é um resíduo tóxico para elas e, quando ele atinge determinado teor, acaba destruindo-as.

As leveduras que o bago contém naturalmente em sua pele passam ao mosto quando a uva é esmagada. Elas são denominadas leveduras selvagens. Muitos produtores preferem fermentação espontânea, deixando essas leveduras agirem naturalmente, pois acreditam que dão mais caráter ao vinho. Entretanto, elas são imprevisíveis e podem originar componentes indesejáveis, vindo a prejudicar a qualidade do produto final. Por esse motivo, a maioria dos produtores prefere usar leveduras cultivadas. Estas são previamente isoladas, selecionadas e cultivadas por laboratórios especializados em várias regiões do mundo, principalmente na França, na Austrália e no Canadá. Esse tipo de levedura é fácil de usar. Consiste em um pó branco vendido em pacotes de um quilograma. Basta que sejam reidratadas e colocadas em contato com o mosto. Como seu comportamento é previsível, dão mais segurança ao produtor.

Clima, solo e plantio

SEM BOAS UVAS, nunca se faz um grande vinho. A produção de um vinho de qualidade começa, portanto, no vinhedo. Esse é o segredo. Não inclui apenas as plantas, e sim uma harmoniosa combinação do clima, do solo e das espécies de uva.

A França tem a tradição de cultivar várias das melhores variedades do mundo. Isso se deve ao fato de os franceses terem percebido, com o passar dos séculos, que um tipo de uva produz vinhos melhores quando a videira é plantada em determinado tipo de clima e solo. É o conceito de *terroir*, que agora está sendo seguido pelos produtores de vinho do restante do mundo. As qualidades organolépticas de uma mesma espécie de uva plantada em regiões diferentes, apesar de o vinho mostrar algumas características semelhantes, podem variar notavelmente.

Clima

O clima tem influência fundamental sobre a videira e seu ciclo anual na região onde ela cresce.

Para o desenvolvimento da videira, o inverno é útil para o repouso da planta, ao passo que uma temperatura regular na primavera favorece a brotação e a floração. O sol tem influência decisiva no bom amadurecimento, o qual tem um impacto direto na concentração de açúcar e ácidos que compõem a fruta.

Um excesso de chuva no verão encharca os frutos, provocando a diluição dos aromas e sabores e causando doenças.

A videira é adaptável a diferentes climas, mas alcança sua maior expressão em regiões de zona temperada, nas quais as estações do ano se caracterizam por invernos frios, verões quentes e secos, outonos ensolarados e tépidos. As zonas temperadas dos hemisférios Norte e Sul, balizadas pelas latitudes 30° e 50°, são consideradas as regiões apropriadas para o desenvolvimento da viticultura (mapa 1).

Como se nota no mapa-múndi, no hemisfério Norte as regiões apropriadas espalham-se por parte dos Estados Unidos e parte da Europa, e, no hemisfério Sul, pela parte meridional da América do Sul, África do Sul, Austrália e Nova Zelândia. Além das regiões que ficam entre essas latitudes, existem vinícolas no Reino Unido, México, Peru, Nordeste do Brasil, na Índia e em outros países.

As condições do tempo são uma preocupação constante: geada, vento forte, granizo e muita chuva são as principais ameaças para o vinhedo. A umidade relativa do ambiente, a luminosidade, a diferença de temperatura entre dia e noite, e os dias de sol são fatores que determinam a qualidade da colheita.

Mapa 1. Regiões apropriadas para a viticultura no mapa-múndi.

Localização dos principais vinhedos do mundo

O vinho é produzido nos mais diferentes países do mundo, mas não se pode negar que a França, em matéria de qualidade, é um dos principais produtores. Ela conta com aspectos geográficos e climatológicos bastante distintos. Inclui vinhedos localizados em regiões bastante frias, como Champagne e Chablis, até regiões de climas quentes, como o sul do Vale do Rio Rhône e Languedoc-Roussillon. Consequentemente, entre os dois extremos, há uma série de regiões vinícolas onde determinadas uvas encontram condições quase perfeitas para ser cultivadas. Desde os legendários Bordeaux, sedosos Borgonhas, encorpados vinhos do Rhône, elegantes e frutados vinhos da Alsácia, refrescantes vinhos do Loire, até os vinhos de ótima relação qualidade/preço provenientes do sul da França, são oferecidos vinhos para qualquer paladar e ocasião. Nenhum país produz vinhos finos com tanta diversidade.

A Itália, outro grande produtor, também mostra uma riqueza de vinhos em todas as suas regiões, e três delas se destacam: duas no norte (Piemonte e Vêneto) e uma no centro, a Toscana. Mas, em outras áreas, vários vinhos já atingiram elevado estágio de qualidade. Suas regiões podem ser divididas em: Itália do Norte (Vale de Aosta, Piemonte, Lombardia, Trentino-Alto Ádige, Vêneto e Friul), Itália Central (Toscana, Emília-Romanha, Úmbria, Marcas, Lácio e Abruzos) e Itália do Sul (Campânia, Molise, Apúlia, Basilicata, Calábria, Sicília e Sardenha).

A Espanha tem uma área de vinhedos maior do que qualquer outro país, sendo o terceiro produtor mundial, atrás da Itália (1º) e da França (2º). Entre suas regiões, Rioja e Ribera del Duero são as principais, seguidas pela Catalunha. Outras regiões importantes são Rias Baixas, Toro, Rueda, Navarra, Priorato, La Mancha e Jerez.

Portugal é um pequeno retângulo no canto da Europa que atualmente já está incluído entre os principais produtores de vinho do mundo. O consumo de vinhos portugueses no Brasil é relevante. Eles serão examinados separadamente mais adiante neste livro.

Mapa 2. Regiões vinícolas da França.

Mapa 3. Regiões vinícolas da Itália.

Mapa 4. Regiões vinícolas da Espanha.

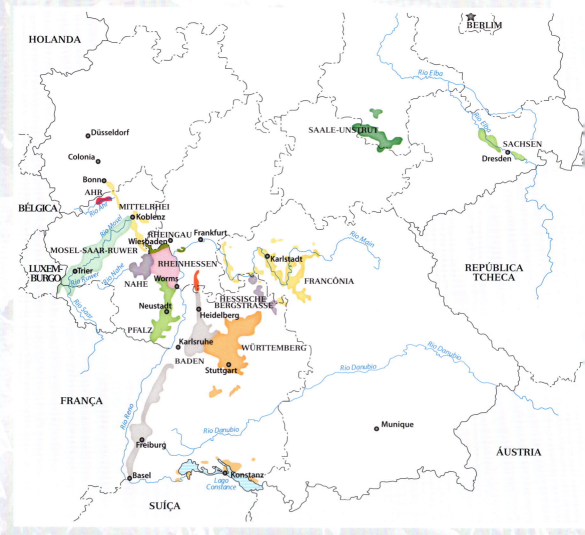

Mapa 5. Regiões vinícolas da Alemanha.

As principais regiões vinícolas da Alemanha são Mosel-Saar-Ruwer, o Vale do Reno (Rheingau, Nahe, Rheinhessen e Pfalz) e a Francônia (em alemão, Franken). Além dessas regiões clássicas, onde prevalecem os famosos vinhos brancos, a Alemanha já está gradualmente se consagrando por fazer vinhos tintos de altíssima qualidade. Destacam-se as regiões de Ahr, Pfalz e Baden.

Ainda na Europa, embora em menor quantidade, ganham espaço hoje os vinhos produzidos na Grécia, Hungria, Croácia, Eslovênia e Áustria.

Nos Estados Unidos, a produção está concentrada na Califórnia, no noroeste do Pacífico (Oregon e Washington) e no estado de Nova York.

Na África do Sul, as principais regiões vinícolas ficam na parte oeste do país conhecida como Western Cape, próxima à costa. Nela ficam Constantia e Cape Point, Durbanville, Paarl, Stellenbosch, Swartland e Tulbagh.

Na Austrália, as principais regiões vinícolas situam-se no sudoeste, incorporando as regiões de New South Wales, onde fica o Hunter Valley; Victoria, que abrange o Yarra Valley, e South Australia, composta por Barossa (a mais importante do país), Clare Valley e Eden Valley, McLaren Vale, Coonawarra e Padthaway. Grandes vinhos também são produzidos no extremo oeste do país, em Western Australia e na Tasmânia, famosa pelos vinhos espumantes.

A Nova Zelândia também vem ganhando espaço na produção de vinhos com refrescantes brancos e bons tintos.

Na América do Sul, destacam-se o Brasil, o Chile, a Argentina e o Uruguai, cujos vinhos serão analisados em capítulos à parte.

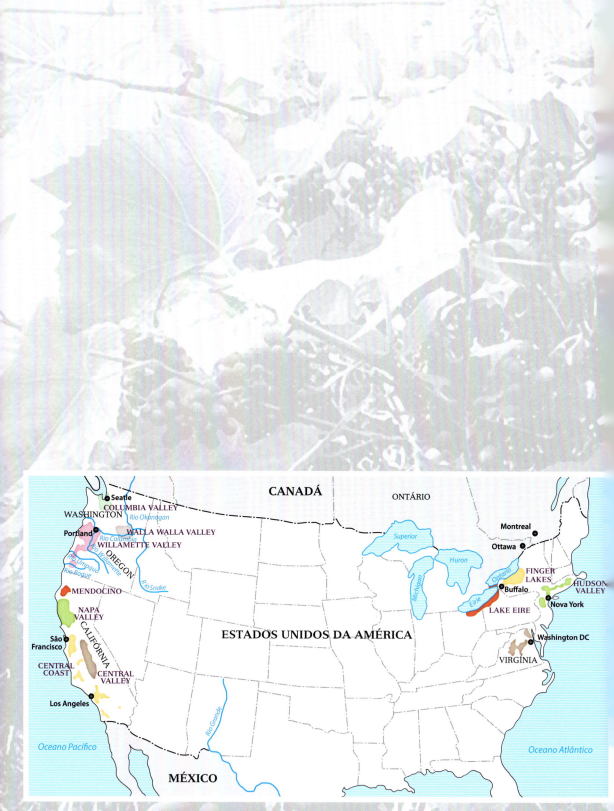

Mapa 6. Regiões vinícolas dos Estados Unidos.

Mapa 7. Regiões vinícolas da África do Sul.

Mapa 8. Regiões vinícolas da Austrália.

Solo

Para a obtenção de uvas de qualidade, o solo onde a videira é plantada pode ter a mesma importância que o clima. A combinação adequada de ambos permite produzir bons vinhos. A videira é uma planta resistente, capaz de se adaptar a diversas condições: solos arenosos, argilosos, pedregulhosos, etc., mas não tolera umidade excessiva.

Os mais consagrados vinhedos do mundo encontram-se em solos onde praticamente nenhuma outra cultura seria possível. A videira prefere solos superficialmente pobres, secos, soltos e com boa drenagem, para o escoamento das águas superficiais, e, assim, as raízes têm grande desenvolvimento.

Uma videira pode produzir até em areia, como ocorre em Portugal. As uvas para a elaboração dos vinhos de Colares, na região de Lisboa – um bom vinho tinto do país –, provêm de videiras plantadas nas praias do Atlântico. O solo, composto em sua totalidade por areia, impede o desenvolvimento da filoxera, e as uvas vêm de uma videira pé-franco. Ao contrário, em solos ricos em matéria orgânica, onde as raízes encontram rapidamente os nutrientes de que necessitam, as videiras têm folhagens exuberantes. A planta concentra a maior parte de sua energia no crescimento vegetativo, e as uvas têm dificuldade de alcançar o amadurecimento. Consequentemente, são pobres em antocianinas, responsáveis pela cor dos vinhos, polifenóis que dão estrutura e demais componentes que propiciam aroma e sabor ao vinho.

Os melhores solos são os que permitem a penetração das raízes de até 10 m ou mais de profundidade, em busca de umidade e nutrientes que alimentem seus tecidos. Isso ocorre em solos profundos e soltos como os de calcário e cascalho (figuras 1a e 1b).

Os solos de pedregulho (figura 1c) são também ótimos, pois, além de refletir o calor do sol para a fruta, contribuindo para seu amadurecimento, têm a vantagem de armazenar o calor durante o dia, o que ajuda a manter a temperatura das raízes durante o período noturno.

SOFRER É PRECISO

Nos terrenos propícios às videiras, as raízes devem realizar um trabalho difícil e tortuoso: a planta tem que lutar para sobreviver. Dará, então, uvas com maior concentração de aromas, cor e tanino, capazes de originar os melhores vinhos do mundo. Para explicar os legendários vinhos tintos de Bordeaux, na França, é comum entre os produtores a frase: "É preciso que a planta sofra para se ter um grande vinho".

Finalmente, a composição do solo tem importância direta na qualidade. Essa composição não é homogênea e, numa mesma região, determinadas áreas produzem vinhos melhores do que outras. Por exemplo, os vinhos da região de Muscadet, no Vale do Loire, de videiras plantadas em solos arenosos são leves, frutados e acessíveis quando jovens. Por outro lado, vinhedos plantados em solos cobertos de xisto são responsáveis por vinhos bem definidos, firmes e com características minerais.

Figura 1. a) Calcário; b) cascalho; c) pedregulho.

Figura 2. Solo de xisto.

Topografia

A videira precisa de calor e luz para se desenvolver, e pesquisas mostram que a fotossíntese e, consequentemente, o desenvolvimento da planta ocorrem quando a temperatura se situa entre 25 °C e 28 °C. Para atingir a temperatura ideal, as variações na topografia têm papel decisivo no cultivo das uvas.

- **INCLINAÇÃO (ENCOSTA):** os terrenos planos, sobretudo na parte mais baixa dos vales, geralmente são férteis demais, ao contrário das encostas, que garantem melhor escoamento das águas e onde o ângulo de incidência dos raios solares é mais favorável.
- **DIREÇÃO (ENCOSTA):** dependendo da região, a direção do vinhedo exerce um papel importante. Por exemplo, nas regiões frias do norte da Europa, encostas na direção sul são preferíveis, pois a incidência solar é maior.
- **ALTITUDE:** é outro fator importante em razão da sua influência direta na temperatura. As temperaturas

diminuem 0,6 °C a cada 100 m que se sobe em relação ao nível do mar. Em várias regiões produtoras quentes – por exemplo, na Argentina –, o cultivo das videiras tem se deslocado para regiões de maior altitude. Ao contrário, em algumas regiões da Europa, é importante não perder um grau de temperatura, e as videiras são cultivadas entre 50 m e 350 m acima do nível do mar.

- ÁGUA: a proximidade de um lago, rio ou mar é importante, porque a superfície do mar reflete a luz, fundamental para a fotossíntese. A água também tem o papel de reservatório de calor que ajuda, até certo ponto, a manter a temperatura ambiente estável.

Figura 3. Influência da topografia no vinhedo.

Plantio – sistema de condução

Ao se plantar um vinhedo, o sistema de condução das videiras deve permitir uma melhor iluminação, insolação e aeração das folhas e dos cachos de uva.

A condução de videira em "árvore" ocorre quando os arbustos crescem isolados uns dos outros. É adequado para climas quentes e áreas de muitos ventos, como no Vale do Rio Rhône.

A condução latada foi muito usada no passado e ainda hoje predomina em algumas regiões, como no norte da Itália, na Argentina e no sul do Brasil. Consiste em induzir a planta a subir até uns 2 m para, depois, conduzi-la horizontalmente por uma pérgula (figura 4). De modo geral, é um sistema considerado ultrapassado, pois forma uma trama de folhas e ramos que reduz a exposição aos raios de sol e dificulta a aeração. Mas, em algumas situações, a latada tem sua utilidade, especialmente em regiões muito quentes, pois as folhas protegem os cachos da insolação excessiva.

Na condução espaldeira, dois ou mais arames paralelos, na direção horizontal, são esticados por estacas entre as videiras, plantadas em fileiras (figura 5). As uvas recebem luz direta, que contribui para um melhor amadurecimento. A condução espaldeira pode ser alta, a mais utilizada na maioria dos vinhedos, ou baixa, adequada para climas secos e ensolarados.

Em terrenos com bastante inclinação, como na região do Douro, as videiras são cultivadas em terraços estreitos e sustentados por muros de pedra (figura 6).

Existem diversas técnicas de condução usadas em várias partes do mundo, desde simples arbustos em regiões quentes, como na África do Sul, até elaborados sistemas de condução usados em países frios, como na Alemanha, cujo objetivo é maximizar a captação da energia solar (figura 7).

Figura 4. Pergolado.

Figura 6. Vinhedos cultivados em terraços, no Douro.

Figura 5. Espaldeira.

Figura 7. Sistema de condução em países frios.

Calendário do vinhedo

O desenvolvimento de uma videira, como a maioria das plantas, obedece a um calendário que acompanha as estações do ano, mais nitidamente nos locais onde elas são bem diferenciadas.

A videira repete em todos os anos um ciclo vegetativo (figura 8), que é composto das seguintes fases:

- **PÓS-COLHEITA:** a energia capturada pela planta é destinada ao acúmulo de reservas nutritivas para o próximo ciclo. Esse período dura até quando as folhas mudarem de cor e se separarem da planta. Sem folhas, cessa a fotossíntese e, consequentemente, a planta está pronta para entrar na fase seguinte.

- **DORMÊNCIA:** ocorre no inverno, de maio a agosto, no hemisfério Sul. Durante esse período, inicia-se a poda – escolha dos ramos que irão produzir a folhagem e as frutas no ano seguinte e eliminação dos excedentes. Diferentes regiões têm estilos próprios de poda. Qualquer que seja o estilo empregado, no entanto, a qualidade da uva será determinada pelo número de brotos deixados. Uma videira carregada demais limita os nutrientes que a uva consegue

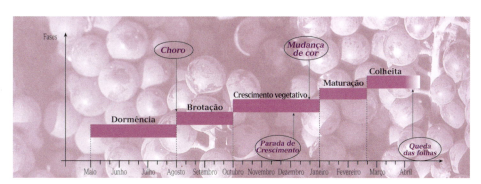

Figura 8. Ciclo vegetativo da videira no hemisfério Sul.

receber e dará frutos diluídos, sem sabor e com baixo nível de açúcar. Muitas regiões produtoras de vinho de qualidade determinam a quantidade máxima de quilos de uva que se podem obter por hectare e estabelecem as podas autorizadas. Após a poda, e de preferência antes de a planta sair do período de dormência, os sarmentos são amarrados para melhorar o posicionamento e o controle de seu desenvolvimento.

- **BROTAÇÃO:** após o inverno, percebe-se uma pequena quantidade de seiva gotejando por lesões dos ramos: é o chamado choro da videira (figura 9a). Em seguida, as gemas incham e surgem as pontas esverdeadas dos brotos (figura 9b). A brotação acontece aos poucos, e a seiva começa a circular normalmente, desenvolvendo a planta.

Figura 9. a) Choro; b) broto.

- **CRESCIMENTO VEGETATIVO:** algumas semanas mais tarde, as flores se abrem, aumentam de tamanho, e ocorrem as fecundações (figura 10). Cada flor transforma-se em um pequeno bago verde (fruto). Durante a primavera, os bagos crescem, mudando de forma e de composição.

Figura 10. Flores se abrem e fecundam.

- **MUDANÇA DE COR:** no começo do verão, os bagos, que desde a sua formação crescem sem parar, passam a perder clorofila e, progressivamente, mudam de cor (figura 11). As uvas tintas passam do verde para o roxo, e as brancas, do verde para o amarelo. Esse período é de grande importância e pode durar dois ou três dias ou até duas semanas. Quanto mais rápido, mais homogêneo será o desenvolvimento e o amadurecimento dos frutos no final do ciclo. É chamado *veraison*, em francês, *envero*, em espanhol, e *pintor*, em Portugal.

Figura 11. Perda de clorofila e mudança de cor.

- **MATURAÇÃO**: o período de amadurecimento das uvas pode durar de quarenta a cinquenta dias. Os cachos engrossam e ocorrem importantes modificações em sua composição interna. Essas modificações serão decisivas para o futuro do vinho porque definem, entre outros fatores, a intensidade da cor, os aromas, seu possível corpo, incluindo-se o teor alcoólico e a acidez. Na maturidade, conforme a figura 12, a concentração de açúcar começa a aumentar, enquanto a acidez do bago diminui.

Os açúcares das uvas serão os responsáveis pelo teor de álcool do vinho. Eles são decisivos na qualidade e podem ter influência no valor comercial de um vinho.

Esse estágio é de grande importância, e o produtor deve acompanhar de perto o amadurecimento de suas uvas. Vários são os métodos usados para estabelecer o nível de desenvolvimento. O mais básico inclui o

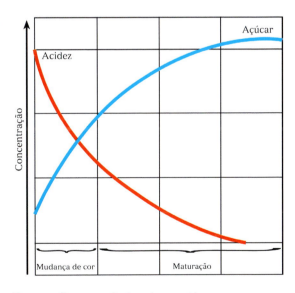

Figura 12. Concentração de açúcar e acidez.

uso do refratômetro, que no Brasil é chamado de mostímetro. Nesse aparelho, uma gota do mosto é colocada sobre o prisma de medida, e o instrumento é orientado contra a luz (figura 13). A concentração de açúcar reflete-se na densidade do mosto.

> *Quanto maior a concentração de açúcar, mais a luz é refratada.*

Para uma análise mais exata, pode-se fazer a colheita de amostras em diferentes locais do vinhedo. Em geral, duzentos bagos são transformados em mosto e podem permitir uma análise mais precisa em comparação a uma leitura simples de apenas um bago no mostímetro. Além desses métodos tradicionais, a tecnologia moderna conta com o uso de análises químicas detalhadas que podem demonstrar com exatidão o desenvolvimento de vários ácidos, açúcares e polifenóis.

Figura 13. Concentração de mosto medida no refratômetro.

Além disso, existem técnicas ultramodernas, como o uso de raios infravermelhos.

A concentração de açúcar é medida de forma diferente, dependendo da região produtora. Na França, usa-se o grau Baumé (°B); na Itália e no Brasil, o grau Babo (°Babo); nos Estados Unidos e na África do Sul, utiliza-se o grau Brix (°Bx). Na Alemanha, usa-se o grau Oechsle (°Oe). São válidas as seguintes relações para um vinho de 12,3% vol:

13 °B = 20 °Babo = 23,5 °Brix = 101 °Oe

◉ **COLHEITA:** representa a concretização do trabalho em um vinhedo e, no hemisfério Sul, começa na metade de fevereiro e vai até fins de abril.

Safra corresponde às uvas produzidas em um determinado ano.

Durante a colheita, devem-se cortar os cachos conforme a figura 14 e não arrancá-los, pois, dessa forma, já se estão apertando os bagos, liberando o líquido que pode vir a sofrer oxidação precoce.

A colheita manual permite separar os cachos perfeitamente maduros daqueles menos saudáveis e de maturação tardia.

Deve-se tomar cuidado para que os bagos cheguem intactos à vinícola, sendo comuns sua colocação e seu transporte em caixas plásticas de aproximadamente 20 kg (figura 15). Para os melhores vinhos, as uvas costumam ser descarregadas em mesas de inspeção, onde são novamente selecionadas, antes de serem liberadas para a elaboração do vinho.

É cada vez mais frequente o uso de colheitadeiras mecânicas. Embora essas máquinas sejam mais rápidas e menos problemáticas do que equipes de catadores, a qualidade da colheita que realizam é questionada em várias regiões. Entretanto, colheitadeiras modernas contam com tecnologia mais avançada, tratam a fruta de maneira mais delicada, e certos modelos são tão avançados que chegam a fazer a seleção das uvas, eliminando as não maduras e não saudáveis.

Em regiões de clima seco, onde temperaturas elevadas prevalecem (clima típico de zonas tropicais, como o Nordeste brasileiro), as videiras precisam de irrigação artificial para se desenvolver. Como não há inverno, o período de hibernação é obtido com a interrupção do fornecimento de água de irrigação. O desenvolvimento da planta segue o ciclo normal, como descrevemos, porém é possível que uma planta dê mais de uma colheita por ano. Podem-se dividir os vinhedos em parcelas, cada uma com seu ciclo vegetativo. Portanto, enquanto um vinhedo floresce, outro pode estar no período de pinta e, ao lado, uma parcela pode estar pronta para ser colhida. O sistema ainda provoca algumas dúvidas entre os enólogos de outras regiões, mas as empresas que apostaram no semiárido começam a apresentar vinhos de qualidade aceitável.

Figura 14. Corte adequado dos cachos.

Figura 15. Os cachos devem ser delicadamente acondicionados.

Problemas no vinhedo

Além de estar sujeito à ação de fatores externos, em virtude das intempéries, alguns fatores biológicos representam problemas para o vinhedo.

A videira é particularmente sensível ao ataque de fungos e insetos. Essas pragas podem reduzir as folhagens, danificar os cachos de uva e causar perdas.

Nos vinhedos, é usual plantarem-se roseiras no início de uma fileira de videiras. Algumas pragas que atacam a videira chegam primeiro à roseira, servindo de advertência (figura 16).

Figura 16. Ataques em roseiras alertam para a chegada das pragas.

São principalmente graves as pragas causadas pelos fungos:

- **OÍDIO:** desenvolve-se nas folhas (necrose) e nos cachos (rachaduras de bagos), podendo reduzir a produtividade do vinhedo e a qualidade das uvas.

- **MÍLDIO:** ataca a videira em condições quentes e na ausência de sol. As partes verdes, principalmente as folhas, apresentam uma camada parecida com um pó branco. Não havendo o controle, o fungo ataca os pequenos bagos e o cabinho (engaço) dos cachos, comprometendo gravemente a produtividade da videira.

O controle desses fungos é feito pulverizando-se os vinhedos com uma solução de sulfato de cobre e cal, conhecida como calda bordalesa. Além disso, hoje também são usados fungicidas sistêmicos. Esses fungos continuam atacando as videiras regularmente, mas um melhor conhecimento científico, aliado aos produtos atualmente disponíveis, ajuda a manter essas perigosas doenças sob controle.

- **BOTRITIS** ou **PODRIDÃO CINZENTA:** é outro fungo que ataca na fase final de maturação das uvas, sendo causado pelo excesso de chuvas. Provoca rachadura nos bagos, abrindo caminho para o desenvolvimento de bactérias, o que pode ocasionar a podridão das uvas. O seu tratamento é feito com o uso de fungicidas sistêmicos ou pulverização.

Existem vários tipos de pragas que podem afetar o desenvolvimento da videira, dependendo de cada região. A maioria pode ser controlada. Entretanto, existem outras cujo controle ainda não foi encontrado. Algumas dessas pragas são:

- **EUTIPIOSE:** doença de lenho ou tronco, que compromete o sistema vascular da videira. O fungo entra na planta por meio de cortes feitos durante a poda. Cuidados nessa fase, como a retirada do material

Rendimento do vinhedo

contaminado e a aplicação de fungicidas nos cortes, podem diminuir a gravidade do problema.

- **ESCOLIOSE DA VIDEIRA:** não afeta a qualidade da fruta, mas diminui o rendimento da videira por enfraquecer os tecidos.
- **DOENÇA DE PIERCE:** reconhecida desde 1892 e transmitida por um inseto. É uma doença que leva a planta à morte em cerca de cinco anos. Recentemente, vem causando danos na América do Norte (México e Califórnia).

Denomina-se rendimento de um vinhedo a quantidade de uvas obtidas (em toneladas ou hectolitros) por hectare plantado.

O rendimento ideal depende do terreno, do clima, da espécie de uva plantada e do sistema de condução. Por exemplo, na região do Priorato, na Espanha, o rendimento pode ser muito baixo, da ordem de 4 hℓ/ha, em razão do terreno e da idade das videiras. Por outro lado, em Riverland, na Austrália, o rendimento pode chegar a 170 hℓ/ha. Um vinho da região de Bordeaux de boa qualidade chega, em média, a render 50 hℓ/ha. A legislação influi no rendimento em certas áreas, como em Châteauneuf-du-Pape, onde é limitado por lei.

Geralmente, o rendimento é determinado por experimentação, ano após ano, por erros e acertos, até se conseguir o objetivo pretendido. Apenas um fato está comprovado: *quanto maior o rendimento, menor a qualidade das uvas.*

Produtores cujo objetivo é elaborar vinhos de qualidade limitam cada videira a produzir entre 1 kg e 2 kg de uvas.

Cultivo orgânico e biodinâmico

Assim conseguem manter a concentração dos componentes responsáveis por aromas e sabores do vinho.

Em média, para se obter uma garrafa de vinho de 750 mℓ é necessário 1 kg de uva.

A maioria dos produtores cultiva seus vinhedos usando práticas chamadas convencionais, o que em outras palavras significa acesso a todos os produtos químicos disponíveis para combater pragas e doenças.

Em oposição a esses conceitos, existem outros métodos para a produção de uvas de qualidade para os vinhos. Um deles é o cultivo orgânico, uma filosofia de manejo que a cada dia desperta mais interesse não só dos produtores, como também dos consumidores. Basicamente, o alimento orgânico é aquele produzido sem o uso de agrotóxicos sintéticos ou outros produtos químicos. A preocupação com o meio ambiente une consumidores, que cada vez mais evitam ingerir produtos químicos, e agricultores, que estão interessados em responder aos desafios ambientais do nosso planeta, como a proteção da qualidade da água, a conservação da biodiversidade e o cuidado com sua própria saúde.

Entre os produtores de vinho não é diferente. A preocupação com o meio ambiente tem se tornado uma necessidade. Cresce, dia a dia, o número de vinícolas que eliminam totalmente o uso de defensivos agrícolas, realizando o cultivo orgânico. Não se utilizam produtos químicos ou sintéticos, e realizam-se trabalhos de campo, com o uso de muita adubação verde, esterco e predadores de insetos e animais. Entre as fileiras de videiras costuma-se plantar cereais como aveia, para atrair insetos e pragas. É aceita a presença de pequenos animais que se alimentam de insetos.

Quando se vai elaborar o vinho orgânico, é permitido o uso do dióxido de enxofre, conservante químico muito utilizado e tolerado em dosagem moderada. Para serem reconhecidas como produtoras de vinho orgânico, as vinícolas devem se cadastrar em uma instituição credenciada e seguir um manual elaborado por órgãos reconhecidos dependendo do país de origem. As uvas devem vir de vinhedos nos quais tenham sido adotadas por pelo menos três anos as práticas determinadas pelo manual. Atualmente, cerca de 2% dos vinhedos do planeta seguem esse método.

Figura 17. Cultivo orgânico de uvas.

Um sistema de cultivo ainda mais rigoroso é denominado cultura biodinâmica. A biodinâmica é uma área da antroposofia, que foi criada pelo austríaco Rudolf Steiner na primeira metade do século XX.

Além de não usar agrotóxicos e outros produtos químicos, como no cultivo orgânico, essa filosofia vai além e propõe um olhar cósmico sobre o trabalho nos vinhedos, no qual as energias dos planetas determinam o ciclo vegetativo.

Figura 18. Cultivo orgânico de uvas.

Levam-se em conta a posição do planeta, as estrelas e as energias do universo como um todo. Os trabalhos de campo e também as atividades na adega são efetuados de acordo com um calendário específico (Calendário de Maria Thun), que indica o momento certo para trabalhar no solo, fazer a poda, tratar a planta contra doenças, decidir a data da colheita, etc.

Os vinhedos são tratados com certos preparados naturais, como camomila, urtiga, milefólio, cavalinha, etc., que são dinamizados e aplicados em épocas específicas conforme o calendário biodinâmico.

Produtores que seguem esse método de cultivo observam diferenças tanto nas plantas como no próprio vinho. As plantas, além de ter um ciclo um pouco distinto, parecem mais fortes e apresentam uma cor diferente quando comparadas com vinhedos convencionais. Os seguidores dessa filosofia observam que as uvas apresentam um grau de açúcar e acidez mais elevados, o que acarreta uma estrutura diferente para os vinhos. Produtores reconhecidos como Domaine Romanné Conti, Nicolas Joly e Domaine Zind Humbrecht asseguram que os vinhos biodinâmicos demonstram melhor o caráter do vinhedo e, portanto, têm mais características do *terroir*. O biodinamismo, visto inicialmente de forma suspeita, é hoje tratado com respeito, pois alguns dos melhores vinhos do mundo estão adotando essa prática.

A difusão dos métodos naturais tem dado excelentes resultados em relação à qualidade do vinho. É também inegável que ajuda a equilibrar o relacionamento da vinha com o meio ambiente, favorecendo a qualidade de vida.

A biodinâmica garante a continuidade da viticultura, em um mundo onde o imediatismo arrasa o ecossistema. Também origina bons vinhos, aspecto que os consumidores, sem dúvida, valorizam.

Uvas viníferas

EXISTEM MAIS DE 5 MIL TIPOS DE UVA que podem ser utilizados para fazer vinhos. Entretanto, podem-se identificar cerca de setenta espécies viníferas como mais importantes e de maior relevância comercial.

Cada uma apresenta características físicas distintas – por exemplo, o formato das folhas, além da própria fruta e suas características organolépticas.

Nos países de grande tradição vinícola, como os da Europa (França, Itália, Espanha e Portugal), por exemplo, ao longo de séculos houve uma seleção natural de espécies, prevalecendo aquelas que melhor se adaptaram ao local. Esse processo continua até hoje. A videira é uma planta resistente, capaz de sobreviver em várias partes do mundo, contudo a expressão de seu caráter muda conforme a origem. Um vinho de Chardonnay, feito com uvas de clima frio, exibe notas de frutas cítricas ou maçã verde. Em climas mais quentes, esses sabores desaparecem em favor de características que lembram abacaxi, pêssego e nectarina. Da mesma forma, um vinho de Cabernet Sauvignon de regiões mais frias tem a tendência de mostrar notas de pimentão verde, substituídas por notas de groselha negra e amora à medida que atingem um nível superior de maturação. Essas características podem ser acompanhadas de lembranças de especiarias, chocolate, café, cedro, entre outros, se o produtor deixar o vinho envelhecer em madeira.

Uvas tintas

É importante compreender por que frutas, ervas, especiarias e vários outros elementos são usados para descrever um vinho, apesar de nunca ter havido contato entre o vinho e os elementos responsáveis por eles. O denominador comum entre o vinho e esses elementos é o fato de compartilharem os mesmos componentes químicos voláteis. Por exemplo, uma análise química feita em um Cabernet Sauvignon de clima frio irá revelar notas de metoxipirazinas, componente aromático idêntico ao encontrado no pimentão verde. Destacamos que os aromas se referem às substâncias formadas naturalmente durante a elaboração do vinho, não tendo, em geral, relação com fatores externos ao vinhedo. Pelos aromas podem-se identificar as uvas que compõem um determinado vinho, porque cada tipo de uva possui um conjunto de características aromáticas mais ou menos definidas.

A seguir, relacionamos algumas uvas utilizadas nos principais vinhos disponíveis no Brasil, citando algumas características aromáticas.

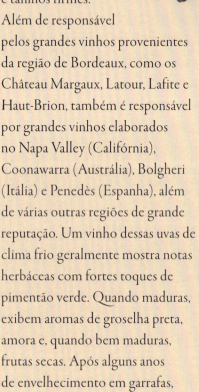

- **CABERNET SAUVIGNON:** talvez a uva tinta mais conhecida do mundo. Tem bago bastante pequeno e pele grossa, o que resulta em vinhos de cor bastante carregada e taninos firmes. Além de responsável pelos grandes vinhos provenientes da região de Bordeaux, como os Château Margaux, Latour, Lafite e Haut-Brion, também é responsável por grandes vinhos elaborados no Napa Valley (Califórnia), Coonawarra (Austrália), Bolgheri (Itália) e Penedès (Espanha), além de várias outras regiões de grande reputação. Um vinho dessas uvas de clima frio geralmente mostra notas herbáceas com fortes toques de pimentão verde. Quando maduras, exibem aromas de groselha preta, amora e, quando bem maduras, frutas secas. Após alguns anos de envelhecimento em garrafas, podem ser observados aromas de tabaco, azeitona preta e grafite. Quando envelhecidos em madeira de origem francesa, seus vinhos ganham complexidade, mostrando aromas tostados com notas de café, cedro e especiarias.

- **MERLOT:** adapta-se facilmente a diversas condições climáticas, sendo difícil achar um país produtor onde ela não esteja presente. Em razão da sua casca mais fina, os vinhos de Merlot exibem uma textura suave. É plantada amplamente em Bordeaux, onde complementa a Cabernet Sauvignon, e faz sucesso na sub-região de St. Émilion e Pomerol, sendo aí a principal uva na elaboração de vinhos famosos, como os Châteaux Pétrus e Le Pin. No Brasil, está bastante difundida, especialmente na região do Vale dos Vinhedos.

Quando as uvas provêm de clima frio, o vinho normalmente é mais leve e pode apresentar aromas de cereja e toques herbáceos. Quando a uva amadurece bem, o vinho mostra notas de ameixa, rosas e bolo de frutas secas. Seus vinhos respondem bem ao envelhecimento em madeira e, após longo tempo em garrafa, podem desenvolver aromas de cogumelos e trufas.

- **PINOT NOIR:** é uma uva de pele fina e com relativamente pouco tanino. Muito sensível às condições climáticas, é a casta dos tintos da Borgonha, França, responsável pelos mais famosos, como o Romanée Conti, os Chambertin e demais grandes rótulos das sub-regiões Côte de Nuits e Côte de Beaune. Também é um dos componentes do champagne. Nas últimas décadas, tem sido transplantada para várias regiões do mundo, e já começam a surgir exemplos de ótima qualidade, especialmente nos Estados Unidos e na Nova Zelândia. Quando jovem, tem aromas característicos de frutas, principalmente de morango, cereja e framboesa. Quando a uva provém de clima mais quente, mostra aromas de frutas negras, rosas e especiarias. Se envelhecido em garrafa, seu vinho apresenta aromas típicos, que incluem couro, toques terrosos, trufas negras, carne de caça e vegetais em decomposição. Esses aromas podem ser considerados desagradáveis para alguns consumidores, exceto para ávidos conhecedores que chegam a pagar verdadeiras fortunas por raras garrafas.

- **SYRAH**: é uma das variedades mais antigas que se conhecem; muitos especialistas apontam sua origem na Antiga Pérsia. É a variedade que deu fama aos vinhos do norte do Rhône, na França, como o Hermitage, que pode durar por décadas. Atualmente, é muito plantada no sul da França, do Rhône ao Languedoc. Já conquistou espaço na África do Sul, na Argentina, no Brasil, na Califórnia, no Chile e na Nova Zelândia. Teve excelente adaptação na Austrália, onde é grafada Shiraz, sendo considerada a uva-símbolo australiana, responsável por seu famoso tinto, o Penfolds Grange. É uma uva que gosta de clima quente. Seus aromas recordam ameixa, amora, cereja, mirtilo e, às vezes, um toque discreto de menta. Atualmente, ganha espaço em vinhedos de regiões mais frias, onde amadurece devagar e de forma completa. Exibe então notas

de especiarias, como pimenta-do-
-reino preta, frésia (um tipo de flor)
e violeta. Após longo período de
envelhecimento em garrafa, seu
vinho pode revelar aromas de couro,
carne de caça, caixa de charuto,
fumaça e alcaçuz.

- **TEMPRANILLO:**
é uma variedade
cujo nome em
espanhol
sugere que
amadurece
mais cedo
(*temprano*,
"prematuro") do que
a maioria das variedades tintas.
Cultivada amplamente na Espanha,
é a principal uva das regiões de
Rioja e Ribeira del Duero. No
norte de Portugal (Douro e Dão), é
a Tinta Roriz e, no Alentejo,
é chamada Aragonês. Consegue
amadurecer em regiões quentes
e retém bem sua acidez natural,
razão pela qual vem se adaptando

bem à Austrália e à Argentina. Seus
aromas incluem ameixa, amora,
framboesa, morango e notas florais.
Quando envelhecida em madeira,
geralmente em barril americano,
desenvolve aromas de coco e
baunilha. Suas características
tânicas lhe permitem um bom
desenvolvimento, podendo
mostrar aromas de ameixa preta,
frutas secas, alcaçuz e couro.

- **CABERNET FRANC:** é considerada
menos aristocrática do que a
Cabernet Sauvignon e também
faz parte do corte de alguns dos
melhores vinhos do mundo.
Em Bordeaux, na sub-região de
St. Émilion, atinge seu apogeu no
ilustre Cheval Blanc, que
é 100% Cabernet
Franc. Também é
responsável pelos
grandes tintos do
Vale do Loire.
É usada no
nordeste da

Itália, nos Estados Unidos e na Argentina, e adaptou-se bem à Serra Gaúcha no Brasil. Produz vinhos frutados menos tânicos que Cabernet Sauvignon, com o qual compartilha certos aromas e sabores em razão da similaridade genética. Quando as uvas provêm de clima frio, os vinhos mostram aromas de pimentão verde e toques herbáceos que chegam a ser agressivos. Conseguindo atingir o amadurecimento ideal, exibe aromas que lembram groselha, morangos silvestres, framboesa e diversas especiarias.

- **SANGIOVESE:** uva famosa e bastante comum na região central da Itália, que atinge seu ponto alto na Toscana, onde é a base dos Chianti, Brunello di Montalcino e Vino Nobile di Montepulciano. Nas últimas décadas também ganhou espaço em vários países do Novo Mundo, incluindo Estados Unidos, Argentina e Austrália. Compõe vinhos com bastantes taninos e alta acidez. Seus aromas incluem notas de amoras, cerejas negras e um delicado perfume floral, particularmente violeta. Quando maduros, seus vinhos desenvolvem características que lembram couro, tabaco, carne de caça e toques terrosos.

- **TOURIGA NACIONAL:** uva escura, aromática, rica em frutose e tanino; provavelmente originária da região do Dão, em Portugal, agora é reverenciada no Douro, onde, além de entrar na composição dos clássicos vinhos do Porto, também ganha espaço nos vinhos de mesa. Está presente também em diversas regiões de Portugal, sendo considerada por muitos a melhor uva do país. Tem se adaptado bem a outros países, especialmente regiões quentes da Austrália e da África do Sul. Sua marca registrada, quando jovem, são aromas de amora, mirtilo, gelatina de groselha, violeta e especiarias como alecrim.

- **CARMÉNÈRE:** uva francesa de Bordeaux que já vinha perdendo espaço desde o advento da filoxera, no século XIX. Raramente encontrada em Bordeaux após a grande geada de 1956. Foi identificada em 1994 no Chile, em pé-franco, e confundida com a Merlot. Seu nome provém da cor de sua pele, de tom forte de carmim, que sempre acaba transferida aos vinhos com ela elaborados. Fortes traços de vegetais e ervas às vezes dominam o caráter de seu vinho, mas este, quando bem maduro, exibe notas de frutas negras, chocolate e especiarias diversas.

- **GRENACHE:** uma das uvas mais plantadas no mundo. No sul do Rhône, é a principal componente do Châteauneuf-du-Pape e, atualmente, está plantada em todo o sul da França. Conhecida na Espanha como Garnacha, é também muito cultivada na África do Sul, na Austrália e na Califórnia. É uma uva com pouco tanino, pouca cor e alto teor alcoólico, sendo geralmente misturada a uvas com mais estrutura. Tem aromas típicos de cereja, violeta, casca de laranja, pimenta-do-reino e, às vezes, alcaçuz e óleo de linhaça.

- **CARIGNAN:** casta presente principalmente no sul da França, na região do Languedoc-Roussillon. Algo rústica, altamente produtiva, pode dar vinhos sofríveis, carregados na cor, na acidez e nos taninos. Recebe o nome de Cariñena, na Espanha, de onde alguns especialistas dizem ser originária. É chamada de Mazuelo na Rioja e de Samsó na região de Montsant. Aparece ainda na Itália (Carignano), nos Estados Unidos e no Chile. Nos últimos anos, sua imagem começou a melhorar, depois do sucesso alcançado por grandes tintos do Priorato espanhol, a partir de vinhas velhas, com baixos rendimentos.

- **MALBEC:** variedade plantada no sudoeste da França e também em Bordeaux, embora pouco usada. Encontrou seu hábitat na Argentina, onde é considerada a uva emblemática por excelência, contando com taninos agradáveis e intensos aromas de frutas como ameixas, amoras, cerejas e notas florais (violeta) quando jovem. Quando o vinho é envelhecido, têm-se notas de frutas secas, figo e trufas.

- **NEBBIOLO:** uva nativa da Itália, responsável por alguns dos vinhos tintos mais longevos do mundo. Só é plantada no noroeste do país (Piemonte), onde produz Barolo e Barbaresco, incluídos entre os vinhos mais clássicos da Itália. Aromas tipicamente associados a essa uva incluem frutas negras, alcatrão, rosa, chá-preto, alcaçuz, ameixa-preta e especiarias.

- **CORVINA:** uva dominante no corte dos vinhos clássicos do nordeste da Itália. É considerada a uva de melhor qualidade nos cortes dos principais vinhos da região: Valpolicella, Bardolino e Amarone. Oferece aromas simples e frutados com notas de cereja e amêndoas. Quando as uvas passam por um processo de secamento, típico de um Amarone, seu vinho ganha outra dimensão. O teor alcoólico, em torno de 13% vol., sobe para mais de 15% vol. e o vinho ganha mais cor, estrutura e complexidade, com notas de figos, uvas-passas, chocolate e um leve amargor, típico do estilo.

- **TANNAT:** principal uva dos vinhos de Madiran, os melhores do sudoeste da França. Adaptou-se muito bem ao Uruguai, onde é a uva emblemática, elaborando tintos tânicos com aromas de amora e framboesa. Tem sido plantada no sul do Brasil.

- **GAMAY:** é uma uva famosa por um vinho, o Beaujolais, da região da Borgonha. É plantada também em outras regiões da Borgonha e no Vale do Loire, mas sua fama vem da elaboração do Beaujolais, com aromas leves de cereja e morango e uma sugestão de pera e banana.

- **ZINFANDEL:** originária da Croácia, chegou aos Estados Unidos em 1852, durante a Corrida do Ouro, e hoje é considerada a uva emblemática do país, sendo largamente plantada em Napa Valley e Sonoma, na Califórnia. É também cultivada na Itália, conhecida como Primitivo. Seus aromas incluem notas de framboesa, cereja, frutas silvestres, ameixa seca, uvas-passas e bolo de frutas cristalizadas. Com o tempo, o perfil aromático pode desenvolver notas de couro e tons terrosos.

- **PINOTAGE:** uva desenvolvida pela Universidade de Stellenbosch em 1925, por meio do cruzamento entre Pinot Noir e Cinsault, que na época era comumente

chamada de Hermitage. Apesar de inúmeros críticos e enólogos não a considerarem uma uva capaz de elaborar bons vinhos, produtores cuidadosos que prestam atenção a detalhes conseguem dominar a alta acidez e a rusticidade dessa uva, elaborando vinhos de qualidade. Seus aromas incluem cerejas negras, banana e fumaça, além de toques herbáceos.

- **ALFROCHEIRO:** uva portuguesa que acrescenta cor e acidez aos tintos do Alentejo, da Bairrada, do Ribatejo e, particularmente, do Dão. É também plantada no Brasil.

- **BAGA:** pequena uva portuguesa de casca grossa da região da Bairrada, que produz vinhos de alta acidez, adstringentes e tânicos que, com o tempo, podem ter o sabor de ameixa e chocolate.

- **BARBERA:** nativa da Itália, é largamente cultivada em todo o Piemonte. Uva de alta acidez e baixo tanino, dá bons vinhos nas regiões de Alba e Asti. É também difundida na Argentina.

- **BONARDA:** originária do norte da Itália, é usada para misturas e elaboração de tintos leves. Na Argentina, quando na mão de bons produtores, permite elaborar vinhos distintos de boa qualidade. Entretanto, já foi comprovado, por meio de análise de DNA, que a Bonarda plantada na Argentina é de família diferente da Bonarda italiana.

- **CASTELÃO:** uma das tintas mais populares no sul de Portugal e na península de Setúbal, chamada antigamente de Periquita. Tem vários pseudônimos, como João de Santarém. Produz vinhos macios

- CINSAULT: importante variedade tinta do Languedoc, sudoeste da França, é usada em misturas para suavizar tintos encorpados. Bastante empregada na elaboração de vinhos rosados, é também muito plantada na África do Sul.

- DOLCETTO: outra variedade interessante do Piemonte, tem baixa acidez em relação à Barbera, sendo de fácil cultivo. Os vinhos têm boa textura, são redondos, frutados e com uma fragrância delicada. O nome é oriundo da palavra italiana *dolce*, em razão do perfil do vinho e da facilidade de bebê-lo.

- JAEN: conhecida como Tinta Mencia no noroeste da Espanha, tem dado excelentes tintos nas partes mais altas do Dão, em Portugal.

de boa estrutura, que podem ser bebidos jovens.

- LAMBRUSCO: é cultivada nas regiões italianas de Piemonte, Trentino, Basilicata e, principalmente, de Emília-Romanha. Apresenta pelo menos sessenta subvariedades. É a base dos vinhos frisantes de mesmo nome. Origina tintos refrescantes e frutados, mas pode produzir brancos ou rosados, que são melhores quando bebidos jovens.

- MONTEPULCIANO: cultivada no centro da Itália, principalmente em Abruzos e Marcas. Também é plantada na Toscana, Úmbria, Molise e Apúlia. Produz tintos encorpados, como o Montepulciano d'Abruzzo e o Rosso Conero. Não se deve confundir a uva Montepulciano com a cidade toscana de mesmo nome, onde são plantadas outras castas.

- TINTA BARROCA: é uma das cinco uvas tintas famosas do vinho do Porto, juntamente com a Tinto

Cão (nome devido a seu pouco rendimento), Touriga Franca, Tinta Roriz e Touriga Nacional. Elas, agora, dão origem a excelentes vinhos finos no Douro. A Tinta Barroca tem sido plantada com sucesso na África do Sul.

- **TRINCADEIRA:** depois da Touriga Nacional, é a mais promissora tinta de Portugal, na área quente do sul. Tem corpo, estrutura, aromas de ameixa, pimentão e ervas, e mistura-se perfeitamente com a Castelão.

Uvas brancas

- **CHARDONNAY:** uma das uvas brancas mais populares do mundo, adaptou-se bem a várias regiões. No vinhedo é resistente e fácil de cultivar, e na adega é bastante maleável, podendo-se dela fazer vinhos brancos secos como o Chablis, espumantes finos como champagne, além de vinhos doces de alta qualidade, como na região de Maconnais, no sul da Borgonha. É uma planta vigorosa, tornando-se necessário controlar a produção para produzir os grandes vinhos brancos do planeta, como os maravilhosos rótulos na Borgonha: Meursault, Puligny-Montrachet e Le Montrachet – todos eles de vida longa. É plantada com sucesso na maioria das regiões vinícolas do mundo, incluindo Espanha, Califórnia, Austrália, Chile, Nova Zelândia, África do

Sul, Argentina, Uruguai e Brasil. Tem aromas tipicamente frutados, predominando maçã verde e frutas cítricas nos Chardonnays de regiões frias, pera e melão nos de regiões de clima moderado, e pêssego, mel, figos, abacaxi maduro e diversas frutas tropicais nos de regiões mais quentes. Podem aparecer sabores amanteigados e também notas de baunilha, coco, bala de caramelo e características de amêndoas, quando envelhecidos em barris de madeira.

- **RIESLING:** é considerada, ao lado da Chardonnay, uma das principais uvas brancas do mundo. A uva se adapta muito bem ao clima frio da Alemanha, particularmente em Mosel-Saar-Ruwer, onde origina vinhos leves e suaves. Na vizinha Alsácia francesa, encontram-se vinhos excelentes, mas num estilo diferente, mais potente e seco.

É uma uva capaz de traduzir muito bem as características do clima e do tipo de solo em que é plantada. Tem originado bons vinhos em outras partes do mundo, incluindo Austrália, Chile, Nova Zelândia, Estados Unidos e Canadá. Dependendo da região, seu vinho pode apresentar aromas de maçã fresca (de dar água na boca), casca de lima, frutas cítricas e tons minerais, particularmente em clima frio. Quando atinge grau de amadurecimento mais elevado, desenvolve características de frutas de caroço e aromas florais. É uma uva de longevidade inigualável, e seu vinho desenvolve complexos aromas do tipo resinoso, mineral e um leve cheiro de petróleo. No Brasil, planta-se a Riesling Itálica, que é outra variedade, a Welschriesling.

- **SAUVIGNON BLANC:** é uma uva que vem crescendo em popularidade nos últimos anos. No Vale do Loire, gera vinhos elegantes, com sofisticados toques de mineralidade e que às vezes se diferenciam pelo gosto defumado, principalmente o Pouilly-Fumé. Em Bordeaux, entra na composição da maioria dos brancos secos, adicionando aromas e frescor. Lá também faz parte da composição de alguns dos melhores vinhos doces do planeta, como o Château d'Yquem, mas foi na Nova Zelândia, em Marlborough, que encontrou seu hábitat ideal, criando um padrão de qualidade que chega a ultrapassar alguns dos originais franceses. Existem bons vinhos elaborados com ela na África do Sul e no Chile, principalmente nas regiões de Casablanca e San Antonio. Também aparece nos Estados Unidos, na Austrália, na Espanha, no Brasil e no Uruguai, além de ganhar espaço na Argentina. É uma variedade de tom amarelo pálido,

acidez natural elevada e grande leque aromático: abacaxi, maracujá, toranja (*grapefruit*), manga, pólvora, grama que acabou de ser cortada, aspargos e groselha.

- **SÉMILLON**: misturada com a Sauvignon Blanc, é a base dos grandes vinhos secos de Bordeaux, especialmente Pessac-Leognan e Graves, e dos doces dos vilarejos de Sauternes e Barsac. É plantada com sucesso em climas frios da Austrália (Hunter Valley), da Nova Zelândia, do Chile, da Argentina e dos Estados Unidos. A característica principal de seu vinho é a elevada acidez, exibindo quando jovem uma cor amarelo-limão. Seus aromas são neutros, com toques de frutas cítricas e, às vezes, de ervas. Após amadurecimento em garrafa, adquire a cor dourada com características que lembram mel, cera, pão torrado e avelã.

- **CHENIN BLANC:** uva de grande versatilidade, típica da região do Vale do Loire, onde origina desde vinhos brancos secos que envelhecem bem, como o Savennières, vinhos doces complexos de sobremesa, como o Bonnezeaux e o Quarts de Chaume, e até espumantes, feitos pelo método tradicional usado na região de Champagne. É plantada com sucesso na África do Sul (onde é conhecida como Steen) e tem originado alguns bons vinhos na Argentina. Possui uma acidez bem marcada, gerando brancos com bastante frescor. Descritores aromáticos, quando de uvas de regiões mais frias, incluem frutas cítricas, maçã verde, pera e pêssego branco, mas também oferecem aromas de abacaxi, manga, damasco e flores brancas. Os de regiões mais quentes oferecem aromas de melão, pêssego, marmelo, mel e maçã madura. Quando bem elaborado, seu vinho pode envelhecer por décadas, desenvolvendo aromas bastante complexos, que incluem maçã supermadura, cera, lã molhada e notas oleosas.

- **ALVARINHO:** é encontrada na região dos Vinhos Verdes, no noroeste de Portugal, ao norte e ao sul do rio Minho, e tem a reputação de ser a melhor uva branca do país. É também encontrada do outro lado da fronteira com a Espanha, onde é conhecida como Albariño. Elabora vinhos secos, com boa acidez, grau alcoólico de moderado para alto, com aromas que lembram frutas cítricas, maçã verde, toranja, pêssego e, às vezes, toques florais e minerais.

TORRONTÉS: introduzida na Argentina na época da colonização espanhola (século XV), hoje em dia é uma especialidade do país. Seus vinhos têm boa acidez, alto teor alcoólico e são extremamente aromáticos. Durante a vinificação, é necessário cuidado para evitar que os vinhos mostrem um toque de amargor. Ressaltam-se entre suas características aromáticas: flores vermelhas (rosas), lavanda, casca de laranja, camomila e aromas de salada de frutas.

GEWÜRZTRAMINER: é uma das uvas mais fáceis de identificar, graças à coloração rosada de sua pele, e também das mais aromáticas. Os vinhos são encorpados, com nível de álcool elevado e baixa acidez. Atinge o ápice na Alsácia, onde, nos brancos secos, identificam-se imediatamente aromas de lichia, rosa e gengibre. Nos seus vinhos doces, acrescenta ainda um aroma de mel. É também plantada na Alemanha, na Itália (Alto Ádige), na Espanha, na Áustria e em vários outros países da Europa oriental. Nesses países, o resultado é variável, mas raramente seus exemplares conseguem chegar a um patamar de qualidade comparado aos da Alsácia. No Novo Mundo, bons exemplos podem ser encontrados no Chile, nos Estados Unidos e, particularmente, na Nova Zelândia.

MUSCAT: chamada de Moscatel na península Ibérica e Moscato na Itália, é a única variedade que, mesmo depois da fermentação, ainda tem cheiro de uva fresca. A família Muscat apresenta ótima versatilidade, sendo possível elaborar vinhos secos, suaves, doces, espumantes e fortificados. É uma das mais prolíferas uvas brancas, apresentando-se em diversas variedades; a melhor é a Muscat Blanc à Petits Grains. Origina os famosos Muscat de Rivesaltes, do sul da França, o Moscatel de Setúbal, em Portugal, os Asti e Moscato d'Asti, italianos. Na Austrália existe uma variedade de cor mais escura, com a qual é elaborado o célebre Liqueur Muscat. Bons exemplos também são encontrados nos Estados Unidos, na África do Sul e na Argentina. Adaptou-se muito bem ao Brasil.

◉ **PROSECCO**: uva nativa da região do Friul, no nordeste da Itália, é responsável pelo popular e leve espumante de mesmo nome; vinhos de cor pálida e aromas simples. No paladar, bons exemplos exibem notas de maçã verde e pera. A casta também dá brancos secos leves, de acidez moderada e teor alcoólico relativamente baixo. É plantada na Argentina e no Brasil.

◉ **VIOGNIER**: uva que atinge o seu apogeu na região de Condrieu, ao norte do Rhône. Também é cultivada no Languedoc, e ainda na Austrália, na Argentina e em vários outros países, incluindo o Brasil. Seus vinhos têm cor dourada, são encorpados, com alto teor alcoólico e baixo nível de acidez. Seu perfil aromático inclui pêssego, pera madura, damasco e notas florais. Às vezes faz parte do corte de vinhos tintos, especialmente Syrah/Shiraz, para adicionar aromas e ajudar a fixar a cor.

◉ **PINOT GRIS**: variante branca da Pinot Noir. Apresenta cor mais escura, cinza (*gris*, em francês) com tons azulados, que origina bons vinhos brancos secos, cítricos e com notas florais. Recebe muitos nomes nos diferentes países onde é plantada. É conhecida como Auxerrois Gris e Fromentau, na França; Pinot Grigio, na Itália; Ruländer, na Alemanha.

- **ALIGOTÉ:** segunda branca da região francesa da Borgonha, origina vinhos mais simples e de alta acidez. Apresenta um perfil aromático neutro e às vezes mostra notas de frutas cítricas, mel e elegantes tons florais e minerais. Os melhores exemplos são encontrados na vila de Bouzeron. Em razão da sua alta acidez, seu vinho é, em geral, misturado com um pouco de creme de cassis, fazendo o famoso aperitivo Kir.

- **ARINTO:** espinha dorsal dos vinhos brancos da região portuguesa de Bucelas. Tipicamente, apresenta boa acidez e notas cítricas.

- **BICAL:** branca portuguesa, importante na Bairrada e no Dão, onde é chamada Borrado das Moscas ("excremento de mosquito"), por causa de sua pele salpicada. De boa acidez, é muito usada em misturas e também na elaboração de vinhos espumantes.

- **CORTESE:** uva branca do Piemonte, responsável pelos vinhos Gavi. De bom nível de acidez, é também cultivada na Lombardia. Os melhores exemplos apresentam características minerais, notas de pera e maçã e apresentam toques florais.

- **ENCRUZADO:** uva branca portuguesa do Dão, origina vinhos secos bem estruturados, balanceados com aromas de amêndoas e toques minerais.

- **FERNÃO PIRES:** versátil uva portuguesa, é a branca mais cultivada no país. Amadurece relativamente cedo, sendo muito usada em cortes. Principal branca do Ribatejo, é comum também na Bairrada, onde tem o nome de Maria Gomes, e é muito usada para vinhos espumantes.

- ⦿ ROUPEIRO: uva portuguesa muito plantada no Alentejo, é a base de brancos que devem ser bebidos jovens. No Douro, é conhecida como Códega.

- ⦿ TREBBIANO: é a uva branca mais plantada na Itália e na França, onde é chamada Ugni Blanc. Produz vinhos neutros, simples, com pouca complexidade e para serem consumidos no dia a dia.

- ⦿ VERDICCHIO: uva de Marcas, na Itália, onde se faz o conhecido branco seco Verdicchio dei Castelli di Jesi, de ótima textura e aromas de frutas cítricas e amêndoas.

- ⦿ VERNACCIA: é a uva responsável pelo branco mais interessante da Toscana, Vernaccia di San Gimignano, com sabor de frutas cítricas e frutas secas e um delicado toque amargo.

- ⦿ GARGANEGA: uva importante no norte da Itália, região do Vêneto, onde predomina no corte do vinho Soave. Quando as uvas provêm de vinhedos de alta produção, o caráter do vinho tende a ser neutro; quando de rendimento mais baixo, ganham boa acidez, aromas de limão, amêndoas e delicadas notas florais e de especiarias.

- ⦿ MALVASIA: uva que tem bastante destaque na península Ibérica e na Itália. Além de ser de uma família muito prolífera, a Malvasia é versátil, podendo-se encontrá-la em vinhos secos, doces, espumantes, fortificados e também tintos (a Malvasia Nera). Os melhores exemplos de vinhos secos são oriundos da região do Friul, aparecendo vinhos doces em várias regiões da Itália, elaborados pelo método conhecido como *passito*. Nas regiões espanholas de Rioja e Navarra, pode ser usada em cortes de vinhos secos. Em Portugal, entra no vinho do Porto branco e é responsável por um dos estilos de vinhos da Ilha da Madeira.

- **VERDELHO:** uva associada aos vinhos fortificados da região da Ilha da Madeira, é também cultivada na Austrália, particularmente no Hunter Valley, e na Espanha. Conforme a elaboração, pode originar vinhos neutros com leves notas de frutas cítricas, tons herbáceos e alta acidez. Bons produtores elaboram vinhos com notas de frutas tropicais, melão, abacaxi e maracujá.

- **VIURA:** também conhecida como Macabeo, é plantada em várias regiões do norte da Espanha, incluindo Rioja e Navarra. Possui aromas bastante discretos com notas florais ou traços de pera.

É uma uva de baixa acidez, álcool moderado e tem boa afinidade com o envelhecimento em madeira, passando a exibir notas de baunilha, coco e avelã. É também usada na elaboração do espumante espanhol Cava.

- **GRÜNER VELTLINER:** uva típica da Áustria e que gradativamente começa a ficar mais conhecida. Origina vinhos potentes, encorpados, com notas de frutas cítricas, pimenta-branca e especiarias.

- **MELON DE BOURGOGNE:** uva responsável pelo Muscadet, vinho clássico da região do Loire. Geralmente é um vinho seco, leve, com alta acidez e exibe notas de maçã verde, frutas cítricas, notas de levedura e tons minerais.

Vinificação de tintos, brancos, rosados e doces

VINIFICAÇÃO É O CONJUNTO de operações necessárias para a elaboração de um vinho.

Essas operações podem variar desde simples passos a processos bastante complexos, dependendo do estilo de vinho que se pretende produzir. O processo é uma combinação de arte, ciência e da experiência que o produtor acumula com o passar dos anos. Em muitos casos, ele é transmitido de pai para filho, sendo justamente esse conhecimento ancestral, aliado à moderna tecnologia, que assegura que a indústria de vinhos continue progredindo.

Apesar de muitas vinícolas disporem atualmente de boa tecnologia, a adega não é o lugar para se recuperarem ineficiências trazidas do campo, sejam elas devidas a erro humano ou ao clima. Os principais produtores de vinho do mundo consideram que a parte mais importante do trabalho é no vinhedo. É lá que se "faz" um grande vinho. Todas as operações seguintes visam manter a qualidade da fruta atingida pelas mãos do viticultor.

Para preservar a qualidade da fruta, o produtor pode tomar uma série de cuidados, como colocar os cachos de uva recém-colhidos cuidadosamente em pequenas caixas de 20 kg para evitar qualquer dano aos cachos. Pode também fazer a colheita à noite ou nas primeiras horas da manhã para evitar a oxidação, assegurando, assim, que a uva chegue à adega em perfeitas condições.

Vinho tinto

Em geral, vinhos tintos são mais difíceis de elaborar, pois sua qualidade e composição dependem de muitas variáveis, como veremos a seguir.

COLHEITA

No campo, todas as operações visam favorecer a maturação correta das uvas. Para vinhos tintos, é importante colher as uvas quando atingirem a maturação fenólica apropriada para evitar toques herbáceos e que os taninos causem a sensação de "amarrar" a boca. Os vinhos podem ser redondos e macios, característicos de uvas maduras e nobres, ou ásperos e duros, resultantes de uvas verdes ou mal trabalhadas.

As uvas que chegam do vinhedo são, inicialmente, analisadas quanto ao seu estado sanitário e de maturação. Uvas destinadas à elaboração de vinhos de alta qualidade geralmente são selecionadas à mão.

DESENGAÇO

Após a seleção, os bagos passam para a desengaçadeira, máquina que separa os bagos dos esqueletos dos cachos, os engaços. Estes são eliminados, pois podem aumentar a quantidade de tanino, além de destacar o gosto herbáceo do vinho.

ESMAGAMENTO

Em seguida, os bagos passam por rolos cilíndricos de borracha, separados entre si por cerca de 1 cm, que giram em sentidos opostos. Os rolos fazem uma ligeira pressão nos bagos, apenas para romper sua casca e soltar o líquido (figura 1).

Após essas operações, o mosto – composto por polpa, cascas e sementes – é levado por meio de bombas ou, em adegas mais modernas, por gravidade para tanques de fermentação, que podem ser de aço inox (figura 2), madeira ou cimento.

Figura 1. Cilindros rompem apenas as cascas das uvas.

Figura 2. Tanques de fermentação de aço inox.

SULFITAGEM

A seguir, enchem-se mais ou menos até dois terços do tanque com o mosto-vinho e faz-se a operação de sulfitagem: acrescentam-se pequenas quantidades de anidrido sulfuroso (SO_2) para bloquear a ação de bactérias e impedir a oxidação.

FERMENTAÇÃO ALCOÓLICA

Conforme o estilo do vinho, o objetivo e a atitude do produtor em relação a riscos antes do início desta etapa, deve ser feita a escolha entre leveduras cultivadas, mais previsíveis e fáceis de usar, ou leveduras selvagens, que dão mais complexidade e caráter ao vinho, porém são imprevisíveis e representam um risco ao produtor.

Iniciada a fermentação, a temperatura no tanque sobe rapidamente e deve ser controlada, pois, acima de certa temperatura, as leveduras deixam de atuar. Na vinificação de tintos, a temperatura deve se situar entre 20 °C e 35 °C. A temperatura durante a fermentação pode influir nos aromas e sabores do produto final.

À medida que a fermentação alcoólica se desenvolve, o desprendimento de gás carbônico leva as partes sólidas do mosto para a parte superior do tanque, formando o que, no jargão enológico, denomina-se chapéu. Essa capa sólida flutua na superfície do mosto-vinho, ocupando aproximadamente 80 cm de espessura a partir do nível superior. O líquido próximo ao chapéu adquire cor graças ao contato com as cascas, enquanto o que está na parte inferior mostra somente leves tons rosados. Para assegurar uniformidade de cor e melhor extração dos diversos componentes, inicia-se uma operação chamada remontagem (figura 3).

Com ajuda de uma bomba, o mosto-vinho claro da parte inferior do tanque é levado para manter contato com a parte superior do chapéu. Dependendo do estilo do vinho, essa operação é repetida de três a quatro vezes por dia, com duração de uma hora cada vez, durante uma semana. Passando pelo chapéu, o mosto-vinho vai ganhando sua cor, até chegar à tonalidade desejada.

Além da remontagem, várias outras técnicas são usadas para extração, como veremos no capítulo "Práticas enológicas".

Um método de extração mais rudimentar envolve o pé humano. Em algumas regiões de Portugal, usam-se lagares, grandes tanques de granito ou concreto, baixos e curtos. Pelo método pisa a pé, certo número de pessoas faz movimentos

Figura 3. Início da remontagem.

cadenciados, até que as uvas fiquem esmagadas. Hoje, existem lagares que empregam robôs para o esmagamento.

Essa fase de contato entre as cascas (chapéu) e o mosto-vinho, em que são extraídos os corantes (antocianinas), os polifenóis, e se definem aroma e sabor, é denominada maceração.

Se a fermentação alcoólica não for interrompida pelo produtor, ela prosseguirá até quando não houver mais açúcar no mosto ou quando o teor alcoólico atingir cerca de 15% vol., momento em que as leveduras começam a se enfraquecer.

DESCUBA

Ao terminar a fermentação, o mosto-vinho é separado de suas partes sólidas, operação chamada descuba. O que flui livremente denomina-se vinho superior e é o adequado para elaborar vinhos finos, indo, muitas vezes, para recipiente separado.

PRENSAGEM

As partes sólidas são prensadas, como na figura 4, e produzem um vinho inferior, denominado vinho de prensa, utilizado para vinhos comuns ou, mais geralmente, para destilados na elaboração de *brandies*, grapas e bagaceiras.

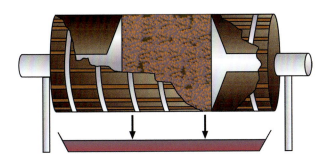

Figura 4. Obtenção do vinho de prensa.

Figura 5. a) Prensa vertical de madeira; b) modelo moderno de inox.

Durante as operações até aqui realizadas, dada a impossibilidade de se retirarem as sementes, tomam-se cuidados para que não sejam esmagadas, pois elas soltam óleos amargos que podem comprometer a qualidade do vinho.

Existem diversos tipos de prensas, destacando-se as prensas verticais, como a mostrada nas figuras 5a e 5b. Elas são dotadas de ripas de madeiras longitudinais, para escorrer o vinho de prensa. A parte sólida que sobra (cascas e sementes) é cada vez mais usada pela indústria de cosméticos. Até pouco tempo atrás, essas prensas verticais estavam fora de moda, mas alguns respeitados produtores optaram por utilizá-las e elas gradativamente têm ganhado espaço. Os modelos feitos de inox dão melhores resultados e são mais fáceis de usar.

Além das prensas verticais, existem alternativas, como as prensas horizontais

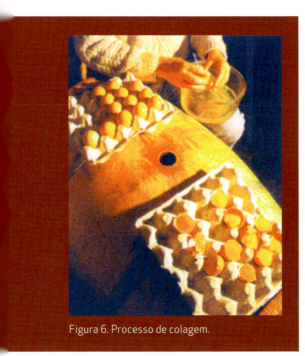

Figura 6. Processo de colagem.

Bordeaux é usual fazer-se a "colagem" – na qual se usa clara de ovo, que se junta com as impurezas em suspensão até atingir um peso suficiente para se precipitar (figura 6). Podem-se utilizar centrífugas para acelerar o processo, notadamente para vinhos simples, destinados ao consumo imediato.

TRATAMENTO A FRIO

A uva é rica em ácido tartárico, que passa para o vinho e pode se combinar com cálcio e potássio, formando os sais correspondentes. Esses tártaros são instáveis a baixas temperaturas e podem se precipitar dentro da garrafa em forma de pequenos cristais quando esta é colocada na geladeira. Apesar de nada influenciar no sabor, isso afeta a apresentação, podendo levar o consumidor a interpretá-lo como enfermidade do vinho. No caso dos vinhos tintos, esses cristais farão parte dos sedimentos. O vinho passa então pelo tratamento a frio: a temperatura do tanque é abaixada, geralmente até –4 ºC, durante cinco dias, para que se produza a precipitação dos sais de ácido tartárico.

hidráulicas ou pneumáticas e prensas contínuas, usadas pelas cooperativas, produtoras de vinhos em grande volume.

CLARIFICAÇÃO

Em um novo recipiente (tanque ou barril), o vinho superior começa o processo de clarificação. Algumas impurezas que acompanham o vinho recém-fermentado depositam-se naturalmente no fundo do recipiente. Nos vinhos de

Cristais sólidos formam-se no líquido e se depositam no fundo do tanque.

CONVERSÃO MALOLÁTICA

O vinho apresenta vários ácidos orgânicos naturais da uva, com características diferentes. Os principais são:

- **TARTÁRICO:** principal ácido presente na uva e bastante estável durante o processo de vinificação.
- **MÁLICO:** ácido agressivo ao paladar, bastante instável, pode ser convertido durante o processo de vinificação.

Ocorre que, no próprio vinho, existem bactérias capazes de transformar o ácido málico em ácido lático, mais suave e aveludado. Essas bactérias encontravam-se inibidas durante a fermentação alcoólica, mas, em condições especiais, vão se multiplicando e fazem a transformação desses ácidos. Dependendo das condições do meio, essas bactérias podem ser adicionadas.

A conversão malolática pode ser controlada em laboratórios por cromatografia de papel ou por meio de análises químicas. Terminada essa etapa, trasfega-se o vinho para outro tanque e corrige-se o anidrido sulfuroso, para deter a ação de bactérias.

A conversão malolática aporta aromas que dão maior complexidade ao vinho, em particular, aromas lácteos e amanteigados em vinhos brancos. Recentemente, alguns produtores estão optando por fazer essa conversão em carvalho, pois acreditam que esse processo acrescenta certa complexidade, especialmente em vinhos tintos, em que notas de chocolate e especiarias podem ser apreciadas.

CORTE

Ao final dos procedimentos anteriores, a vinícola dispõe de uma série de tanques e barricas com vinhos de diferentes espécies de uva, denominadas varietais. No laboratório de controle da vinícola, existem anotações da evolução relativa desses vinhos. Eles podem ser engarrafados separadamente ou ser misturados com o objetivo de garantir um produto final que seja a soma das qualidades individuais. É o corte, uma das tarefas mais complexas da vinícola. Procuram-se, ao mesmo tempo, equilíbrio e complexidade, de tal maneira que o vinho resultante seja mais atrativo do que os varietais que entram no corte.

FILTRAGEM

Antes de ser engarrafado, o vinho pode ser filtrado, para eliminar partículas em suspensão que lhe tiram a transparência. Pretende-se apresentar ao consumidor um vinho limpo e brilhante. Essa filtração deve ser realizada de forma cuidadosa, pois pode afetar tanto o aroma como a estrutura do vinho. É comum se ouvir dizer que vinhos muito filtrados ficam cansados e perdem a qualidade e o caráter.

Atualmente, é cada vez mais comum encontrarem-se vinhos rotulados com a palavra *non-filtré* ou *unfiltered*, destacando-se que não se efetuou essa operação a fim de se preservarem ao máximo suas características naturais. A ausência de filtragem acarreta um sedimento na garrafa que exigirá muito cuidado ao servir o vinho, porém a condição de

Figura 7. Filtragem.

Figura 8. Engarrafamento.

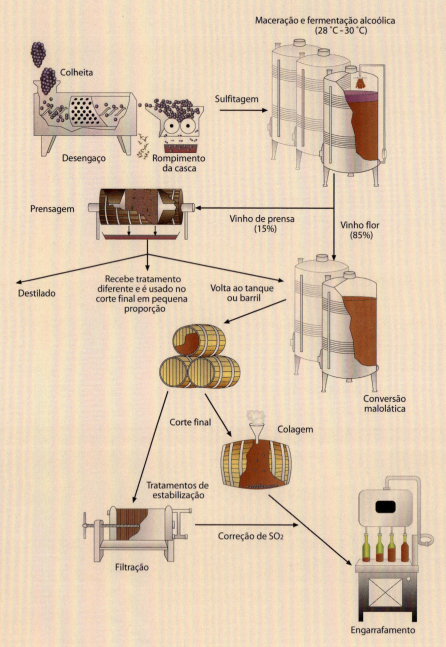

Figura 9. Esquema de vinificação de tintos.
Existem variações dependendo do produtor, da região e do estilo do vinho.

Vinho branco

unfiltered do vinho, longe de representar um defeito, aproxima-o mais de um produto natural e é sinônimo de qualidade.

ENGARRAFAR

O método de engarrafar tem evoluído muito, sendo a higiene o aspecto mais importante a se considerar. Métodos modernos incluem o engarrafamento a vácuo, que impede o contato com outras partículas suspensas no ambiente e, o mais importante, evita o contato com o oxigênio.

Uma vez engarrafado, é recomendável que o vinho fique armazenado por algum tempo antes de ser comercializado, para que descanse e chegue ao mercado em condições ideais para o consumo. Um vinho tinto de boa estrutura e qualidade pode passar alguns anos nesse estágio em garrafa. Essa fase redutora na garrafa, que ocorre na ausência de oxigênio, é denominada envelhecimento.

O suco, seja das uvas brancas, seja das tintas, é incolor. Portanto, vinhos brancos podem ser obtidos a partir dos dois tipos de uva, desde que, no caso das uvas tintas, o suco e as cascas sejam separados imediatamente. Existem exceções, como é o caso das uvas tintureiras, como a Alicante Bouschet, cujo suco já possui cor.

COLHEITA

A colheita para vinhos brancos secos tende a se realizar um pouco mais cedo, em comparação aos tintos, pois a retenção da acidez é crucial para dar frescor e boa personalidade ao vinho.

DESENGAÇAMENTO

Como nos tintos, ao chegar à vinícola, as uvas são levadas para a desengaçadeira para separar os bagos da uva do engaço. Trata-se de uma máquina que possui uma espécie de tonel perfurado e uma série de hélices. Os cachos de uvas entram pela parte superior e batem nas hélices, que giram em sentido oposto. Os bagos separados do engaço caem pelas perfurações sobre uma esteira que os leva para a próxima etapa da vinificação. Os engaços continuam na parte interna até chegarem à outra extremidade da máquina, na qual são eliminados (figura 10).

Alguns produtores preferem fazer a prensagem direta sem passar pela desengaçadeira.

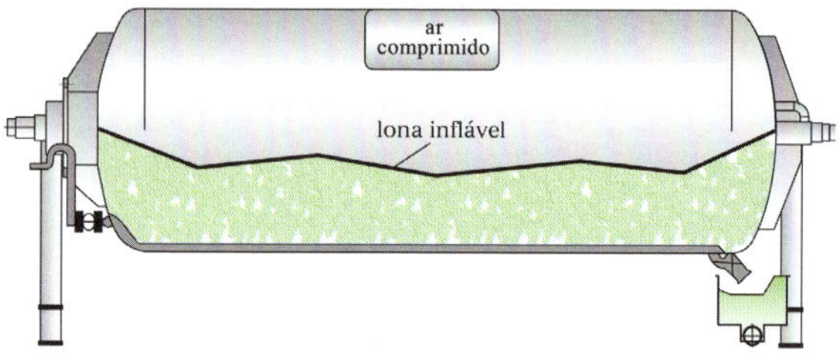

Figura 11. Prensa pneumática.

ESMAGAMENTO

Após a separação, os bagos são suavemente esmagados para romper a casca e liberar o suco. Esse suco apresenta qualidade superior e é levado, por meio de bombas ou por gravidade, diretamente ao tanque.

PRENSAGEM

A parte sólida (polpa, cascas e sementes) resultante do processo anterior é conduzida para uma prensa. Existem vários tipos de prensas, mas, para a vinificação de vinhos brancos, a mais comum é a prensa pneumática (figura 11).

Figura 10. Desengaçadeira.

Figura 12. Interior de uma prensa pneumática.

Ela trabalha com ar comprimido, possuindo uma lona inflável que comprime suavemente os bagos contra a parede da prensa. Pequenos orifícios na superfície permitem a passagem do líquido, que é recolhido em um recipiente posicionado na parte inferior do equipamento. A prensagem deve ser suficiente para extrair o suco uniformemente, mas não esmagar as sementes. Quanto maior a pressão aplicada, menor será a qualidade do vinho. A figura 12 mostra o interior de uma prensa.

Destacamos aqui a grande diferença entre a vinificação de tintos e brancos: nos vinhos brancos, a separação do suco e das cascas ocorre antes da fermentação, e nos vinhos tintos, ocorre depois.

SULFITAGEM

A seguir, enchem-se mais ou menos até dois terços do tanque com o mosto-vinho e faz-se a sulfitagem, que, como já vimos, é a adição de anidrido sulfuroso (SO_2), para bloquear a ação de bactérias e impedir a oxidação.

DECANTAÇÃO

O mosto-vinho ainda leva consigo grande parte de impurezas e borras. Procede-se, então, à decantação das partículas mais pesadas, processo que dura entre 12 h e 24 h (figura 13). Vários produtores preferem adicionar enzimas ao mosto para ajudar a acelerar o processo. Para que o mosto não comece a fermentar, utiliza-se o resfriamento, mantendo-o nesse período a temperaturas abaixo de 10 °C.

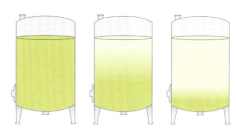

Figura 13. Decantação de partículas pesadas.

Para eliminar essas partículas que ficam na base do tanque, trasfega-se o mosto limpo para outro tanque.

FERMENTAÇÃO

Procurando-se manter os aromas da uva, a fermentação dos vinhos brancos é feita em temperaturas mais baixas do que as utilizadas na dos vinhos tintos. Por isso, normalmente é realizada em cubas de inox, dotadas de camisa de refrigeração com um termostato, que permite o controle da temperatura. Em geral, usam-se leveduras cultivadas que, além de mais confiáveis, funcionam melhor em temperaturas reduzidas.

Como a fermentação é um processo exotérmico (produz calor), o controle de temperatura é imprescindível. Para elaborar um branco leve e frutado que seja consumido jovem (de vida mais curta), a temperatura é mantida entre 12 °C e 15 °C, o que ajuda a trazer o frescor e o sabor de que esse vinho precisa. Temperaturas mais elevadas (18 °C e 20 °C) originam brancos mais longevos.

CONVERSÃO MALOLÁTICA

Nos vinhos brancos, essa conversão depende da variedade de uva utilizada. Uvas aromáticas, como Gewürztraminer, Viognier, Riesling e Sauvignon Blanc, geralmente não passam por essa conversão, a fim de se reterem o caráter e o frescor da fruta.

TRATAMENTO A FRIO

Essa parte da vinificação é realizada da mesma maneira que nos vinhos tintos. No caso dos vinhos brancos, esse tratamento é de grande importância porque neles os pequenos cristais resultantes são mais visíveis, o que pode levar o consumidor a interpretá-los como uma enfermidade do vinho.

CORTE

Conforme o estilo de vinho branco que se pretende, o corte é feito nessa etapa da vinificação.

CLARIFICAÇÃO, FILTRAÇÃO E ENGARRAFAMENTO

A clarificação ocorre por sedimentação natural das partículas em suspensão ou por adição de produtos clarificantes

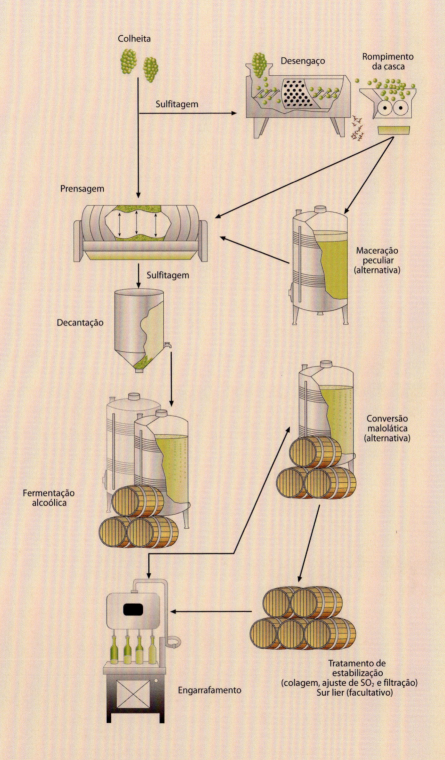

Figura 14. Esquema básico de vinificação de brancos.
Existem variações dependendo do produtor, da região e do estilo de vinho.

Vinho rosado

(totalmente inertes ao vinho), como caseína ou bentonita. Essas partículas adicionadas possuem cargas elétricas opostas às proteínas em suspensão no vinho; elas se juntam até atingir um peso suficiente para se precipitar no fundo do tanque.

Por fim, o vinho é filtrado para ficar com transparência e brilho, que são aspectos muito apreciados nele. Pode-se corrigir o nível de anidrido sulfuroso, fundamental para assegurar a proteção contra o oxigênio, sendo os limites estabelecidos pela legislação de cada país. Esse componente químico é frequentemente usado na indústria de alimentos e funciona como conservante. Pode produzir efeitos alérgicos, sobretudo em pessoas asmáticas, mas em número muito restrito. No Brasil, a presença de SO_2 no vinho é indicada pela International Numbering System com a sigla INS-220.

Como nos tintos, o engarrafamento é a última parte do processo de vinificação dos brancos.

Existem diversas maneiras de se produzir vinho rosado. Na elaboração de um vinho rosado de qualidade, utilizam-se uvas tintas e procede-se inicialmente como na produção de um tinto, mas o tempo de maceração do mosto com o chapéu é reduzido, permanecendo apenas o suficiente para que o líquido atinja a coloração desejada. O mosto é, então, separado do chapéu e trasfegado para uma cuba de fermentação, de aço inox, seguindo-se o mesmo processo para se obter um branco à baixa temperatura, com vistas na obtenção de aromas frutados, frescos e delicados.

Vinhos doces

Denominam-se vinhos doces aqueles que, terminada a fermentação, ficam com suficiente teor de açúcar natural. Os vinhos doces, na maioria, são brancos vinificados como vinhos brancos secos.

Geralmente, a decisão de produzir um vinho doce começa na colheita, na qual a espécie de uva é muito importante.

Uma forma utilizada é a colheita tardia (*vendange tardive* ou *late harvest*). Faz-se a colheita várias semanas após a data normal (figura 15), e a concentração de açúcar eleva-se consideravelmente.

Na formação do mosto, obtém-se teor de açúcar residual elevado. Essa técnica é usada na França, na Alemanha, na Áustria e nos países do Novo Mundo.

Às vezes, as uvas podem já estar enrugadas, tornadas passas na própria videira, como acontece na região de Jurançon, na França. Elas também podem ser expostas e secas em tapetes de palha ou penduradas para secar, como no caso dos vinhos italianos, do tipo *passito* ou *recioto*.

O processo moderno de apassitamento consiste em guardar as uvas recém--colhidas em ambiente cuja temperatura e umidade são controladas, permitindo que a fruta seque sem perigo de ser atacada por fungos.

Existem produtores que fazem vinhos doces num estilo mais comercial. Interrompem a fermentação artificialmente – por exemplo, diminuindo a temperatura e adicionando pesadas doses de anidrido sulfuroso, seguido de filtração, com o objetivo de eliminar as leveduras. Resultam vinhos de teor alcoólico baixo ou moderado e alta taxa de açúcar. Na Alemanha, os vinhos baratos são adoçados com um suco de uva não fermentado chamado Süssreserve.

Os melhores vinhos doces do mundo, no entanto, são obtidos com a ajuda de caprichos da natureza (figura 16). Existem regiões em que certas uvas são atacadas por um peculiar fungo, o *Botrytis cinerea*, chamado de fungo da podridão nobre. Ele faz minúsculos furos na casca das uvas, deixando evaporar apenas a água, concentrando ácidos e açúcares dentro dela.

Nessas regiões, geralmente arredores de rios, o terreno é baixo e a topografia

Figura 15. Colheita tardia.

favorece uma névoa úmida pela manhã e sol à tarde, condições necessárias para o fungo se desenvolver. O exemplo clássico são os vinhos feitos em um grupo de vilas no sul da região de Bordeaux, que fica às margens do pequeno rio Ciron, o qual, no outono, fornece a umidade que envolve as uvas na parte da manhã; estas, a seguir, são aquecidas pelo sol da tarde, originando as condições ideais de que o fungo necessita para se desenvolver nas uvas maduras e transformá-las naturalmente em uvas-passas.

Nessa região destaca-se a vila de Sauternes, onde se localizam alguns dos mais importantes produtores mundiais desse estilo de vinho, como o Château d'Yquem, La Tour Blanche, Climens, Rieussec e Suduiraut. Um grande vinho doce, às vezes, não é feito todos os anos, pois a combinação crucial da umidade e do calor pode simplesmente não ocorrer ou as chuvas de outono podem chegar mais cedo, impedindo a cata das uvas. Esse processo é arriscado, lento e tortuoso. Os que apreciam esse estilo de

Figura 16. Cacho de uva atacado pela podridão nobre.

vinho de alta qualidade sabem que ele tem um preço alto.

O fungo da podridão nobre aparece em outras regiões da França, como o Vale do Loire e a Alsácia. Também na Áustria, na Alemanha e na Hungria, onde é responsável pelo mais afamado vinho do país. É chamado de Tokay, que remete ao nome do povoado de onde vêm as uvas (Tokaj), uma cidade do nordeste da Hungria, quase na fronteira com a Eslováquia. A uva branca Furmint é a mais plantada na região, tem elevada acidez, casca fina e é bastante suscetível ao *Botrytis*. O fungo se alastra aleatoriamente; os bagos de uvas murchas atacados pelo *Botrytis* são colhidos um a um. Eles são levados para a vinícola e transformados em uma pasta, que é chamada *aszú*. Esta é colocada em um balde de cerca de 25 kg, equivalente a 20 ℓ, chamado *puttonyos* (figura 17).

Os bagos e os cachos restantes, não afetados pelo *Botrytis*, são colhidos e transformados num vinho-base. Os baldes são acrescentados ao vinho-base, que se torna mais doce no final, e são rotulados com os índices 3, 4, 5 e 6 *puttonyos*, dependendo de quantos baldes tenham sido acrescentados a cada barril. A adição de *aszú* ao vinho-base provoca uma segunda fermentação, que acrescenta mais teor alcoólico e açúcar residual ao produto final.

Nos Estados Unidos e na Austrália, o efeito da podridão nobre é obtido

Figura 17. Fazendo o *aszú*, pasta feita de uvas murchas.

artificialmente. Faz-se o borrifamento de esporos do *Botrytis* nas uvas apropriadas, que, depois, são sujeitas às condições úmidas e secas, alternadamente, tentando-se reproduzir as condições necessárias para que o fungo exerça sua influência na fruta.

Por meio de uvas congeladas, a influência da natureza permite elaborar outro tipo de vinho doce: o famoso Icewine (Canadá) ou Eiswein (Alemanha e Áustria), literalmente "vinho de gelo". Após a colheita normal, o produtor deixa uma parte do vinhedo à espera da primeira geada. É um método arriscado, pois as uvas devem permanecer saudáveis meses após a colheita. Quando a temperatura cai para –8 °C, as uvas se congelam na videira. Os cachos são colhidos e prensados cuidadosamente, ainda congelados. A água presente na fruta fica retida na forma de cristais de gelo e apenas escorre o suco, que é muito doce. Esses magníficos vinhos são tipicamente fermentados até 8% vol., deixando cerca de 200 g/ℓ de açúcar residual.

O processo pode ser feito também após a colheita, congelando-se as uvas artificialmente na adega. É o que ocorre na região de Penedès, na Espanha, onde a legislação foi alterada recentemente para permitir a produção do "vinho de gelo".

Outra maneira de se obterem vinhos doces é com a adição de destilado. Na fermentação normal, o açúcar do mosto da uva é desdobrado até o fim em álcool. No caso dos denominados vinhos fortificados, ou generosos, a fermentação é interrompida com a adição da aguardente, pois as leveduras não resistem à alta graduação alcoólica. O açúcar que resta no mosto deixa o vinho mais doce. Pertencem a esse grupo vinhos bastante conhecidos, como o Porto, o Moscatel de Setúbal e o Madeira, em Portugal; os Muscat (de Beaumes-de-Venise, Frontignan e Rivesaltes) e o Maury, na França; o Jerez e o Málaga, na Espanha; e o Marsala, na Itália.

Influência do carvalho

A MADEIRA JÁ ERA BASTANTE USADA para armazenar, medir e transportar o vinho desde o Império Romano e hoje está intrinsecamente ligada à produção de vinhos de alta qualidade.

Em enologia usa-se o termo "amadurecimento" para o estágio que o vinho passa em um recipiente, na presença de oxigênio, que favorece seu desenvolvimento (fase oxidativa). Já a palavra "envelhecimento" é utilizada para o afinamento da bebida na garrafa, em ambiente anaeróbico.

Quando se pensa em utilizar madeira para confeccionar um recipiente no qual se vai amadurecer um vinho, vem a pergunta: por que o carvalho e não outro tipo de madeira? A resposta é que as outras madeiras ou são porosas demais ou contêm substâncias exógenas que não complementam o perfil do vinho.

O carvalho exibe as seguintes qualidades:

- madeira de fibras resistentes, mas maleável, de fácil aquecimento ao fogo, que permite a confecção de tábuas encurvadas, chamadas aduelas;
- semelhante a uma esponja, permite a incorporação de oxigênio ao vinho;
- ajuda a melhorar a textura e transfere ao vinho substâncias aromáticas e cremosas até agora inigualadas por outras madeiras;
- oferece boa isolação térmica;

Espécies de carvalho

- tem peso apropriado para ser transportado;
- é um material reciclável.

O tempo que o vinho fica em contato com o carvalho provoca a modificação na estrutura de seus taninos, que podem se tornar mais suaves. A bebida ganha ainda outros componentes que adicionam caráter ao vinho, como aroma de baunilha, coco, chocolate, café e de várias especiarias, como cravo e canela. Mas não se deve exagerar. Alguns vinhos permanecem tempo demasiado nas barricas, então o caráter da madeira se sobrepõe ao da fruta. Além disso, o excesso pode marcar o vinho com demasiados taninos e um travo amargo.

Entre as inúmeras espécies de carvalho (*Quercus*) existentes, cerca de vinte são utilizadas para fazer os barris nos quais os vinhos amadurecem. As usadas com mais frequência são: *petraea*, *sessilis*, *robur* e *peduncularis*, da Europa, e *alba*, dos Estados Unidos.

O carvalho americano pode ser encontrado em vários estados, mas os melhores exemplares vêm do Missouri, da Pensilvânia e do Wisconsin. Tem cor branca e é menos poroso do que o europeu, que vem da França ou do Leste Europeu, cuja cor é mais escura. O carvalho americano pode ser serrado de qualquer modo, mas o europeu, especialmente o francês, deve ser cortado acompanhando-se os veios da madeira, senão o barril não fará uma vedação completa. Isso acarreta grande perda da árvore europeia, o que implica um custo maior no barril. Economicamente, é preferível o uso de barris americanos, mas, quando esse carvalho é serrado, quebram-se as células da madeira, as quais liberam substâncias que conferem um sabor mais acentuado ao vinho. Já ao se serrar um

Tonelarias

carvalho francês, poucas de suas substâncias são liberadas, que influenciam o sabor do vinho de maneira mais elegante. Além disso, o carvalho europeu, em geral, apresenta uma granulação mais densa, permitindo melhor oxigenação, em comparação ao americano. Com o uso do carvalho francês, o vinho torna-se mais sutil, qualidade apreciada pelos principais produtores de vinho do mundo, que não se importam de pagar mais caro.

Outros tipos de madeira usados para vinhos em diversas partes do mundo incluem material proveniente de árvores como pinheiro, castanheira, sequoia e acácia.

A fabricação de barris pelas tonelarias é idêntica em qualquer país. As aduelas são cortadas de longas pranchas de carvalho (figura 1a) e guardadas, em geral, ao ar livre por um período mínimo de dois anos, para livrarem-se naturalmente de elementos agressivos que não complementam o vinho. Essas aduelas são vergadas sobre fogo e presas por anéis metálicos (figura 1b), para adquirirem o formato de barril (figura 1c).

A queima da face interna do barril é chamada tostagem. Essa parte do processo tem enorme influência no gosto do vinho, podendo conferir-lhe características bem distintas. Existem quatro graus de tostagem: leve, médio, pesado e queimado, dependendo da temperatura e do tempo de contato com o fogo. Por exemplo, para se obter a tostagem média, a madeira permanece ao fogo por 30 min, em temperatura de cerca de 200 °C. Os principais aromas transmitidos pelo carvalho intensificam-se com o grau de tostagem.

Quanto maior o barril, menor a influência do carvalho no sabor do

Figura 1a. Pranchas de carvalho secando.

Figura 1b. Aduelas vergadas sobre fogo e presas por anel metálico.

Figura 1c. Barril pronto.

vinho. Os barris mais amplamente utilizados são o de 225 ℓ, de Bordeaux, e o de 228 ℓ, da Borgonha. Existem regiões que frequentemente utilizam barris de 300 ℓ ou maiores, como os barris denominados *fuder* da Alemanha, cuja capacidade é de 1.000 ℓ.

Com o tempo de uso do barril, diminui a transmissão de aromas e sabores: quanto mais ele é usado e, consequentemente, lavado e esterilizado, menor seu impacto sobre o vinho. Nos principais produtores, o barril é usado uma só vez, no máximo duas, para seu vinho *top* de série. Depois, será usado duas ou três vezes para o de qualidade média e, a seguir, como a madeira já praticamente pouco interfere no vinho, será empregado nos menos importantes ou, até mesmo, vendido.

O carvalho novo, além de transferir ao vinho aromas e sabores de baunilha, tostado, coco e especiarias, aporta novos taninos, permitindo-lhe um envelhecimento prolongado em garrafa. Também tem uma virtude adicional: ajuda a deixar a cor do vinho mais estável.

O uso de madeira é sinônimo de vinho de qualidade, mas não são todos os estilos de vinho que se beneficiam com a influência da madeira. Alguns não têm estrutura suficiente para impedir que a ação do carvalho predomine. Certos estilos de vinho provenientes de variedades aromáticas, cujos sabores são bastante intensos, não se beneficiam com o tempo em madeira; pelo contrário, perdem seu caráter aromático.

Chips

Por causa do alto custo do carvalho novo, há mais de vinte anos, produtores do Novo Mundo desenvolveram a técnica de acrescentar lascas de carvalho nos tanques de fermentação, feitos de aço inox (figura 2).

Esses pedaços de madeira, denominados *chips*, dão ao vinho algum sabor e aroma de carvalho, mas não o efeito benéfico importante do amadurecimento nos barris, que é a micro-oxigenação, a qual ocorre através dos poros da madeira. Os *chips* são usados também por algumas vinícolas do Velho Mundo.

Certos produtores que optam pelo uso de tanques de inox procuram complementar o uso de *chips* com um procedimento de micro-oxigenação. Consiste em um pequeno difusor que pode medir e emitir pequenas doses de oxigênio, sendo colocado no fundo do tanque e ligado a uma fonte de oxigênio por meio de tubos de plástico (figura 3).

Desenvolvida na França no início da década de 1990, a micro-oxigenação contribui para a polimerização dos taninos, melhora a textura e a estrutura, estabiliza

Figura 2. *Chips*.

Figura 3. Aparelho de micro-oxigenação.

Staves

a cor e reduz notas herbáceas presentes no vinho.

Dificilmente um produtor reconhece o uso dessas técnicas, mas, quando você beber um vinho de preço acessível e detectar aromas típicos do uso de carvalho, é provável que, durante sua elaboração, lhe foram adicionados *chips*. Essa técnica, até pouco tempo proibida, foi recentemente incorporada na legislação europeia.

O uso de *staves* (aduelas, em inglês) representa outra alternativa econômica em relação ao custo do barril. Utilizam-se aduelas de madeira, geralmente de 1,80 m, semelhantes às usadas na confecção dos barris (figura 4).

Elas são dispostas ao redor da parte interna de um tanque de aço inox ou colocadas no formato de espinha de peixe. Podem variar em formato e tamanho, também podendo ser colocadas no interior de um barril que já foi usado várias vezes com o objetivo de se acrescentar caráter ao vinho.

Os *staves* são mais caros do que os *chips*, mas dão ao vinho características bastante similares, boa complexidade e podem ser usados de cinco a seis vezes, desde que bem conservados.

Figura 4. *Staves*.

Carvalho × aço inoxidável

A introdução de tanques de aço inoxidável para a fermentação, com controle de sua temperatura, revolucionou a indústria vinícola. Esses tanques metálicos e assépticos, que permitem manipular a fermentação, afetaram o estilo, a complexidade e a qualidade do vinho em geral, especialmente os brancos aromáticos, nos quais se pretende preservar o sabor da fruta.

O produtor tem duas opções: pode elaborar um vinho com frescor, mantendo ao máximo as características da uva e garantindo certa consistência por meio do uso de tanques de inox, ou pode optar por mais complexidade e a personalidade que só o barril de carvalho confere ao vinho, com mais trabalho e certos riscos. Vários produtores usam ambos e fazem um corte que se beneficia do frescor de um componente e da complexidade e amplitude do outro.

Quanto à consistência e à relação qualidade/preço, os tanques de aço inoxidável são especialmente recomendados. Inertes, facilmente lavados e esterilizados, têm uma longa vida útil e, como permitem o controle de temperatura, a qualidade do produto final pode, até certo ponto, ser garantida. Já um barril de carvalho é bem mais caro, o controle de temperatura é por câmara fria e sua vida útil é bastante restrita. Além disso, seu efeito no vinho varia de ano para ano, de barril para barril; o vinho dependerá muito das habilidades do produtor, de sua atenção aos detalhes e de disciplina.

Práticas enológicas

EXISTEM PRÁTICAS ENOLÓGICAS que, aparentemente, nada ajudam quem quer apenas desfrutar uma taça de vinho. Porém, o conhecimento de algumas dessas práticas pode ajudar a compreender melhor o que se está bebendo e talvez auxilie a desfrutar a bebida em sua plenitude. É o que se pretende neste capítulo.

Ajustes do mosto

Como raramente o mosto tem uma composição correta, ele exige alguns ajustes, que devem ser feitos o mais cedo possível, para melhor integração.

Em climas frios, quando as uvas não atingiram o nível de açúcar natural, é usada a prática de adicionar açúcar a esses mostos, antes ou durante a fermentação, para que o vinho atinja o teor alcoólico necessário, conforme o estilo. O processo denomina-se *chaptalização* e foi inventado por um francês (Jean-Antoine Chaptal) no século XIX. É permitido em diversos lugares do mundo, porém é controlado por leis, que variam de país para país.

Maceração pré-fermentativa

Por outro lado, em climas quentes, as uvas amadurecem com facilidade, mas frequentemente não retêm a quantidade necessária de ácidos para que o vinho tinto seja equilibrado. Nesse caso, o produtor pode efetuar uma correção, a acidificação, usando os mesmos ácidos presentes nas uvas.

A estrutura dos vinhos brancos também pode ser alterada efetuando-se, além da chaptalização e da acidificação, a desacidificação. Consiste em adicionar carbonato de cálcio a uvas provenientes de climas frios, como as da Alemanha, Suíça, Nova Zelândia e Inglaterra. Ele reage com o ácido tartárico, formando o tartarato de cálcio, que se deposita e diminui a acidez do mosto.

Antes do início da fermentação, conforme o estilo do vinho, pode-se procurar extrair vários componentes da fruta, realizando-se a chamada maceração pré-fermentativa.

Nos vinhos tintos, o mosto é simplesmente colocado em um tanque, em que se reduz a temperatura para 5 °C, por um período que varia de três a sete dias. O processo é chamado criomaceração, pois, nessa baixa temperatura, a fermentação não se inicia. Procura-se conseguir mais cor, aromas e sabores, sem extrair os taninos.

Esse processo também é usado para elaboração de vinhos brancos, mas é mais curto, geralmente dura 24 h, e possui uma terminologia específica: *macération pelliculaire* (*skin contact*, em inglês). Isso contribui para extrair componentes fenólicos que irão acrescentar aromas e sabores, especialmente em variedades aromáticas como Gewürztraminer, Sauvignon Blanc e Viognier.

Na elaboração de vinhos doces, o produtor pode usar um processo denominado *crioextração*, diferente de

Extração de componentes fenólicos – agregação de cor

criomaceração. Refere-se a temperaturas muito baixas, em torno de –5 °C ou –6 °C. Nesse caso, as uvas são congeladas e, quando prensadas, liberam somente o suco com alta concentração de açúcar, deixando para trás o gelo, que contém em sua maior parte a água que compõe a fruta. É um processo simples que aumenta a concentração de açúcares no mosto, o que é ideal para a elaboração de vinhos doces.

Para se agregar componentes fenólicos e cor ao mosto, como vimos no capítulo "Vinificação de tintos, brancos, rosados e doces", faz-se a remontagem: em um tanque, o líquido que fica embaixo é bombeado para cima, para manter contato com o chapéu.

É comum fazer-se a *pigeage*: descompactar e afundar com um bastão a massa densa formada pelas cascas que fica na superfície, isto é, o chapéu (figura 1).

Modernamente, o contato do mosto com a parte sólida é realizado em equipamentos sofisticados, como o rototanque (figura 2), cujo funcionamento é análogo ao de uma betoneira de concreto.

O reservatório é um cilindro horizontal, acoplado a uma engrenagem, que lhe imprime um movimento de rotação. Um comando externo permite controlar o contato do mosto com o chapéu, conforme o número de rotações por dia.

A *delestage*, termo francês que significa "remoção", é um processo físico utilizado para extrair suavemente componentes fenólicos das uvas tintas. Para se efetuar a *delestage*, é necessário um tanque de recepção e elementos para a transferência do líquido (bombas, canos, etc.) que estejam de acordo com os padrões de higiene (figura 3). Ela pode ser iniciada quando o chapéu estiver formado.

O tanque no qual ocorre a fermentação é completamente esvaziado. O bombeamento do suco novamente sobre o chapéu é feito usando-se um jato contínuo, cuja pressão é regulada de acordo com o que pretende o produtor. À medida que o suco vai passando pelo chapéu, a continuação da fermentação alcoólica vai elevando-o. Isso permite uma troca completa entre o mosto e o chapéu, sem ocasionar extração excessiva.

Pode-se também fazer uso de alta temperatura por curto prazo de tempo para acelerar a extração de cor e demais componentes que farão parte da estrutura do vinho. Esse processo chama-se termovinificação. A temperatura da fruta é elevada a cerca de 70 °C por 20 min ou 30 min com o objetivo de acelerar a liberação de antocianinas.

Existem variações desse método que consistem em elevar ainda mais a temperatura (até 80 °C) em combinação com alta pressão. Esses processos ajudam a liberar cor e extrair taninos macios.

Figura 1. Executando a *pigeage*.

Figura 2. Rototanque.

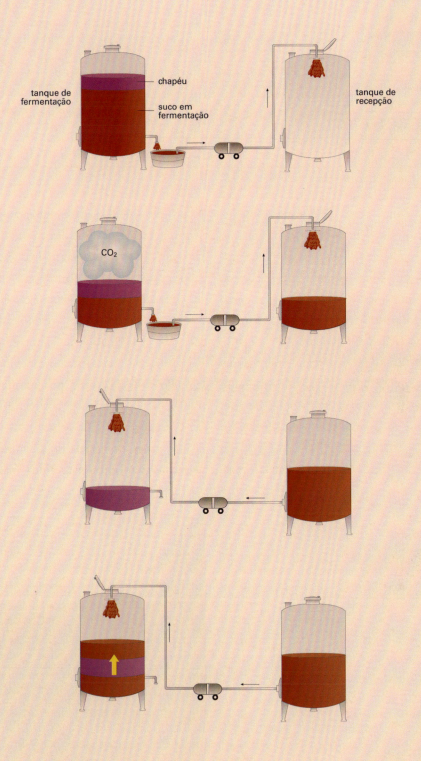

Figura 3. Execução da *delestage*.

Maceração pós-fermentativa

Nos vinhos tintos de consumo imediato, o produtor pode separar as cascas do mosto antes mesmo do final da fermentação alcoólica. Os vinhos destinados ao amadurecimento em madeira, seguido por um período na garrafa, podem seguir a maceração pós-fermentativa.

Antes de se colocar o vinho na madeira após a fermentação, ele é deixado em contato com as cascas por um período que pode durar até quatro semanas. É o que ocorre com um Barolo, na Itália, ou com um grande vinho de Bordeaux (Cru Classé).

Sur lie e bâtonnage

Nos vinhos brancos, assim que terminar a fermentação, pode-se deixar o sumo em contato com as borras por algumas horas. Pode ser por um período curto ou por vários meses, como é o caso do Muscadet da região do Vale do Loire. Esse processo é conhecido em enologia pela palavra francesa *sur lie* e adiciona complexidade e textura, incluindo sabores ligeiramente tostados.

A *bâtonnage* é uma extensão do *sur lie*, correspondendo a uma movimentação periódica das borras que se

Figura 4. *Bâtonnage*.

Maceração carbônica

depositam no fundo da barrica ou do tanque. Alguns produtores preferem deixar as borras que se formaram após a fermentação e sistematicamente agitá-las, deixando-as em suspensão no líquido.

É um processo que transfere certas características ao vinho, incluindo complexidade aromática, maior quantidade de sabores na boca e, especialmente, melhorando sua textura. A *bâtonnage* é, em geral, associada aos vinhos brancos, entretanto pode ser feita em tintos. É possível estender esse processo por alguns meses, o que enriquece o vinho aromaticamente e permite uma clarificação natural, que previne a oxidação.

A maceração carbônica é um método de vinificação em que os cachos são colocados intactos no tanque de fermentação hermeticamente fechado e é injetado gás carbônico, para impedir o desenvolvimento das leveduras e o consequente início da fermentação alcoólica. Enzimas da fruta, que se desenvolveram dentro do bago, provocam uma fermentação no seu interior. As uvas da parte inferior do tanque acabam se rompendo e passam, a seguir, à fermentação alcoólica habitual. Não se usa a sulfitagem das uvas, e o tempo de maceração pode durar de oito a dez dias, dependendo da temperatura (figura 5).

Esse método beneficia a preparação de vinhos tintos aromáticos e frutados, que devem ser consumidos jovens, já que conservam suas qualidades durante o primeiro ano. Não são apropriados para envelhecer, e o exemplo clássico deles é o Beaujolais Nouveau. Esse método está sendo empregado agora no Brasil.

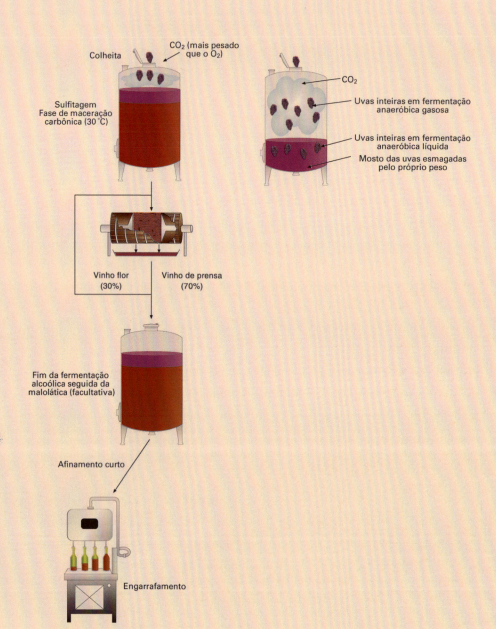

Figura 5. Esquema da maceração carbônica.

Vinho *Kosher*

A religião judaica, em sua versão mais ortodoxa, impõe normas para a produção, o manuseio e o consumo de alimentos certificados como produtos *kosher*. O vinho está incluído entre eles. O que diferencia um vinho *kosher* não é a qualidade ou o estilo, mas simplesmente o processo de elaboração. As uvas e a forma de cultivá-las são praticamente as mesmas de qualquer outro vinho disponível no mercado. As mudanças começam quando os cachos chegam à cantina para que se iniciem a preparação e a fermentação propriamente ditas. Apenas pessoas que seguem as leis e a religião judaicas podem manuseá-los, e o equipamento, se foi utilizado para vinhos "comuns", deverá ser previamente higienizado. Não pode ser usado nenhum produto de origem animal dentro da adega durante a primeira parte do processo de vinificação, que deve ser realizado em cubas de aço inox. O vinho só pode ser clarificado com argila mineral. A supervisão até o engarrafamento deve ser feita por um rabino responsável.

Uma vez engarrafado – é claro que em recipientes novos –, 1% da venda se destina à caridade e, se o rabino considerar que em sua elaboração foram cumpridas todas as normas, o vinho receberá o selo *kosher*.

Em razão da demanda, vinícolas de renome por vezes destinam parte da colheita à produção de vinho *kosher*, como é o caso de conceituados Châteaux de Bordeaux e de Casas de Champagne.

O *status* de *kosher* estende-se até o serviço do vinho, devendo a garrafa ser aberta e servida por pessoal estreitamente alinhado com as leis da religião. A garrafa só pode ser manuseada por outra pessoa enquanto estiver fechada, a menos que seja utilizada no processo, além de todos os passos iniciais, uma forma mais invasiva no que diz respeito ao líquido: sua pasteurização. O vinho, submetido por segundos a temperaturas perto dos 80 °C, é liberado com a denominação *mevushal*, o que é mencionado no rótulo. Mesmo com técnicas modernas de cozimento rápido – a chamada *flash* pasteurização –, o vinho perde boa parte de suas características originais.

Espumantes

VINHOS ESPUMANTES são aqueles que contêm boa quantidade de gás carbônico dissolvido, responsável pelas bolhas que se apresentam quando são servidos. Elas se formam durante o processo de fermentação sob pressão e ficam retidas no líquido, podendo ocorrer no tanque ou na própria garrafa.

Os vinhos espumantes podem ser brancos, rosados e tintos, e seu estilo depende do grau de pressão, ou seja, da intensidade das bolhas. A diferença depende da forma como as bolhas foram obtidas.

Os métodos de obtenção de bolhas incluem: método tradicional, transvaso, método de transferência, processo Charmat e carbonização.

Método tradicional

É o mais conhecido e certamente o mais importante em matéria de qualidade.

O processo de elaboração consiste em adicionar a um vinho-base tranquilo uma solução chamada *liqueur de tirage*, mistura de açúcar e leveduras, com o objetivo de provocar uma segunda fermentação, que acontece na própria garrafa. Durante essa segunda fermentação, o gás naturalmente desprendido fica retido e incorpora-se ao líquido. Além disso, a graduação alcoólica aumenta 1,5%, e a pressão no interior da garrafa atinge cerca de 5 a 6 atm.

Método *champenoise*

Esse método tem sido aperfeiçoado na região de Champagne, na França, desde o final do século XVII, onde é conhecido como método *champenoise*. Esse nome só pode ser usado legalmente para espumantes lá elaborados; em outras regiões da França e de qualquer outro país, deve ser chamado de método tradicional ou clássico.

Também os vinhos da região de Champagne são os únicos que podem utilizar oficialmente a designação *champagne* para o vinho obtido por esse método. Os demais são espumantes ou recebem outras identificações, como *Cava*, na Espanha, *Sekt*, na Alemanha, e *Sparkling Wine*, nos Estados Unidos.

Os solos pobres da região de Champagne, juntamente com o clima frio e úmido, dão as condições ideais para elaboração de espumantes de qualidade excepcional.

O champagne é feito basicamente da uva branca Chardonnay e das uvas tintas Pinot Noir e Pinot Meunier. Quando os vinhos dessa região forem elaborados exclusivamente com a variedade Chardonnay, pode-se usar a terminologia *Blanc de blancs*; por outro lado, quando o vinho for feito somente com uvas tintas, é permitido usar o termo *Blanc de noirs*, para indicar o estilo.

Até o século XVII, a fermentação dos vinhos tranquilos era com frequência interrompida naturalmente com a chegada do frio no final do outono, quando o açúcar ainda não tinha sido de todo transformado em álcool. Quando os vinhos estavam já na garrafa, o processo reiniciava-se espontaneamente no início da primavera. As temperaturas mais altas ativavam as leveduras, que, então, atacavam os açúcares remanescentes. Formava-se o gás carbônico, que, aprisionado na garrafa, determinava um aumento da pressão interna e, por causa da fragilidade das garrafas, poucas ficavam intactas.

O monge beneditino Dom Pérignon trabalhou para controlar esse processo trazendo da Inglaterra garrafas mais grossas e resistentes e substituindo as tampas de pano, então utilizadas, por rolhas de cortiça, descobertas por monges na Espanha. Procurou obter vinhos brancos a partir de uvas tintas, vinificadas sem casca, utilizando cachos de diversos locais. Realizou uma mistura (a chamada *assemblage*) de vinhos de colheitas diferentes para diminuir as diferenças, garantir regularidade de um ano para o outro e ressaltar as qualidades do vinho obtido. Para garantir o padrão e a consistência, a maioria dos champagnes é elaborada com uvas de diversas safras, e por isso usa-se o termo *non-vintage* ou NV para designá-los. Em safras de qualidade extraordinária, o produtor pode optar por fazer um "champagne safrado"; nesse caso, 100% das uvas que entram na elaboração do vinho devem ser provenientes do ano indicado no rótulo.

Figura 1. Dom Pérignon.   Figura 2. Nicole Barbe Clicquot Ponsardin.

Ao fim da segunda fermentação, responsável pelas borbulhas, permanecem nas garrafas sedimentos deixados pelas leveduras. Durante anos, não se conseguiu uma maneira eficiente de separar o resíduo do vinho sem perder a maior parte da efervescência; filtrar estava fora de questão. O único método que teve um pouco de sucesso foi o armazenamento e a venda das garrafas de cabeça para baixo. Os compradores de champagne tinham que aprender a retirar a rolha rapidamente, de tal maneira que o resíduo saísse, sem levar muito vinho com ele. Esse processo chama-se *dégorgement à la volée*. Apesar desse inconveniente, o champagne tornou-se frequente nos palácios de toda a Europa de então.

Já no século XIX, em 1818, a célebre Veuve (viúva) Clicquot Ponsardin, dona da Casa de Champagne que leva seu nome de família, descobriu uma maneira de retirar o resíduo dessas garrafas na própria adega. Ela fez várias experiências com uma mesa de cozinha, cujo tampo foi furado com buracos de diversos tamanhos e em diversas inclinações;

chegou-se a um tipo de cavalete, chamado *pupitre* (figura 4). As garrafas eram colocadas na posição horizontal e gradualmente iam sendo giradas e reposicionadas com alguns graus de diferença todos os dias (operação chamada *remuage*), até assumir posição vertical, na qual os resíduos deslocavam-se das paredes para se concentrar no gargalo (figura 3).

No fim do século XIX, idealizou-se a degola (*dégorgement*), processo de resfriar o gargalo das garrafas a –25 °C por 15 min, o que congelava o líquido no local e fazia que, assim que se destampasse a garrafa, o resíduo saísse por diferença de pressão e deixasse o vinho limpo (figuras 5 e 6).

O método *champenoise* tem sido modernizado ao longo dos anos. Por exemplo, hoje, durante a segunda fermentação, que ocorre na garrafa, usam-se tampas de metal, semelhantes às da cerveja, as quais são substituídas por rolhas após a degola. Mais recentemente, máquinas chamadas *gyropalettes* (figura 8) substituíram grande parte dos operários especializados em girar as garrafas. Elas têm uma estrutura

Figura 3. *Remuage*.

Figura 5. Resfriando o gargalo da garrafa.

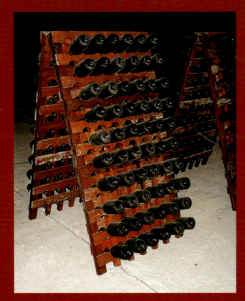
Figura 4. *Pupitre*.

Figura 6. *Dégorgement*.

semelhante a uma gaiola de metal, que armazena 504 garrafas e contém um braço hidráulico, operado por computador, que gira e inclina esse mecanismo, imitando o movimento de um *remuer*.

Após o processo da *dosage*, que veremos a seguir, o champagne, já limpo, passa então por máquinas especiais que colocam rolhas típicas, armações de arame, e aplicam o rótulo, processo conhecido como *habillage*.

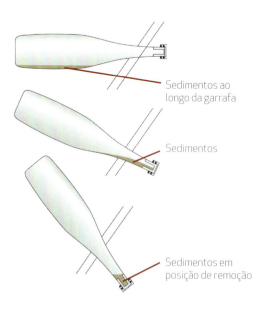

Figura 7. Esquema do processo *champenoise*.

Figura 8. *Gyropalettes*.

Envelhecimento, *dosage* e tipos de champagne

O champagne deve seus aromas, sabores e complexidade principalmente ao tempo em que as garrafas passam envelhecendo nas adegas, antes da degola. Quanto mais tempo o vinho permanecer em contato com a borra, isto é, o sedimento de leveduras que se acumula na garrafa após a segunda fermentação, mais complexo será seu sabor. Esse processo chama-se envelhecimento *sur latte*.

Uma fase de grande importância é a *dosage*, mistura de açúcar de cana com vinho tranquilo, para preencher o espaço deixado pela parte congelada retirada. A mistura é chamada *liqueur d'expédition* (licor de expedição) e é feita para balancear a acidez e tirar o seco total.

A quantidade de açúcar da mistura determina o tipo de champagne:

Tipo	Teor de açúcar
Brut Nature (seco)	menos de 3 g/ℓ
Extra Brut	máximo de 6 g/ℓ
Brut (seco)	entre 0 e 15 g/ℓ
Extra Sec (seco)	12 a 20 g/ℓ
Seco (suave)	17 a 35 g/ℓ
Demi Sec (meio doce)	33 a 50 g/ℓ
Doux (doce)	mais de 50 g/ℓ

Essa escala oferece ao produtor certa flexibilidade. Por exemplo, um champagne com *dosage* 13 g/ℓ pode ser denominado *Brut* ou *Extra Sec*, dependendo da preferência do mercado em que o produto vai ser comercializado.

ESTILOS DE CHAMPAGNE

- ⦿ **NON-VINTAGE:** estilo básico de champagne, é uma mistura de vinhos de diferentes regiões. Representa mais de 80% da produção da região, mas varia muito de qualidade.

- ⦿ **VINTAGE:** é elaborado unicamente com vinhos de determinado ano cuja colheita é de excelente qualidade. Traz no rótulo o ano da colheita e tem um estilo que tende a extrair o melhor das melhores uvas.

- ⦿ **PRESTIGE CUVÉE:** são alguns *vintages* considerados vinhos de superqualidade. Colocados no mercado geralmente em garrafas e estojos elegantes, com a data da colheita, são quase sempre exorbitantemente caros. Apesar de serem os mais procurados pelos esnobes, testes de degustação às cegas mostraram que eles estão apenas entre os melhores champagnes que se podem comprar.

- ⦿ **BLANC DE BLANCS:** é o champagne feito exclusivamente com a uva Chardonnay.

- ⦿ **BLANC DE NOIRS:** é feito com o corte das tintas Pinot Noir e Pinot Meunier ou somente com a Pinot Noir.

- ⦿ **ROSÉ:** elaborado com uma mistura de vinhos brancos e tintos tranquilos, antes da fermentação em garrafa ou de uma maceração suave das uvas de champagne, resultando uma cor rosada, sem a adstringência natural dos tintos, antes da segunda fermentação. É mais frutado e ligeiramente mais doce que o tipo *demi-sec*.

OUTROS ESPUMANTES FRANCESES

Crémant é a palavra que designa um espumante francês feito fora da região de Champagne pelo método tradicional. Existe em várias regiões da França, e os mais famosos são Crémant de Bourgogne, Crémant d'Alsace e Crémant de Loire.

GRANDES MARCAS
DE CHAMPAGNE

Entre parênteses há o local da *maison*, seguido do nome de seu *prestige cuvée*.

- Billecart-Salmon (Mareuil-sur Ay, Billecart Cuvée)
- Bollinger (Ay, Bollinger RD)
- Charles Heidsieck (Reims, Cuvée Charlie)
- G. H. Mumm (Reims, Grand Cordon)
- Heidsieck & Co. Monopole (Reims, Diamant Blue)
- Krug (Reims, NV Grande Cuvée)
- Lanson (Reims, Noble Cuvée)
- Laurent-Perrier (Tour-sur-Marne, Grand Siècle)
- Möet & Chandon (Épernay, Dom Pérignon)
- Perrier-Jouët (Épernay, Belle Époque)
- Piper-Heidsieck (Reims, Rare)
- Pol Roger (Épernay, Sir Winston Churchill)
- Pommery (Reims, Louise)
- Roederer (Reims, Cristal)
- Ruinart (Reims, Dom Ruinart)
- Taittinger (Reims, Comtes de Champagne)
- Veuve Clicquot-Ponsardin (Reims, La Grande Dame)

Entre os champagnes menos conhecidos, mas altamente recomendados, destacam-se:

- Alfred Gratien (Épernay)
- Bruno Paillard (Reims)
- De Castellane (Épernay)
- Delbeck (Reims)
- Deutz (Ay)
- Duval-Leroy (Vertus)
- Salon (Avize, especialista em *blanc de blancs*)

Cava –
Portugal e Brasil

Cava é o termo usado desde 1970 para denominar os espumantes espanhóis (lá conhecidos como espumosos) feitos pelo método tradicional.

A maioria é elaborada na região de Penedès, na Catalunha; entretanto, esse estilo de vinho pode ser feito também nas regiões de Aragão, Valência, Navarra, Rioja e País Basco.

A maioria é elaborada em uma das gigantescas casas baseadas na cidade de Sant Sadurní d'Anoia. Frequentemente, é o corte das uvas Macabeo, Parellada e Xarel-lo, mas a Chardonnay também é autorizada desde 1986.

Quando bem-feito, o Cava exibe um filete constante de minúsculas bolhas. As melhores garrafas combinam notas florais e de frutas cítricas com tons minerais e terrosos, e apresentam tudo o que um bom espumante deve oferecer: refrescância e estímulo.

A produção de espumantes em Portugal é mais intensa na região de Távora-Varosa, entre dois rios que são afluentes do rio Douro, e na Bairrada. Existem casas centenárias em Lamego, no Vale do Rio Varosa, que conquistaram uma sólida posição graças à qualidade de seus espumantes. O método de elaboração é o tradicional, e as uvas são: Malvasia Fina, Cerceal e Gouveio.

No Brasil, as condições climáticas da Serra Gaúcha demonstram algumas semelhanças com as da região de Champagne, por causa do clima chuvoso e carente de sol. Com essas condições, é possível colher uvas com um perfil que viabilize a elaboração de produtos feitos com as uvas Chardonnay e Pinot Noir, que podem ter características semelhantes a um espumante francês. Já a terceira uva, Riesling Itálica, contribui com ótimo frescor e caráter frutado simples. Consegue-se um vinho-base com acidez necessária para sofrer a segunda fermentação, durante a qual se incorpora o gás carbônico, além de aromas e sabores complexos formados pela ação das leveduras.

Os espumantes nacionais já adquiriram credibilidade no mercado internacional, e não há dúvidas de que são os melhores produtos de nossa indústria vinícola. Com cuidados razoáveis, mesmo nos anos difíceis, conseguem-se uvas de qualidade aceitável para a elaboração de bons espumantes.

Transvaso

É uma variação do método tradicional em que, após o *dégorgement*, o líquido é transferido para um tanque sob pressão, ao qual se adiciona o *liqueur d'expédition*, antes de o vinho ser engarrafado. Essa técnica é usada para obter garrafas de champagne menores, com 375 mℓ, ou maiores, acima de 3 ℓ.

Método de transferência

É outra variação do método tradicional. Após o envelhecimento, o líquido é resfriado e transferido para um tanque pressurizado, antes do processo de *remuage* e *dégorgement*. Os sedimentos são removidos por filtração, e, antes do engarrafamento, é adicionada a *dosage* necessária.

Método Charmat

Esse método, que leva o nome do engenheiro francês que o inventou, Eugène Charmat, também é chamado método do tanque, sendo bastante utilizado em várias partes do mundo, pois, além de ser mais rápido, também reduz os custos de produção. A segunda fermentação se dá em grandes tanques de aço inoxidável, projetados para suportar altas pressões. A adição de leveduras e açúcares ao vinho-base provoca a segunda fermentação; a liberação de gás carbônico determina o aumento progressivo da pressão, até chegar a cerca de 5 atm. A temperatura durante a segunda fermentação é mantida baixa, determinando a fineza e a persistência das bolhas do espumante (figura 9).

O método Charmat facilita a operação de remoção das leveduras, porém o produto resultante tem aromas e sabores menos complexos do que os obtidos pelo método tradicional. É conhecido como Cuve Close, na França, Granvas, na Espanha, e Autoclave, na Itália. É largamente empregado na Alemanha para fazer seu famoso espumante Sekt, que se utiliza basicamente das uvas Riesling e Müller-Thurgau. A taxa de consumo *per capita* do Sekt no país é uma das maiores do mundo.

É também o método utilizado na elaboração dos Proseccos italianos, que são feitos exclusivamente da uva Prosecco, cultivada no leste do Vêneto.

Na França, os vinhos elaborados por esse método são denominados Vin Mousseux.

Figura 9. Tanques usados no método Charmat.

Asti

O método Asti (originário da cidade italiana de Asti, no Piemonte) é, com frequência, considerado uma variação do método Charmat. Mas, diferentemente deste, no qual se obtêm as bolhas na segunda fermentação, o método Asti se vale de uma única fermentação para obtenção do álcool e das bolhas. O suco das melhores uvas Moscato, filtrado e centrifugado, é resfriado a 0 °C para armazenar melhor o aroma até o início da fermentação, que é determinado principalmente pela demanda do mercado, podendo ficar armazenado por vários meses. No momento apropriado, acrescentam-se leveduras e libera-se a temperatura. O vinho começa a fermentar. Interrompe-se a fermentação, baixando-se a temperatura, quando o vinho chegar ao nível de açúcar residual e à graduação alcoólica desejada. Para um Asti Spumante, o açúcar residual estará entre 70 g/ℓ e 90 g/ℓ, a graduação alcoólica, entre 7% e 9,5% vol. e a pressão será de 3,5 a 4 atm. Já um Moscato d'Asti tem um nível de açúcar entre 80 g/ℓ e 120 g/ℓ, graduação alcoólica de 5,5% vol. e pressão de 1 atm.

Nesse período, o gás carbônico fica retido e se dissolve no vinho. A seguir, o vinho é filtrado e engarrafado. Obtém-se um vinho leve e de perfil aromático intenso, no qual as bolhas dão frescor e ajudam a balancear a doçura. É capaz de agradar à maioria dos consumidores, pois tem o frescor das bebidas jovens, é aromático, pouco alcoólico, fácil de ser bebido e com alguma doçura não enjoativa. Obedecendo a acordos comerciais internacionais sobre o uso de marcas, esses vinhos, no Brasil, não podem ostentar o nome Asti, o que levou os produtores nacionais a optar pela denominação Moscatel Espumante.

Carbonização

Existem ainda espumantes feitos com injeção artificial de gás carbônico, da mesma forma que ocorre com os refrigerantes. O gás carbônico, originado de um cilindro, é injetado no tanque que contém o líquido, resultando num vinho com grandes borbulhas, que se dissipam rapidamente. Essa é a maneira mais fácil e econômica de se elaborar um espumante, mas de qualidade bem inferior aos obtidos por um dos métodos aqui descritos.

Outros métodos

Além dos métodos que descrevemos neste capítulo, existem outras alternativas, porém de importância comercial limitada. Entre elas podem-se destacar o método contínuo, usado na Rússia, em Portugal e na Alemanha; o método ancestral ou rural, usado em Gaillac e Limoux, na França, e o método Dioise, usado para fazer o Clairette de Die, na França.

Fortificados

VINHO FORTIFICADO é o vinho que recebe a adição de um destilado durante ou após a fermentação. O estilo de vinho depende do momento em que se faz a adição do destilado. Quanto mais cedo é feita a adição, mais doce será o vinho. Se o acréscimo acontece durante a fermentação, esta é interrompida, permitindo manter parte do açúcar natural da uva. Além de interromper a fermentação, a adição do destilado dá estabilidade microbiológica ao vinho, pois bactérias e leveduras raramente conseguem desempenhar suas funções em soluções com teor alcoólico superior a 16% vol. O destilado usado para adição pode ser de origem variada, dependendo da legislação local. Entretanto, para vinhos de qualidade, somente é permitida a adição de destilados de origem vínica.

Os fortificados são feitos em várias partes do mundo. Os exemplos mais clássicos incluem os vinhos do Porto, Moscatel de Setúbal e Madeira, em Portugal; Jerez, Málaga e Montilla, na Espanha; Marsala, na Itália; e o famoso Vin Doux Naturel, na França. Bons vinhos fortificados também são feitos em vários países do Novo Mundo.

Vinho do Porto

É elaborado na região do Douro, no nordeste de Portugal, a mais antiga região demarcada do mundo. Ocupa uma área de 45.215 ha com autorização para produzir o vinho do Porto. A área começa no oeste das cidades de Barqueiros e Mesão Frio, a 70 km da cidade do Porto, onde o índice pluviométrico chega a 1.500 mm. Segue o rio Douro e seus afluentes até a fronteira com a Espanha. Em direção à fronteira, o nível pluviométrico começa a diminuir, decaindo para 400 mm na borda com a Espanha, onde a temperatura, durante o verão, frequentemente ultrapassa 35 °C.

Montanhas se elevam às margens do rio, sendo os vinhedos plantados nessas encostas. Elas chegam a ter inclinação de 70° e as videiras podem ser plantadas usando-se diversas técnicas. Algumas parcelas são plantadas em terraços estreitos, cortados na rocha de xisto, escorados por imensos muros de contenção em pedra, conhecidos como socalcos. Desde o final da década de 1960, quando alguns produtores começaram a introduzir a mecanização na

região, começou a ser difundida a técnica chamada patamares, que inclui terraços mais largos, com ou sem muro de contenção, dependendo da inclinação. Recentemente, foi introduzida outra técnica para vinhedos com inclinação inferior a 40°: eles são plantados segundo as linhas de declive do terreno. Essa técnica é denominada vinha ao alto.

As variedades de uva são importantes para a qualidade final do Porto, mas seus nomes nunca aparecem no rótulo do vinho. Entre as tintas, destacam-se a Touriga Nacional, Tinta Roriz, Touriga Franca, Tinto Cão, Tinta Barroca e Tinta Amarela; entre as brancas, Gouveio, Viosinho e Malvasia Fina.

As uvas são cultivadas em pequenas quintas que pertencem às próprias casas produtoras ou aos mais de 33 mil plantadores, e levadas do vinhedo para os lagares, nos quais ocorre o esmagamento. Até trinta anos atrás, todo esse esmagamento era feito pelo método pisa a pé (figura 2).

Pessoas ficam andando sobre as uvas, nos lagares de granito, até que todos os bagos tenham suas cascas

Figura 1. Parcelas plantadas em terraços, Douro.

Figura 2. Método do pisa a pé na elaboração do vinho do Porto.

Figura 3. As pipas ficam em locais de alta umidade e baixa temperatura nos armazéns.

Figura 4. Armazéns de Vila Nova de Gaia.
Crédito: Symington Family Estate.

arrebentadas, com os sólidos flutuando acima do sumo. Quando o teor alcoólico atinge o nível adequado, o vinho é escorrido para dentro de tonéis de madeira ou inox e misturado com aguardente vínica, com teor alcoólico de 77% vol. O álcool interrompe o processo de fermentação, deixando o vinho com teor alcoólico de 19% vol. a 22% vol. e mantendo parte do açúcar natural da uva.

Atualmente, várias casas produtoras contam com processos mecânicos, os chamados lagares robóticos, que são constituídos por um tanque pouco profundo de aço inox equipado com pistões mecânicos para pisar uvas, cujos movimentos suaves reproduzem exatamente a ação dos pés humanos.

Na primavera, grande parte do vinho é transportada para os armazéns dos produtores na cidade de Vila Nova de Gaia, na boca do rio Douro, situada em frente à cidade do Porto.

A presença inglesa é bastante forte, fazendo parte da história da região desde 1678, quando negociantes descobriram as técnicas de fortificação. Os armazéns chamam-se *lodges*, e existem diferentes marcas de Porto com nomes ingleses.

Nos armazéns, o vinho é guardado em barris de madeira com capacidade de 550 ℓ (chamados pipas). O vinho de cada pipa é experimentado regularmente para se decidir o seu futuro. Na década de 1990, foi autorizado o armazenamento e a comercialização dos vinhos vindos diretamente da região do Douro.

Basicamente, dependendo do tempo e da maneira de envelhecimento, o Porto pode ser dividido em vários estilos.

RUBY

É o estilo de Porto feito com uvas tintas, que passa dois ou três anos envelhecendo em madeira, inox ou tanque de concreto. Procura-se manter a cor mais ou menos intensa e o aroma frutado. O *básico* é um vinho jovem, doce, de pronunciado sabor de frutas vermelhas, mas pode ser um pouco áspero. O *Ruby Premium* mostra mais cor e sabor intenso e também pode ser denominado *Reserva*.

Já o *Vintage* é o Porto mais prestigiado, sendo elaborado apenas em anos excepcionais. Num ano muito bom, o produtor acompanha o desenvolvimento de seu vinho que, depois de dezoito meses, é "declarado" um *Vintage* se a insuspeita Câmara de Provadores, comissão do Instituto dos Vinhos do Douro e Porto (IVDP), concordar que a safra é excepcional. O vinho é engarrafado entre o segundo e o terceiro ano após a colheita, tendo pouco contato com a madeira. O *Single-quinta* é produzido em boas safras com uvas de uma única propriedade, mencionada no rótulo.

O *Late Bottled Vintage* (LBV) vem da safra indicada no rótulo e é engarrafado depois de quatro a seis anos em grandes tonéis de madeira. Embora não tenha as mesmas qualidades do *Vintage*, tem um estilo encorpado e frutado.

TAWNY

É a mistura de Portos de vários anos, com permanência prolongada em barricas de madeira usada. Esse processo oxidativo deixa sua cor mais clara (a palavra inglesa significa "aloirado"), os aromas mais amadurecidos com toques de nozes, avelã e frutas secas e uma textura macia e sedutora. O tempo que os vinhos passam na madeira é que os distingue; todos, porém, podem ser consumidos de imediato. O fato de terem permanecido em ambiente oxidativo faz com que possam ser consumidos aos poucos, por um bom tempo. Sua vedação é uma rolha de cortiça capsulada, que tem a parte superior de plástico, a qual permite tirá-la e colocá-la de volta.

Os Tawnies de alta qualidade são os com *Indicação de Idade* (10, 20, 30 e 40 anos). Os vinhos de vários anos são misturados, e a data se refere à idade média dos Portos na mistura. Em geral, mesclam-se vinhos novos, que têm mais fruta e frescor, com mais velhos, que são mais macios, dando na média a idade indicada.

Já o *Colheita* é o Tawny elaborado com uvas de uma mesma safra, indicada no rótulo. Deve ser envelhecido em tonéis de madeira por, no mínimo, sete anos. É recomendado consumir esses vinhos no primeiro ano após a data de engarrafamento, que também vem indicada no rótulo.

A presença de vinhos do Porto brancos é significativa no mercado mundial. Feitos da mesma maneira que os tintos, seus estilos vão desde secos e leves até bastante doces, chamados Lágrima. Alguns produtores optam por envelhecer o vinho em tanques de inox, para manter frescor e sabor frutado, outros preferem envelhecer o vinho em madeira, o que lhe confere uma cor dourada e sabores de amêndoas e frutas secas.

PRINCIPAIS PRODUTORES RECOMENDADOS

- Borges
- Burmester
- Cálem
- Cockburn's
- Croft
- Dalva
- Delaforce
- Dow's
- Ferreira
- Graham's
- Messias
- Niepoort
- Offley
- Poças Jr.
- Quinta do Noval
- Ramos Pinto
- Real Companhia Velha
- Rozès
- Sandeman
- Taylor's
- Warre's

Outros fortificados de Portugal

O Madeira é um vinho fortificado que vem da pequena Ilha da Madeira, território português a mais ou menos 600 km da costa da África e 1.000 km de Portugal. Desde o século XVII, quando navios em viagem para a Índia passavam pela ilha, esse vinho ganhou prestígio e disputou com o Porto o mercado internacional.

Era conhecido como o "vinho torna-viagem" ou "vinho da roda". Embarcado nos navios, seguia para o Oriente. Como nem todo o vinho era vendido, uma parte voltava à ilha. Muitas vezes constatava-se que o vinho que tinha feito a viagem de ida e volta estava melhor do que quando fora embarcado. A explicação era que sua passagem por climas quentes (calor equatorial) causava um envelhecimento suave, melhorando-o. Hoje, o Madeira é um dos poucos vinhos do mundo que é aquecido deliberadamente para provocar um envelhecimento artificial. Esse processo, conhecido como estufagem, acrescenta sabor aos vinhos da ilha.

A maioria dos Madeiras básicos é feita a partir da uva tinta Negra Mole, que predomina nos vinhedos da ilha.

Contudo, os melhores Madeiras são feitos a partir de uma das quatro uvas brancas, designadas como nobres pelo Instituto do Vinho da Madeira (IVM). Os estilos de Madeira recebem o nome da uva e a variedade indicada no rótulo, e essa variedade deve representar 85% no corte. Os estilos mais secos são o Sercial e o Verdelho, que são servidos como aperitivo; já o Bual e o Malmsey (o mais doce de todos) podem constituir a própria sobremesa.

Outro vinho fortificado de Portugal é o Moscatel de Setúbal. Pela famosa ponte sobre o rio Tejo, a partir de Lisboa, chega-se à península de Setúbal, onde estão os vinhedos. Os vinhos são fortificados da mesma maneira que o Porto, sendo que a uva básica, chamada Moscatel de Setúbal, é a branca Muscat de Alexandria, cujo aroma é bastante característico. Quando estagia longamente em barricas de madeira, o vinho vai escurecendo, e começam a se destacar aromas de frutas secas: amêndoas, nozes e uvas-passas.

Jerez

É a principal região de vinho fortificado da Espanha, situada no sul do país. A cidade que dá nome ao vinho, Jerez de la Frontera, fica na parte central e tem clima quente; Sanlúcar de Barrameda, junto à desembocadura do rio Guadalquivir, é um porto, assim como El Puerto de Santa Maria, às margens do Atlântico. As duas últimas cidades, em virtude da sua posição geográfica, apresentam temperaturas mais baixas, e ali as vinícolas têm suas adegas de envelhecimento.

A região apresenta um clima tórrido, onde somente durante dez semanas por ano o sol não brilha. A influência marítima, em razão da proximidade do oceano Atlântico e dos ventos úmidos que ele envia, é um fator decisivo no estilo dos vinhos produzidos. Os famosos e delicados Manzanillas vêm de Sanlúcar de Barrameda, onde a temperatura chega a ser 10 °C mais baixa em relação às regiões do interior da área de produção.

Os principais vinhedos apresentam um tipo de solo calcário, extremamente branco, com pequena quantidade de argila, chamado *albariza* (figura 5).

Ele estende-se por toda a área central de cultivo com camadas muito esponjosas que absorvem as águas das chuvas no inverno, formando uma crosta que, posteriormente, limita a evaporação no verão e permite que as uvas resistam à forte estiagem. Outro tipo de solo encontrado na região apresenta um conteúdo elevado de argila e denomina-se *barro*, sendo propício para a produção do estilo de Jerez chamado Oloroso.

A uva-base do Jerez é a Palomino, que costuma originar vinhos neutros, de pouca acidez e corpo. Os Jerezes secos, tipicamente, têm 100% dessa uva; os doces recebem sobretudo a adição da uva Pedro Ximenez, cujos cachos são secos ao sol em esteiras de palha ou em estufas de plástico, para concentrar os açúcares (figura 6). Também se usa nos vinhos doces a uva Moscatel.

Os negociantes ingleses e irlandeses tiveram influência no desenvolvimento dos estilos desse vinho. Verificou-se que o vinho-base da uva Palomino ganhava novas características com a adição de um destilado de uvas, o que caracteriza o Jerez

Figura 5. Vinhedos em solo de *albariza*.
Crédito: José Luiz Giorgio Pagliari.

Figura 6. Secagem dos cachos das uvas Pedro Ximenez.

Figura 7. Flor: película cremosa que se desenvolve nos vinhos finos.

como um vinho fortificado. Algumas barricas desenvolviam uma película cremosa na superfície. Descobriu-se que essa película era um levedo, o *Saccharomyces beticus*, que protegia o vinho da oxidação (figura 7).

Graças a essa qualidade, a película foi chamada de flor, e os vinhos que a desenvolviam foram chamados de finos.

O Jerez fino é fortificado até 15% vol., e os outros que não desenvolvem a flor recebem maior proporção de destilado de vinho para chegar aos 18% vol., originando o chamado Oloroso. Nestes há um processo gradual de oxidação, resultando num vinho naturalmente seco, de cor acastanhada, cheio de intensos sabores de frutas secas e tons queimados.

A flor confere ao Jerez fino tons claros, aromas puros e um paladar mais refinado. O mesmo ocorre no Manzanilla, um fino produzido exclusivamente em Sanlúcar de Barrameda, onde o clima mais úmido e salino forma uma película mais espessa, preservando mais o líquido. O Manzanilla é, então, mais claro, seco e leve.

O Jerez mais amplamente encontrado é o Amontillado; um fino que, ao longo do envelhecimento, perdeu a proteção da flor e sofreu uma oxidação. Sem a proteção do levedo, o contato com o oxigênio aprofunda a cor, escurecendo na barrica até uma secura extrema, com gosto de frutas secas e nozes.

Recentemente, a legislação foi revisada para dar mais ênfase aos vinhos de alta qualidade e permitir que produtores usem datas nos rótulos. Essa mudança trouxe duas novas classificações:

- **VINUM OPTIMUM SIGNATUM (VOS)**, para Jerezes com 20 anos ou mais.
- **VINUM OPTIMUM RARE SIGNATUM (VORS)**, cuja idade mínima é de 30 anos.

SISTEMA SOLERA

Os produtores de Jerez adotam um interessante sistema para amadurecer os vinhos, chamado *solera* (figura 8).

Nas bodegas, as barricas armazenam vinhos de diferentes idades: as que estão na *solera* (solo ou soleira, em português) abrigam o vinho mais velho e sobre elas ficam barricas em dois níveis, chamadas *criaderas* (berçários), com vinhos mais jovens. Da *solera* retira-se, periodicamente, o vinho que será engarrafado. A parte extraída é reposta com vinho mais jovem, da barrica acima; esta, por sua vez, é preenchida com vinho da barrica seguinte. A barrica do topo é completada com o vinho novo. Além de assegurar consistência, esse sistema introduz novos componentes que ajudam a manter a flor viva.

Existem então diversos estilos de Jerez: o Manzanilla é o mais leve e delicado, e os encorpados, em ordem crescente, são: Fino, Amontillado, Palo Cortado, Oloroso, Pale Cream e Cream.

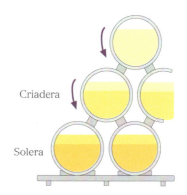

Figura 8. Esquema do processo *solera*.

França

Outros estilos clássicos do Velho Mundo

Na França, os vinhos fortificados são denominados *Vins Doux Naturels* (VDN), que literalmente significa "vinhos doces naturais", e são produzidos na região do Midi da França, frequentemente das uvas Grenache e Muscat. Eles recebem a adição de álcool vínico durante a fermentação, quando aproximadamente metade do açúcar foi transformada. Esse processo é denominado na França de *mutage*. Esses vinhos tipicamente têm graduação alcoólica entre 15% e 18% vol.

Algumas das principais denominações incluem: Beaumes de Venise, Maury e Banyuls.

Málaga é uma cidade da Andaluzia onde os gregos introduziram a viticultura em 600 a.C. O vinho varia em estilos, desde seco até extremamente doce, com graduação alcoólica entre 15% e 23% vol. As uvas podem vir de regiões vizinhas, mas, para receber a Denominação de Origem, os vinhos devem ser envelhecidos na cidade de Málaga.

Os estilos mais comuns de Málaga são: Lágrima, o mais doce; Moscatel, feito de uvas Muscat, doce e aromático; Pedro Ximenez e Solera. Em razão do envelhecimento em madeira, possuem cor escura e apresentam notas de uvas-passas, amêndoas e um toque de sabor queimado.

Marsala é o vinho fortificado elaborado ao redor da cidade de Marsala, a oeste da ilha de Sicília. Foi um dos vinhos mais famosos da Itália duzentos anos atrás, mas infelizmente sua produção vem decaindo há tempos. Feito com as uvas Grillo, Inzolia e Catarratto, ele é oferecido em três estilos: seco, semisseco e doce. Além de fortificado, o vinho é envelhecido em madeira e sua

Outros países do Novo Mundo

classificação depende do tempo que permanece na barrica: *Fine* (1 ano), *Superiore* (2 anos), *Superiore Riserva* (4 anos), *Vergine* (5 anos) e *Stravecchio* (10 anos).

Montilla é o vinho espanhol fortificado originário da região da Andaluzia, próxima a Jerez. Tanto os tipos de uvas como os métodos de vinificação são semelhantes aos empregados em Jerez, mas, em virtude do clima mais quente, os vinhos são mais encorpados. A maior parte da produção é de Pedro Ximenez, que pode legalmente ser vendido e misturado para aumentar o nível de açúcar ou dar mais corpo aos vinhos de Jerez.

Historicamente, muitos outros países elaboram vinhos fortificados e doces.

A região de Victoria, na Austrália, é fonte de interessantes vinhos fortificados: o Liqueur Muscat (a partir de uma variedade de casca escura da Muscat Blanc à Petits Grains) e o Liqueur Tokay (da uva Muscadelle). Quando começa a fermentação das uvas ultramaduras, inicia-se a fortificação; depois, o vinho é amadurecido durante anos em pequenos barris de carvalho, em alpendres, sob o sol forte. Os vinhos ficam escuros, bastante doces (300 g/ℓ), com gosto intenso de amêndoas, tâmaras, ameixa-preta, uva-passa e um toque de carvalho.

Na África do Sul, também são produzidos vinhos fortificados semelhantes ao Porto, geralmente baseados em uvas portuguesas que se adaptaram à região.

Ótimos vinhos fortificados também são feitos nos Estados Unidos, e alguns bons exemplos têm aparecido na Argentina.

Das garrafas às rolhas e aos rótulos

DURANTE MUITO TEMPO, os produtores de vinho procuravam comercializar os novos lotes o mais rápido possível, e o mesmo acontecia com os comerciantes ao receber as encomendas. O vinho era uma bebida altamente perecível, e não havia meios para preservá-lo adequadamente, muito menos envelhecê-lo. A grande revolução surgiu com o aparecimento da garrafa e da rolha. A garrafa é o acondicionamento mais eficaz para a conservação e a proteção dos vinhos. Ela deve ser fechada hermeticamente. Também são importantes as operações de encapsular, rotular e armazenar a garrafa.

Garrafa

Até o século XVII, o vinho era armazenado e transportado em barris de madeira e servido em jarras de vidro, que tinham base larga e gargalo mais estreito. A partir da forma de jarra e com o desenvolvimento das técnicas de trabalho com o vidro, a garrafa evoluiu para a forma atual (figura 1). Hermeticamente fechada, ela isola o líquido do oxigênio externo e, com o tempo, favorece o desabrochar de aromas, texturas e sabores.

Quando as garrafas eram feitas de forma artesanal, seu tamanho inevitavelmente variava. Hoje, em todo o mundo, a capacidade normal das garrafas de vinho é de 750 mℓ. Podem, porém, ser encontradas também nos seguintes tamanhos, com conteúdo padronizado: 185 mℓ (miniatura), 375 mℓ (meia garrafa), 500 mℓ, 1,5 ℓ (*magnum*, equivalente a duas garrafas comuns) e 3 ℓ (*jeroboam* ou *double magnum*) e vários outros tamanhos até 20 ℓ (*nebuchadnezzar*).

Um vinho conserva-se e envelhece melhor em garrafas de maior tamanho, em virtude da menor proporção entre ar e líquido existente no vasilhame, ou seja, há mais vinho em relação ao ar presente na garrafa.

O formato das garrafas é ditado por tradições clássicas de regiões vinícolas da Europa.

A bordalesa (figura 2a), como o nome sugere, originou-se em Bordeaux. É cilíndrica na maior parte do corpo, e os ombros são bem definidos, fazendo uma concordância acentuada entre o bojo e o gargalo. Já na borgonhesa (figura 2b), da Borgonha, o bojo é mais amplo, a parte cilíndrica é metade do total, há uma concordância suave, os ombros são mais suaves. A garrafa da Alsácia/Reno (figura 2c) tem a forma de flauta, o corpo se afila diretamente com o gargalo, sem ombros.

As garrafas de champagne (figura 3a) seguem um formato utilizado em todas as partes do mundo nas quais se elaboram vinhos espumantes: são mais resistentes do que as normais, têm paredes

Figura 1. Forma atual de uma garrafa de vinho.

grossas e no fundo há uma reentrância para resistir à pressão provocada pelo gás carbônico. Outros vinhos adotam outras formas de fantasia, como o português Porto (figura 3b), cuja garrafa é semelhante à bordalesa, mas mais baixa, de ombros bem definidos e pescoço longo. A garrafa espanhola do Jerez (figura 3c) é semelhante à do Porto, mas mais alta.

Muitos produtores do Novo Mundo usam garrafas bordalesas para seus Cabernet e Merlot e garrafas borgonhesas para seus Chardonnay e Pinot Noir. Mas, atualmente, o quadro tem ficado confuso, porque existem garrafas, em geral italianas, com bonitos designs, que são imitadas por americanos e por outros países do Novo Mundo. Têm sido

a) Bordalesa   b) Borgonhesa   c) Alsácia/Reno   a) Champagne   b) Porto   c) Jerez

Figura 2. Tipos de garrafa.   **Figura 3. Tipos de garrafa.**

utilizadas garrafas extra-altas, com corpo mais fino do que a bordalesa e pescoço mais longo, para indicar vinhos caros e ambiciosos. Alguns têm utilizado garrafas flangeadas (com abas), outros utilizam a bordalesa com ombros mais largos do que a base, e assim por diante.

Algumas vinícolas da América do Sul têm o hábito de utilizar garrafas pesadas para seus vinhos de alto nível. Esses vinhos, em garrafas de quase um quilograma, são enviados ao resto do mundo. É um peso extra que acarreta um aumento de emissão de poluentes desnecessários no meio ambiente, mas hoje é cada vez maior o número de produtores preocupados com o equilíbrio ecológico e a emissão de carbono na atmosfera. Por isso, estão encomendando aos fabricantes garrafas mais leves. Um vasilhame normal de 750 mℓ pesa em torno de 500 g a 570 g. Os modelos mais leves têm seu peso reduzido em 15% a 20%, e já há empresas anunciando o acondicionamento de seus vinhos em garrafas de 300 g, cerca de 30% mais leves do que as tradicionais. A dificuldade era reduzir o peso mantendo-se a mesma resistência, durabilidade e elegância das garrafas convencionais. E a aparência nem sempre agradava. Por isso, houve grandes investimentos em design até se chegar a formatos adequados. Nos casos bem-sucedidos, o consumidor nem percebe a mudança. Mas, para o meio ambiente, a diferença é sensível. Com garrafas mais leves, utiliza-se menor quantidade de vidro, o que diminui as emissões de gases poluentes no processo de fabricação e, depois, no transporte. Outra alternativa adotada pelos fabricantes é o desenvolvimento de embalagens projetadas ecologicamente. Isso pode ser feito pelo uso de vidro reciclado ou embalagem em *tetra pak*, o que também diminui a quantidade de energia necessária à produção normal. Existem também mais alternativas, como embalagens de plástico e alumínio.

Rolha de cortiça

A maior parte das garrafas de vinho é fechada com rolhas de cortiça, um material vegetal, compacto e elástico, proveniente da árvore sobreiro, cultivada principalmente no sul da Europa (Portugal, Espanha e Sardenha) e no norte da África (figura 4a).

O sobreiro tem a propriedade de criar um novo tecido quando a placa é retirada. A operação de retirada da placa é delicada, pois não devem ser atingidos os tecidos do crescimento. Ela não tem cheiro nem sabor e apresenta grande hermeticidade (poder de vedação), elasticidade (descomprimida, recupera imediatamente 85% de seu volume inicial) e resistência (pode ser reduzida à metade, sem perder a elasticidade). As placas são secas por um ano ou mais e, antes da confecção dos vedantes, são aquecidas para se extrair qualquer material orgânico que possa vir a contaminar as rolhas e, consequentemente, o vinho.

As melhores rolhas são lisas e contínuas e apresentam-se sem nenhuma marca ou perfuração. Cortiças de qualidade inferior podem apresentar formato irregular e marcas escuras na superfície.

As rolhas de cortiça aglomerada, compostas de restos de cortiça colados, tidas como produto de qualidade inferior no passado, eram reservadas geralmente a vinhos mais populares, destinados a ser bebidos logo. Entretanto, com o avanço tecnológico, esses produtos agora oferecem mais segurança ao produtor e ao consumidor e estão gradualmente ganhando mercado.

O comprimento da rolha varia de 30 mm a 54 mm, conforme o vinho for de consumo rápido ou de guarda. Em geral, o comprimento da rolha é diretamente proporcional à sua qualidade e também ao preço.

As rolhas de espumantes têm o formato especial de cogumelos, criado quando elas são colocadas na garrafa. Seu corpo é composto de 70% de cortiça aglomerada, em cuja extremidade são coladas duas ou três lâminas de cortiça natural, com a finalidade de isolar o líquido do contato com a cortiça aglomerada (figura 5b).

Estima-se que 2% a 5% de todas as garrafas de vinho produzidas em um ano

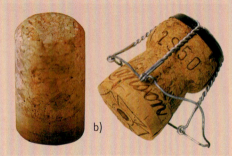

Figura 5. a) Diversas rolhas de cortiça; b) rolha de espumante.

Figura 4. a) Sobreiro; b) brocagem da placa do sobreiro.

Figura 6. Rolha sintética.

Rolha sintética

no mundo são perdidas por uma contaminação transferida pela rolha de cortiça ao vinho. É conhecida como doença da rolha (*bouchonée*, em francês, e *corked*, em inglês), sendo caracterizada por um odor desagradável, que lembra bolor ou papelão molhado, o qual prejudica também o sabor do vinho. Essa contaminação é devida ao composto químico 2,4,6-tricloro-anisol (TCA), que pode se desenvolver em algum estágio da fabricação da rolha. Acredita-se que o TCA esteja ligado ao uso de cloro na limpeza da placa de cortiça, o qual reage com micro-organismos (fungos). É um problema que pode afetar qualquer vinho, não importa o preço.

Felizmente essa situação não representa nenhum problema à saúde, mas o líquido exibe características desagradáveis, o que, em termos de *marketing*, é um problema muito sério, pois pode prejudicar a imagem do vinho. Por isso, a indústria de rolhas tem investido bastante em processos que buscam um aprimoramento técnico. Também surgiram novas alternativas como forma de vedação.

No início dos anos 1990, começaram a ser utilizadas em escala industrial as rolhas sintéticas, feitas de material termoplástico sofisticado originalmente desenvolvido para aplicações médicas.

Como são inertes e não reagem com o vinho, tiveram boa aceitação. Além do preço bem mais acessível, as rolhas sintéticas não sofrem com o TCA que afeta rolhas de cortiça e têm se revelado adequadas para vinhos frutados, que serão consumidos jovens e frescos, pois se acredita que podem provocar oxidação prematura. Em alguns casos, a extração da rolha é difícil, por aderir ao vidro, e mais complicado ainda é colocá-la de volta. Assim como outros tipos de vedação, a tecnologia desse tipo de rolha vem se aprimorando gradativamente e ganhando mercado.

Tampas de rosca

Atualmente, a grande concorrente das tradicionais rolhas de cortiça é a tampa de rosca metálica, conhecida como *screwcap*. Criada na França na década de 1950, começou a ser usada em grande escala na indústria de vinho no início dos anos 1990.

Em 1976, foi feita uma experiência na Austrália que comprovou vários aspectos positivos associados a esse tipo de vedação. Em 1996, um dos grandes produtores australianos, a Penfolds, lançou um de seus vinhos com *screwcap*, e em seguida vários produtores de diversos países aderiram à tampa de rosca metálica. Atualmente existem exemplos em quase todos os países, incluindo alguns famosos produtores de Grand Cru na França.

Essa aceitação gradual deve-se ao fato de as *screwcaps* eliminarem os problemas do TCA das rolhas de cortiça. Do mesmo modo, pode-se tampar e destampar a garrafa infinitas vezes sem que elas adiram ao vidro como as rolhas sintéticas. Conservar o vinho com o frescor e a juventude de quando foi engarrafado é uma de suas grandes vantagens. Tem-se verificado seu bom uso em tintos de consumo em médio prazo. Já para os tintos que pedem tempo e paciência para ser abertos, as rolhas de cortiça ainda são insubstituíveis.

A *screwcap* criou um outro problema, talvez complicado de se resolver: a percepção do consumidor. Se a rolha sintética, apesar de manter o ritual, sofre restrições porque não faz aquele barulho típico e satisfatório da rolha de cortiça ao ser retirada da garrafa de seu vinho preferido, imagine a situação quando, cerimoniosamente, um garçom abre o vinho especialmente escolhido para a ocasião como se estivesse abrindo uma

Figura 7. *Screwcap* ou tampa de rosca.

Vestimenta das garrafas

garrafa de água ou de um refrigerante qualquer. Falta no mínimo um pouco de charme (ou seria romantismo?) que só a abertura de uma garrafa de vinho com rolha de cortiça pode oferecer. Talvez se perca a elegância que está associada ao desarrolhar de uma garrafa de vinho, mas, ao mesmo tempo, eliminam-se riscos e se ganha confiança quanto ao conteúdo.

Além dessas alternativas existem outras, como Vinolok, uma tampa de vidro inventada na Alemanha, e Zork, inventada na Austrália.

As garrafas, antes de ser comercializadas, devem ser vestidas, isto é, encapsuladas e rotuladas.

As cápsulas servem para a proteção da rolha e da boca da garrafa, não tendo função vedante. Podem ser de plástico, estanho, ou de uma mistura de plástico e alumínio. O material tradicionalmente utilizado para a cápsula de um vinho era o chumbo, mas foi abandonado por causa da preocupação com a saúde do consumidor e em respeito à ecologia, pois, jogado no lixo, poluía o solo e as águas.

A colocação dos rótulos nas garrafas é geralmente feita por rotuladoras mecânicas.

O rótulo é o cartão de visita do vinho e constitui uma valiosa fonte de informações sobre o conteúdo da garrafa. Cada país possui uma legislação específica.

As informações comuns em todos os rótulos dos principais países produtores são:
- Nome do vinho.
- Nome do produtor e/ou engarrafador.
- Conteúdo da garrafa em mililitros.
- Teor alcoólico (expresso em % vol.).
- País de origem.

Nos vinhos mais simples, essas informações são suficientes. Já nos vinhos finos, devem constar também:
- Safra.
- Nome da região de origem (usual no Velho Mundo).
- Sua categoria na classificação da região.
- Variedade de uva predominante, no caso de um varietal, ou das uvas, no caso de um corte (usual no Novo Mundo).

Figura 8. Informações do rótulo.

Ao se olhar o rótulo da figura 8, deve-se observar que é um vinho de uma das denominações de Bordeaux, o Haut-Médoc, subentendendo-se que foi elaborado com as uvas Cabernet Sauvignon e Merlot, apesar de nada estar escrito no rótulo.

Na maioria dos outros países, identifica-se o vinho pela variedade de uva predominante, como o Chardonnay brasileiro da figura 9.

Figura 9. Rótulo usado no mercado brasileiro, que indica a variedade de uva.

Termos frequentemente encontrados em rótulos

Quando se analisa cuidadosamente o rótulo do vinho, aparecem certas classificações que podem intrigar uma pessoa que está se iniciando nesse maravilhoso mundo.

Vamos procurar entender o significado das principais.

DENOMINAÇÃO DE ORIGEM

Essas designações variam de país para país, representando o nível máximo de qualidade.

Assim, temos:

- FRANÇA: *Appellation d'Origine Contrôlée* (AOC) e *Vin Délimité de Qualité Supérieure*.
- ALEMANHA: *Qualitätswein bestimmter Anbaugebiete* (QbA) e *Prädikatswein*.
- ITÁLIA: *Denominazione di Origine Controllata* (DOC) e *Denominazione di Origine Controllata e Garantita* (DOCG).
- ESPANHA: *Denominación de Origen* (DO) e *Denominación de Origen Calificada* (DOC).
- PORTUGAL: *Denominação de Origem Controlada* (DOC).

A legislação inclui vários parâmetros, como:

- variedade de uvas autorizadas;
- rendimento máximo por hectare;
- práticas de vinicultura e enológicas;
- nível de álcool;
- análises e, em certos casos, aprovação por um painel de degustação.

SINGLE VINEYARD

Quando um vinho é elaborado com uvas de um vinhedo único, em que as características se mantiveram constantes, ano após ano, para uma mesma variedade de uva e o mesmo produtor, tem-se um *Single Vineyard*.

Outro nome utilizado é *Estate Bottled*, ou simplesmente *Estate*, que significa que o vinho foi engarrafado na mesma propriedade.

CLOS E CRU

Essas designações são mais específicas e com certas diferenças, às vezes muito sutis. CLOS refere-se a um terreno com um vinhedo geralmente delimitado por muros ou vales, ou seja, uma propriedade fechada.

Já **CRU** é um termo francês que significa um local de produção de extensão reduzida, expressamente mencionado, que o diferencia de qualquer outro vinhedo. Indica certas características de solo e microclima que o diferenciam e distinguem de outros no seu entorno, e que é conhecido como um nome vinculado de forma tradicional e notória ao cultivo de vinhedos, donde se obtêm vinhos com qualidades singulares.

VINHO REGIONAL

Equivale a um vinho com *Indicação Geográfica*. Essa classificação foi instituída em 1979 com o objetivo de valorizar a qualidade dos vinhos de mesa. Essa terminologia é usada por vários países europeus:

- **FRANÇA:** *Vin de Pays* (VdP).
- **ALEMANHA:** *Landwein*.
- **ITÁLIA:** *Indicazione Geografica Tipica* (IGT).
- **ESPANHA:** *Vino de la Tierra*.
- **PORTUGAL:** *Indicação de Proveniência Regulamentada* (IPR).

Embora as exigências sejam menos restritas em comparação à Denominação de Origem, os parâmetros necessários para que esses vinhos recebam essa designação dependem de que:

- a área de produção seja aprovada;
- sejam utilizadas variedades de uvas autorizadas;
- o rendimento seja limitado;
- obedeçam a certos parâmetros, por exemplo, teor alcoólico.

NOVA LEGISLAÇÃO

Foram recentemente introduzidas duas novas classificações europeias que não substituem as usadas atualmente, sendo apenas classificações paralelas. No momento, cabe ao produtor decidir qual dos seguintes termos usará nos seus vinhos:

- **PROTECTED DESIGNATION OF ORIGIN (PDO)** ou **APPELLATION D'ORIGINE PROTÉGÉE (AOP)**

  Os vinhos em cujos rótulos aparece PDO são controlados por entidades sem ligação com as vinícolas. O controle começa no vinhedo (a regulamentação indica as uvas permitidas, o rendimento máximo de uvas por hectare, a maturação da uva, o teor alcoólico mínimo, etc.), passando pelos métodos de vinificação, que incluem, dependendo do estilo do vinho, até o tempo de estágio em madeira. Portanto, um vinho denominado PDO pode, até certo ponto, demonstrar uma garantia do estilo do vinho, mas isso não significa segurança de qualidade.

⦿ **PROTECTED GEOGRAPHICAL INDICATION (PGI)** ou **INDICATION GÉOGRAPHIQUE PROTÉGÉE (IGP)**

Utiliza uvas permitidas na região e colhidas dentro do território delimitado. Alguns desses vinhos são de boa qualidade e seguem normas menos rígidas do que as de um PDO, mas que permitem ao produtor mais flexibilidade e um número maior de variedades de uvas. A legislação continua referindo-se a uma região geográfica com limites precisos, dentro da qual existem vinhedos que fornecem as uvas para que as vinícolas elaborem seus vinhos com normas de produção previamente estabelecidas pela entidade local.

A partir de agosto de 2010, foi permitido mencionar a variedade e a safra no rótulo de vinhos de mesa. O principal motivo dessa mudança é dar aos produtores europeus mais liberdade e flexibilidade para competir com produtores do Novo Mundo.

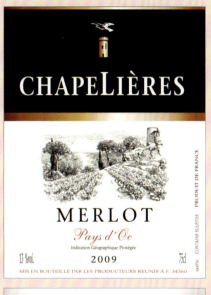

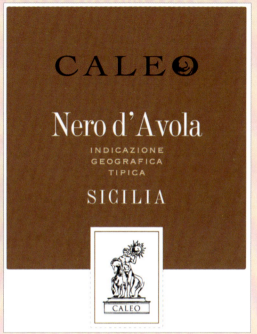
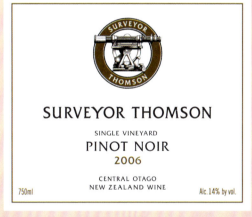

Figura 10. Rótulos com alguns termos frequentes.

Armazenamento

As condições de armazenamento das garrafas são importantes e devem ser consideradas, pois pode ocorrer uma evolução irregular ou deterioração do vinho.

O local de guarda do vinho em um restaurante ou em casa pode fazer uma grande diferença. Se o vinho for armazenado por longos períodos, é sempre aconselhável evitar ambientes quentes e lugares que exalem qualquer cheiro forte.

Em uma residência, devem-se observar as seguintes condições:

- ⊙ **TEMPERATURA CONSTANTE:** o fator importante não inclui somente a temperatura, mas também a oscilação constante. Um vinho pode amadurecer muito bem a temperaturas em torno de 10 °C a 15 °C, entretanto o essencial é assegurar que não haja variação. Um local muito quente provoca uma maturação acelerada, e, por outro lado, um local muito frio atrasa sua evolução. A solução é adquirir uma adega especial e, caso contrário, é aconselhável procurar o lugar mais fresco da casa (em nosso hemisfério, a face sul).

Se as condições não forem ideais, é preferível não guardar garrafas de vinho por muito tempo.

- ⊙ **UMIDADE:** não deve ser excessiva nem insuficiente. Um local muito úmido permite o desenvolvimento de micro-organismos que estragam os rótulos e as rolhas, ao passo que locais muito quentes favorecem o ressecamento das rolhas e a consequente entrada de ar e oxidação do vinho. A umidade relativa do ar deve ser próxima de 70%, o que não é problema na maioria das cidades brasileiras.

- ⊙ **LUZ:** é um agente acelerador que estimula reações químicas dentro da garrafa. Além da textura escura da garrafa, que já limita a penetração dos raios solares, devemos mantê-la em locais escuros.

- ⊙ **TREPIDAÇÃO:** é outro fator negativo para a guarda do vinho. Num vinho em maturação, ocorrem reações químicas que vagarosamente definem o seu caráter final. Trepidações podem acelerar essas reações.

- **POSIÇÃO:** de modo geral, as garrafas devem permanecer na horizontal. Pesquisas recentes aconselham que as garrafas sejam armazenadas levemente inclinadas, mas tomando-se cuidado para que o vinho mantenha a rolha constantemente úmida, impedindo o seu ressecamento.

Escolhido o local ideal, pode-se iniciar a adega. Uma primeira opção é manter as garrafas em suas caixas originais, que, geralmente, são feitas de um ótimo papelão isolante. Elas podem ser colocadas em prateleiras, observando-se a posição correta das garrafas deitadas (figura 11).

Outro dispositivo prático é adquirir um *rack*, como o da figura 12, cujos escaninhos são adequados aos formatos das garrafas de vinho.

Atualmente, as adegas climatizadas estão se tornando comuns nos restaurantes e nas residências. São pequenas adegas com capacidade de quarenta a duzentas garrafas que permitem o controle da temperatura, da umidade do ar e da luz, e cujas gavetas são móveis, possibilitando fácil acesso aos vinhos (figura 13).

Devem-se observar as características dessas adegas. O modelo tradicional, de compressão, emprega o sistema de refrigeração forçada por um compressor e circulação de gás fréon num conjunto de serpentinas. O compressor é apoiado sobre coxins de borracha para limitar a propagação da trepidação, e sua base metálica é independente da estrutura da adega. Existe o modelo de absorção, que não possui partes móveis. É um tipo de gerador de frio sem motor, que utiliza o princípio da eletrólise da amônia, de alto custo, mas que não vibra.

Figura 11. Primeira opção para iniciar uma adega.

Figura 12. *Rack*.

Figura 13. Adega climatizada.

O ciclo de evolução de um vinho

Depois de engarrafados, os vinhos sofrem uma evolução com o passar do tempo. É um processo de redução, com um rearranjo das centenas de substâncias que o compõem e que se formaram naturalmente durante o processo de fermentação.

Fatores externos ao vinho influem na sua evolução, como as condições de armazenamento (ver seção anterior) e, também, o tamanho da garrafa (em uma meia garrafa, a evolução é mais rápida do que em uma garrafa normal). Contudo, a evolução depende fundamentalmente do próprio vinho: a variedade de uva, o vinhedo de onde provém, a qualidade da colheita e as técnicas utilizadas na vinificação.

A tendência do mercado, atualmente, é que no momento da comercialização os vinhos já estejam prontos para ser consumidos. A maioria deles é feita para ser consumida em até dois ou três anos depois de colocados à venda. A maior parte dos brancos deve ser consumida o mais cedo possível, para se desfrutarem as qualidades aromáticas, o sabor da fruta e o frescor. Para os tintos, o prazo é geralmente maior, pois os taninos e os antocianos ajudam a conservá-los, à medida que as interações ocorrem.

O ciclo de evolução de um vinho é representado por uma curva, como a da figura 14, específica para determinado vinho de determinada safra. Porém todas as curvas têm uma forma mais ou menos parecida.

Começam com um trecho ascendente até atingir seu apogeu, quando as características de aroma, sabor e complexidade chegam à plenitude. Iniciam depois uma trajetória descendente, que reflete a perda gradual de suas qualidades até a decrepitude.

Apenas uma parte mínima dos vinhos produzidos hoje em dia é feita com a intenção de desenvolver suas qualidades com o passar do tempo. A maioria desses vinhos são os grandes clássicos do Velho Mundo, mas produzem-se vinhos de guarda em todas as regiões produtoras. Esses vinhos são, em geral, muito caros. Por isso, é recomendado analisar seu histórico por meio de safras anteriores, bem como os métodos usados para vinificar o vinho que está sendo comercializado atualmente.

No jargão enológico, os grandes vinhos que não costumam exibir suas qualidades logo de início estão em latência. Na sua fase inicial, dentro do arranjo interno dos seus componentes, os polifenóis predominam, prevalecendo sobre moléculas menores, responsáveis por aspectos mais interessantes do vinho. É comum ouvir-se que muitos grandes tintos são "fechados" quando jovens. Com o passar do tempo, os polifenóis polimerizam-se e se precipitam na forma de sedimentos no fundo da garrafa. Começa a "abertura" do vinho, que caminha em direção ao seu apogeu.

Na evolução de um vinho, os taninos desempenham um papel fundamental, mas a acidez e o pH também são fatores importantes. Quando a estrutura fenólica (taninos) estiver bem constituída e for combinada com boa concentração de fruta, de baixo nível de pH e acidez moderadamente alta, a longevidade do vinho está assegurada.

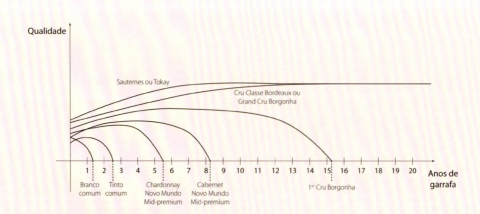

Figura 14. Ciclo de evolução do vinho.

De maneira geral, os produtores de vinhos tintos estão cada vez mais preocupados com a maturação fenólica da fruta, a qual é atingida quando o nível de álcool é bastante elevado e a acidez é mais baixa em comparação às décadas anteriores. A colheita é feita mais tarde do que antigamente, e o resultado são vinhos mais intensos e alcoólicos, que agradam de início, mas podem tornar-se pesados e mais difíceis de ser harmonizados com pratos mais delicados. Outra consequência é que esse estilo moderno não terá a mesma longevidade dos vinhos clássicos das décadas passadas.

O envelhecimento dos brancos é devido sobretudo à sua acidez, que deve ser moderadamente alta, e o nível de pH preferivelmente baixo. Como os brancos têm poucos componentes fenólicos, eles habitualmente envelhecem mais cedo do que os tintos. Contudo, vinhos de sobremesa feitos com uvas afetadas pelo *Botrytis cinerea*, a podridão nobre, podem ser guardados por várias décadas.

Servir o vinho

O VINHO É UM PRODUTO da natureza, caprichosamente trabalhado pelo vinicultor. Por isso, a escolha e a compra de um vinho são importantes. É recomendável levar em consideração certos aspectos, para não desperdiçar o esforço e a dedicação investidos durante sua elaboração. E também para não perder o prazer que ele pode proporcionar.

ALGUMAS DICAS PODEM AJUDAR:

- Boas condições de armazenagem são essenciais para a conservação de um bom vinho. Procure lojas especializadas, que tenham variedade de rótulos e bom estoque. Nas grandes redes de supermercados, você pode encontrar seções especiais com vinhos de todas as nacionalidades.
- As vinícolas brasileiras oferecem hoje bom serviço de atendimento ao consumidor. Se o vinho for nacional, prefira comprar diretamente na vinícola; no caso dos estrangeiros, procure um bom importador. Você encontrará melhores preços e condições de conservação superiores.
- Padarias, bares e lojas de pouco movimento não são os locais adequados para a compra de um bom vinho, pois, na maioria dos casos, a rotatividade dos produtos é baixa, o que significa que podem estar malconservados.

Desarrolhando

- Entre os vinhos brancos, é recomendável a escolha de uma garrafa de safra mais recente. O mesmo se pode dizer em relação aos tintos. Somente tintos especiais de guarda, como os clássicos vinhos da Toscana, Piemonte, Bordeaux, Borgonha e alguns vinhos do Porto devem ser bebidos após alguns anos de amadurecimento.

- Eventos de vinhos, geralmente organizados por lojas especializadas ou supermercados especiais, são oportunidades para se degustar, lado a lado, um bom número de rótulos diferentes, compará-los e definir sua preferência.

- Use todas as formas possíveis para aumentar seu conhecimento, mas, na hora da compra, confie no seu gosto pessoal. Você pode utilizar informações dadas por críticos, jornalistas ou qualquer outra pessoa, mas não tenha receio de seguir sua intuição com base naquilo que você já conhece e gosta.

A cápsula é cortada um pouco abaixo do bocal para evitar que o vinho, ao ser servido, tenha contato com esse material. O corta-cápsula é colocado sobre a cápsula e girado meia-volta para um lado e meia-volta para o outro; a seguir, puxa-se e retira-se a parte superior da cápsula (figura 1).

Para desarrolhar a garrafa, é recomendada a utilização da ferramenta apropriada, o saca-rolha. Existem diversos modelos no mercado, porém nem todos são eficientes (figura 2). Os recomendados são os que possuem espirais bem espaçadas e extremidade pontiaguda. O modelo da figura 2a é o preferido dos garçons; chamado *sommelier*, funciona como uma alavanca inter-resistente e tem a vantagem de incorporar uma lâmina para cortar a cápsula. O modelo da figura 2b é denominado *screw-pull* e é dos mais eficientes e largamente utilizados: a rolha é extraída à medida que se gira a haste superior.

Para abrir uma garrafa com o modelo da figura 2a, deve-se tomar cuidado com o efeito alavanca; a força aplicada deve ser sempre para cima, na direção do eixo central. Se forçarmos o eixo para a lateral, podemos quebrar a rolha. O modelo da figura 2b apresenta o ponto centralizador, que facilita o posicionamento da espiral no centro da rolha. É recomendável não perfurar a base da rolha para evitar que fragmentos venham a flutuar na superfície do vinho, quando este for servido.

Figura 1. Corta-cápsula.

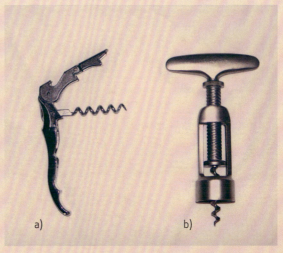

Figura 2. a) *Sommelier*; b) *screw-pull*.

Taças

As taças devem ser escolhidas de maneira correta para realçar as sensações organolépticas, isto é, aquelas que impressionam o sentido.

Devem ser de cristal incolor, liso e de espessura fina. O ideal é que sejam completamente transparentes, permitindo a apreciação correta da cor do vinho. Em geral, quanto maior o tamanho da taça, mais rapidamente o vinho conseguirá se desenvolver, facilitando a apreciação de seus aromas e sabores.

O desenho da taça também é fundamental, e a haste e os pés são estritamente necessários. Segura-se a taça pela haste, o que evita sujá-la e também que o calor da mão esquente o vinho. Outra vantagem da haste é facilitar a rotação da taça para acentuar a oxigenação.

É possível adquirir taças projetadas para realçar qualidades específicas dos vinhos e das variedades de uva, mas isso não é essencial. Nem mesmo é necessária uma taça diferente para vinhos tintos e brancos. Uma boa taça tem um corpo com uma cavidade em forma de tulipa de bom tamanho, sendo levemente cônica no topo, como na figura 3a. Uma observação importante: abasteça a taça no máximo até um terço – isso vale para qualquer vinho. Quanto mais cheia a taça, mais difícil será girá-la ao redor de seu eixo para liberar os aromas do vinho. No caso de vinhos brancos, que são servidos resfriados, a quantidade a ser servida é menor para que o vinho não esquente. Isso é particularmente importante em regiões de clima quente.

Vinhos do tipo Porto, Jerez e doces devem ser servidos em taças menores, chamadas *copitas de Jerez* (figura 3b). Em caso de necessidade, podem ser usadas também para vinhos brancos. Outra taça útil para se ter é a própria para champagne e espumante, denominada *flûte* (figura 3c), que tem a forma de uma tulipa alongada e boca não muito pequena. Esse é o trio básico de taças para um apreciador de vinhos.

As taças devem ser lavadas com água quente e o mínimo de detergente possível; depois, secas com um pano limpo, usado apenas para esse fim. Se forem para uma lava-louças, não devem ter a companhia de bandejas ou panelas engorduradas. Guarde as taças em pé, em lugares secos. Se ficarem guardadas por muito tempo, é recomendável que sejam lavadas novamente com água quente antes de usá-las, para se eliminarem quaisquer aromas ou pó, que, no caso de espumantes, poderá afetar a formação das bolhas.

Figura 3. Tipos de taças.

Decantação

Na hora de servir um vinho, deve-se tirar partido dos pontos positivos. O primeiro é deixar o vinho respirar, isto é, ter contato com o oxigênio, do qual ele precisa para revelar seus aromas. Porém apenas abrir a garrafa nem sempre é suficiente para oxigená-lo, já que a superfície do vinho em contato com o ar é pequena. Em muitos casos, é recomendável passar o vinho para uma jarra, pois, durante a transferência, todo o vinho entra em contato com o ar.

No caso de tintos bastante envelhecidos, eles perdem cor no processo de evolução dentro da garrafa, passando do púrpura para o alaranjado, e seus taninos, algo agressivos no início, vão se suavizando com o passar do tempo. Com isso, muitas vezes depositam-se no fundo da garrafa sedimentos de cor escura, as borras, que comprometem a textura e prejudicam o paladar. Para impedir que as borras venham junto com o líquido, deve-se transferir o vinho para uma jarra, com o cuidado de deixar passar apenas o líquido, retendo-se os sedimentos na garrafa original. Um dia antes de servir o vinho, deixe a garrafa em pé para os sedimentos irem para o fundo. Aberta a garrafa, despeje o líquido lentamente, com cuidado, para dentro da jarra. Por trás do gargalo, deve-se colocar uma fonte de luz, uma vela, que indicará o momento de interromper o processo: quando os sedimentos estão em via de passar para a jarra (figura 4).

Esse processo é chamado decantação. A jarra que recebe o vinho é denominada *decanter* (do inglês: recipiente que recebe o vinho decantado).

Como os aromas de envelhecimento alteram-se muito rapidamente em contato com o ar, deve-se evitar que a decantação seja feita em locais com odores fortes.

Alguns produtores do Rhône e da Austrália indicam, no contrarrótulo, a possibilidade de existência de sedimentos. Para eles, é algo de que se orgulhar, pois isso sugere que o vinho não passou por certos processos de estabilização que, em alguns casos, podem alterar os aromas, a textura e o sabor do vinho.

Os apreciadores de vinho concordam que há necessidade de se separarem

Figura 4. Decantando um vinho.

os sedimentos do vinho, mas têm diferentes opiniões quanto ao intervalo de tempo entre a decantação e o momento em que o vinho deve ser servido. Ela depende do gosto de cada um. Há o consenso de que tintos envelhecidos das uvas Cabernet Sauvignon e Syrah, de boa procedência, assim como bons Bordeaux e grandes vinhos portugueses, por exemplo, com 5 anos, revelam melhor suas qualidades quando decantados duas horas antes. Vinhos com idade avançada, 30 anos ou mais, geralmente se deterioram rapidamente após a rolha ser extraída e, portanto, recomenda-se não os decantar para proteger sua frágil estrutura. Caso seja imperativa a decantação do vinho, por causa do excesso de borras, ele deve ser servido rapidamente para não perder seus aromas e sabores complexos.

Alguns preferem separar o processo que descrevemos em dois: decantação e aeração.

No caso de tintos leves, brancos frutados e rosados, que devem ser consumidos jovens, a vantagem de aerá-los é mínima. Alguns grandes brancos franceses (Chablis, Montrachet, Meursault), porém, beneficiam-se se aerados antes de uma refeição. Vinhos doces botrytizados (Sauternes e Tokay húngaro), elaborados com uvas ressecadas e que duram décadas, podem formar sedimentos com o passar do tempo; nesse caso, é recomendável que sejam decantados.

Temperatura de serviço

Outro ponto importante é a temperatura de serviço do vinho. Geralmente, no Brasil, os tintos são servidos quentes; os brancos, gelados demais.

Uma adega climatizada deve ser regulada na temperatura média de 14 °C.

Os vinhos brancos devem ser servidos frios, entre 6 °C e 10 °C, para realçar a acidez, destacando o frescor e o aroma. Um vinho branco que envelhece bem deve ser servido no limite superior, menos frio. Por outro lado, os brancos mais doces devem ser servidos frios, pois temperaturas mais baixas mascaram a doçura. Uma garrafa de branco tirada da adega climatizada pode ser colocada num balde com até dois terços de água e gelo, em proporções iguais, para que o líquido atinja mais rapidamente a temperatura ideal. Pode-se também colocar a garrafa de pé na porta da geladeira no dia em que vai ser consumida. Deve-se evitar colocá-la no *freezer*, porque o choque térmico é prejudicial ao vinho, e a rolha perde a elasticidade, tornando difícil sua extração. Além disso, beber um vinho muito gelado significa perder certos aspectos positivos, pois a temperatura muito baixa diminui a sensação dos aromas e sabores, caso em que o vinho não será apreciado completamente.

Os tintos devem ser servidos em temperaturas mais elevadas.

Para se ter o suporte necessário de acidez, o tinto deveria ser servido mais resfriado, porém a sensação de frescor que se acentua em temperaturas mais baixas evidencia a aspereza causada pelos taninos. O equilíbrio entre a sensação que

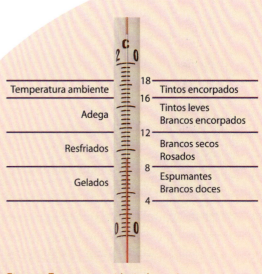

Figura 5. Temperaturas ideais de serviço.

Abrir e servir um espumante

o tanino e a acidez provocam nos tintos fica entre 12 ºC e 18 ºC. Os tintos com taninos mais leves estão próximos do limite inferior, e os com taninos mais evidentes, no limite superior. Geralmente, quando são tirados da adega climatizada, é suficiente deixar os tintos à temperatura ambiente no local em que serão consumidos. Quando os tintos estão conservados à temperatura ambiente, que, no Brasil, raramente é compatível com as recomendadas para os tintos, antes de servi-los deve-se esfriar a garrafa na geladeira ou no balde, ou pedir ao garçom, no restaurante, que o faça. Quando servido acima de 20 ºC, a acidez torna-se menos perceptível, assim como o álcool se torna volátil. Essa combinação afeta negativamente e diminui a sensação de prazer que um bom vinho deve proporcionar.

Nos espumantes, a rolha deve sair com um leve zumbido de gás, e não com um violento estampido, derramando vinho por todos os lados – encenação só válida em premiações da Fórmula 1 ou no cinema. A cápsula deve ser removida até o nível que exponha o anel que trava a gaiola (armação de arame). Ao desenrolar o anel, a gaiola deve ser afrouxada o suficiente para ser retirada. Segura-se a garrafa com uma inclinação de 45º, prende-se a cabeça da rolha e gira-se a garrafa lentamente, para que a rolha comece gradualmente a sair, até se soltar (figura 6).

Ao servir, a taça deve estar seca, na temperatura ambiente e nunca previamente resfriada. O serviço em taça resfriada torna-a embaçada, o que dificulta a observação das características do vinho. Inicialmente, sirva uma pequena quantidade de espumante (um dedo aproximadamente), espere baixar a espuma e complete com no máximo dois terços da taça. Ao se resfriar inicialmente o fundo da taça, onde se formam as borbulhas, obtém-se uma melhor persistência delas.

Os vinhos espumantes também devem ser servidos entre 6 °C e 10 °C, pois acima disso as bolhas tornam-se excessivas, comprometendo a qualidade do produto.

Figura 6. Abrindo um espumante.

Conservar um vinho depois de aberto

O oxigênio é uma faca de dois gumes. Ele é necessário para a produção do vinho, pois sem oxigênio a fermentação não ocorreria. Também permite o desenvolvimento e a transformação das qualidades do vinho durante a vinificação e o estágio em barricas de carvalho. Além disso, quando se abre a garrafa e se coloca o vinho na taça, o oxigênio permite que, com o passar do tempo (alguns minutos, às vezes horas), inúmeras qualidades do vinho se revelem.

Mas o oxigênio também dá início a um processo oxidativo inexorável. Esse lento processo, ajudado pela bactéria acética (*Acetobacter*), pode transformar o vinho em vinagre. Para retardá-lo, algumas práticas são usuais a fim de se conservar uma garrafa aberta em condição de ser bebida.

O tempo de que dispomos, após a abertura, pode variar conforme o estilo do vinho. Mas, em regra geral, pode-se considerar de dois a três dias a vida útil de um vinho médio, desde que sejam respeitadas algumas práticas de conservação. Como o oxigênio é o vilão do serviço, deve-se procurar um dispositivo ou uma prática que evite, ao máximo, o contato entre o vinho e o ar. Pode-se remover o ar da garrafa (fazer um vácuo) ou introduzir um gás inerte, mais pesado do que o ar, que se deposite sobre a superfície do vinho, impedindo o contato com o ar.

O método do vácuo é, sem dúvida, o mais popular, pela facilidade de utilização, pelas rolhas reutilizáveis e pelo custo moderado (figura 7). O equipamento salva-vinho (*vacum-vin*) permite criar um vácuo, retirando o ar que fica na parte vazia da garrafa. Segundo os fabricantes, os vinhos permanecem frescos durante uma semana. O método pode funcionar razoavelmente, mas a experiência mostra que, mesmo se retirando o ar, algumas qualidades do vinho são afetadas no momento em que se cria o vácuo.

A utilização do gás inerte é simples e intuitiva. Trata-se de usar um *spray* que injeta um gás inerte (geralmente nitrogênio) na garrafa. Sendo mais pesado do que o ar, o gás se deposita no fundo, em contato com a superfície do vinho, impedindo o ataque do oxigênio. Apesar de funcional, esse é um sistema caro (não se reutiliza o gás inerte), e é difícil se determinar a quantidade de gás a injetar.

A melhor solução parece ser uma terceira opção, mais simples, mais barata, e que não exige qualquer tipo de investimento. Quando se abre uma garrafa normal, e já se sabe que ela não vai ser consumida toda, pode-se transferir metade do líquido para uma garrafa de 375 mℓ, arrolhá-la bem e colocá-la na porta da geladeira. Assim, diminui-se o contato entre o vinho e o oxigênio e aproveita-se o frio como conservante natural. Esse método permite conservar um vinho por dois ou três dias, sem grandes prejuízos para suas qualidades. É um processo econômico e despretensioso de conservar a vida de um vinho.

Figura 7. Uso do equipamento salva-vinho.

Degustação

DEFINE-SE "DEGUSTAR" como provar com atenção um produto, procurando-se analisar suas qualidades. Degustar e beber são coisas distintas: beber é ingerir um líquido (no nosso caso, o vinho), e degustar é submetê-lo a nossos sentidos para julgá-lo e descrevê-lo. Beber é, portanto, um ato instintivo; já degustar é um ato voluntário e reflexivo.

Trataremos de uma sequência a ser seguida numa degustação de vinhos entre apreciadores (enófilos). As degustações profissionais, que têm por objetivo examinar uma série de vinhos para comercialização, são complexas e não fazem parte do objetivo deste capítulo.

Iniciando a degustação

A taça para degustação deve ter um bojo com espaço suficiente para que se possa mover o vinho e desprender seus aromas.

Se for usar a mesma taça ao mudar de um vinho para outro, gire um pouco do novo vinho dentro da taça e descarte-o. Esse ato chama-se avinhar o copo.

São necessários um fundo claro – como um papel branco ou um pedaço de tecido branco – para olhar os vinhos; um balde ou pote para os que querem cuspir; água e pão francês para remover do paladar o gosto de um vinho; e, é claro,

Mecanismo da degustação

lápis e papel para os que quiserem fazer anotações.

É importante destacar que, durante a degustação, após cada vinho, devem-se consumir apenas água mineral sem gás e um pedacinho de pão.

Os órgãos fundamentais para a degustação são: visão, olfato e paladar, capazes de captar os estímulos sensoriais emitidos por uma grande parte das mais de quinhentas substâncias que existem no vinho.

As múltiplas substâncias que compõem naturalmente o vinho, quando presentes em doses apreciáveis, estimulam os receptores sensoriais. Esses estímulos atingem partes específicas do cérebro, que as avalia e codifica. Elas são comparadas com outras informações que a pessoa tem memorizadas. Uma sensação desconhecida não pode ser interpretada, passa despercebida ou é confundida com outra. Quando é reconhecida pelo cérebro, ocorre a identificação real. Todo esse mecanismo, que pode parecer complexo, é realizado rapidamente.

As sensações visuais são quase instantâneas. Já as olfativas e gustativas necessitam, para que se produzam, de alguns estímulos. Essa quantidade mínima percebida é o limite de percepção de uma pessoa. Ele varia de pessoa para pessoa e, está comprovado, pode ser aumentado com bastante treino.

Exame visual

A visão é um sentido rápido e instantâneo que produz sensações seguras, ao contrário do olfato e do gosto, que dão impressões fugazes, progressivas e evolutivas, flutuantes e incertas.

Segure a taça pela haste – os conhecedores a seguram pelo pé, com o polegar e o indicador. O que deve ser evitado, como já dissemos, é sustentá-la pelo bojo, pois o calor da mão aquecerá o vinho.

Com a taça na altura dos olhos, diante de um ponto luminoso, a percepção de partículas em suspensão define o grau de limpidez e a sanidade do vinho.

LIMPIDEZ é a ausência de partículas em suspensão. Um vinho está turvo quando apresenta partículas de origens diversas em suspensão. Isso pode indicar que ele deveria ter sido decantado, ou então indica alguma doença do vinho, podendo ser sinal de deterioração.

A cor serve para definir os tipos de vinho: tinto, branco e rosado. Suas nuanças podem ser descritas com palavras como púrpura, rubi, granada e atijolado para os tintos, e esverdeado, palha, dourado, âmbar e marrom para os brancos. Essas nuanças nos informam sobre a idade do vinho. A mudança de cor, à medida que os vinhos envelhecem, nos dá uma ideia da evolução do vinho. Normalmente, os tintos clareiam com o tempo, ao contrário dos brancos, que escurecem (figura 1).

TRANSPARÊNCIA é a capacidade do vinho de deixar passar através de si os raios luminosos. A transparência é observada contra um fundo claro, colocando-se atrás da taça de vinho algum objeto do qual se possam ver detalhes, como a própria mão, ou um relógio. De modo geral, os tintos muito transparentes são mais diluídos ou mais leves.

INTENSIDADE é a reação do vinho à reflexão da luz. É observada com o copo levemente inclinado sobre um fundo branco (figura 2).

Um vinho de cor intensa não permite a passagem da luz; um vinho de cor pouco intensa tem cor esmaecida, com boa transparência. Um tinto de boa intensidade é um vinho encorpado.

O vinho deve ao álcool seu aspecto fluido e móvel, que se apresenta quando é girado dentro da taça. Nesse movimento,

Figura 1. Nuanças de cores pelas quais os vinhos passam através do tempo.

produz-se um efeito curioso: uma parte do líquido sobe até as paredes da taça e cai até a superfície em forma de gotas que originam colunas irregulares. Esse fato é conhecido pelo nome de lágrimas do vinho, chamado pelos portugueses de pernas do vinho. Deve-se ao fato de o álcool evaporar-se mais rapidamente do que a água do vinho, que fica sustida nas paredes do vidro (figura 3). Quanto maior o teor alcoólico do vinho e o nível de glicerol, mais abundantes são as lágrimas que caem.

EFERVESCÊNCIA é a ocorrência de pequeno desprendimento de gás carbônico. Por esse exame visual, classificam-se os vinhos em tranquilos ou espumantes.

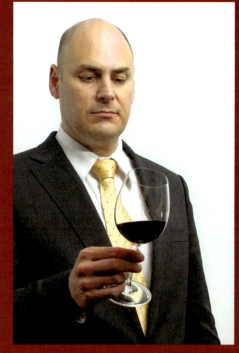

Figura 2. Verificação da intensidade do vinho.

Figura 3. Lágrimas do vinho.

Figura 4. Examinando o vinho em repouso.

Figura 5. Rotação da taça para agitar as moléculas.

Exame olfativo

O olfato é o nosso órgão mais completo. As impressões percebidas pelo olfato têm papel muito importante na vida dos animais e dos seres humanos. Aspectos tão vitais como a alimentação e o impulso sexual são regulados, em grande parte, consciente ou inconscientemente, pelo sentido do olfato. Na degustação, chamam-se aromas as sensações olfativas. Nos vinhos, foram localizadas até o momento mais de 120 substâncias aromáticas, constituídas fundamentalmente por álcoois, ácidos orgânicos, ésteres, aldeídos, cetonas, etc.

Para a descoberta dos aromas contidos numa taça de vinho, devem-se observar os passos seguintes:

- Aproxime o nariz da taça de vinho e cheire, sem mexer a taça. Isso permite apreciar os aromas mais voláteis (figura 4).
- A seguir, imprima um movimento de rotação à taça, com a finalidade de agitar as moléculas e aumentar a superfície de evaporação do vinho (figura 5).
- Aproxime a taça do nariz e dê algumas aspiradas rápidas. Deixe a

imaginação funcionar: não fique procurando aromas de que você ouviu falar ou leu em algum lugar, aceite aquilo que o aroma do vinho lhe lembrar. Como as sensações olfativas apresentam muitas variações, é um hábito tradicional, como vimos no capítulo "Uvas viníferas", referir-se a elas por meio de sensações provocadas por outras substâncias mais simples e que nos são familiares.

Em razão de sua origem e procedência, os aromas do vinho são classificados em três grandes grupos:

- **AROMAS PRIMÁRIOS:** provêm das variedades específicas de uva. Correspondem a aromas preexistentes na uva em sua fase de maturação, caso evidente nas uvas Muscat, e que passam diretamente ao vinho. Como exemplo podemos citar aromas florais (rosas e violetas) e frutados (maçã, pera e pêssego).

- **AROMAS SECUNDÁRIOS:** são formados durante o processo da fermentação alcoólica como subprodutos da atividade biológica das leveduras. Podem ser aromas de abacaxi, banana e vegetais. Também podemos incluir características que se formam durante a conversão malolática, como notas amanteigadas, frequentemente encontradas em vinhos elaborados com a uva Chardonnay.

- **AROMAS TERCIÁRIOS:** são desenvolvidos durante o envelhecimento do vinho, quando novas substâncias foram sintetizadas, e são percebidos após algum tempo de permanência do vinho na taça. É o que habitualmente se denomina buquê do vinho. São devidos a fenômenos de oxirredução e esterificação dos componentes iniciais do vinho. Os de oxidação são os que tornam os vinhos envelhecidos, ao menos parcialmente, em contato com o ar; os de redução são os que os vinhos maturados adquirem sem contato com o ar, fundamentalmente em garrafas. Característicos de uma oxidação (gradual e positiva) são os aromas de tostado, nozes, cogumelo, couro, etc.

Exame gustativo

Os órgãos receptores do paladar se localizam na língua e são estimulados por substâncias que têm sabor (sápidas). Essas substâncias devem ser solúveis na saliva e estar em quantidade suficiente para ser percebidas.

Na língua, as sensações se percebem nas papilas, que se distribuem de forma irregular e são ligadas ao cérebro por meio de nervos.

Os sabores básicos do vinho são cinco: doce, amargo, ácido, salgado e umami.

As papilas que identificam os outros sabores estão presentes em toda a língua, mas a sua concentração se percebe conforme o esquema da figura 6.

- **DOCE:** detectado na ponta da língua. Tem uma sensação máxima instantânea, logo diminuindo; é de curta persistência.
- **AMARGO:** percebido no fundo da língua, perto da garganta; demora de 2 s a 3 s. Em razão dos taninos dos vinhos tintos jovens, diminui e tende a desaparecer com o envelhecimento do vinho. Nos vinhos brancos é menos perceptível.

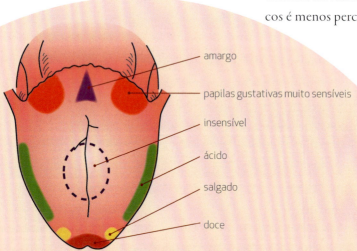

Figura 6. Áreas da língua em que se destacam os sabores.

Técnica de degustação

- **ÁCIDO:** detectado nas laterais da parte superior da língua. A sensação ácida tem efeitos interessantes e provoca uma secreção de saliva, abundante e fluida, e dá a sensação de frescor, de frutado e de nervoso ao vinho.

- **SALGADO:** percebido nas laterais da língua, logo atrás de sua ponta. É uma sensação raramente encontrada nos vinhos.

- **UMAMI:** é uma palavra japonesa que significa "bom sabor". Estudos recentes mostram que esse sabor estaria relacionado com a sensação forte e agradável causada por um grupo de aminoácidos encontrado, por exemplo, em queijo parmesão, molho de soja e ajinomoto.

A degustação, porém, não termina ao se tomar o vinho ou cuspi-lo (prática habitual entre degustadores profissionais), já que a cavidade bucal, como a faringe e as fossas nasais, fica impregnada pelo vinho degustado e seus vapores continuam impressionando o olfato e o gosto. Essa última sensação chama-se "retrogosto".

Prove em pequenas quantidades: um excesso de vinho ingerido provoca uma degustação rápida e cansativa. Deixe o vinho passear pela boca e aspire um pouco de ar com os lábios semiabertos (figura 7).

A boca, além de perceber sensações gustativas, percebe também outras, já que tem grande sensibilidade nas mucosas epiteliais, que reagem rapidamente às sensações térmicas e táteis. As sensações térmicas são produzidas pelo álcool, e as táteis, pelo contato mecânico do vinho com as bochechas, com os lábios, com as gengivas e com a língua.

O **GOSTO** de um vinho é formado por diferentes sabores e sensações térmicas e táteis. Não é engolindo o vinho e levando-o para o nosso estômago que percebemos o gosto. Colocando na boca uma quantidade suficiente de vinho e movimentando-o, percebemos melhor os sabores. Para se sentir o gosto do vinho, basta que ele permaneça na boca algum tempo; não é necessário engoli-lo.

Numa degustação, é recomendado que seja eliminado, ou seja, que se cuspa o vinho num recipiente apropriado. Isso permite degustar uma série de vinhos sem sofrer o efeito do álcool, que é quase instantâneo.

CORPO é o que define a estrutura do vinho, dependendo de seu extrato seco (o que resta ao evaporar a água, o álcool e os componentes voláteis) e do teor alcoólico. Quanto mais presentes esses elementos, maior a sensação de "encher a boca". Um vinho com pouco corpo é chamado de leve. É claro que os tintos são, em geral, mais encorpados do que os brancos. Os vinhos brasileiros quase sempre são mais leves, pouco ou medianamente encorpados, além de frutados e jovens. Argentinos e chilenos, como a maioria dos europeus, elaboram vinhos mais encorpados.

Por fim, devemos destacar que a harmonia, um adequado equilíbrio entre os principais componentes do vinho (álcool, acidez, açúcar, fruta e tanino), é sinônimo de qualidade. A excelência está sempre associada à harmonia desses elementos, em que um não deve predominar sobre o outro.

Figura 7. O vinho deve ser provado em pequenas quantidades.

Principais defeitos identificáveis em um vinho

Durante uma degustação, podemos identificar diversos defeitos que prejudicam o sabor de um vinho. Os principais são:

- **DOENÇA DA ROLHA (BOUCHONÉE):** odor desagradável que lembra bolor ou papel molhado. Como vimos no capítulo "Das garrafas às rolhas e aos rótulos", é devido ao componente químico TCA, que pode ter se desenvolvido em algum estágio da fabricação da rolha.

- **ACIDEZ VOLÁTIL:** como vimos, os ácidos presentes no vinho provêm das uvas ou da fermentação. A acidez total de um vinho inclui os ácidos fixos e os voláteis. Ácidos fixos, como o tartárico, o málico e o cítrico, não são arrastados pelo vapor de água. O principal ácido que compõe a acidez volátil é o ácido acético. Um dos seus derivados, o éster acetato de etila, se em quantidades elevadas, é o responsável pelo gosto avinagrado que pode surgir em alguns vinhos.

- **TÁRTAROS:** sais que se formam no vinho quando o ácido tartárico combina com o cálcio e o potássio. No capítulo "Vinificação de tintos, brancos, rosados e doces", vimos que, em baixas temperaturas, eles podem se precipitar em forma de pequenos cristais. São mais visíveis nos brancos, indicando que o vinho não passou por tratamento a frio.

- **REDUÇÃO:** quando o vinho passou muito tempo em garrafas, seus aromas não se abrem – diz-se que ele está "fechado". Na maioria dos casos, esse defeito pode ser resolvido com uma decantação.

- **BRETT:** defeito nos vinhos tintos causado pela levedura *Brettanomyces*, mais conhecida como *brett*. Ela é encontrada no vinhedo e também na adega, especialmente em barricas velhas. A contaminação ocorre na adega, sobretudo naquelas onde a higiene não é muito levada em conta. Uma vez que você tenha sentido o seu aroma, a partir daí o distinguirá facilmente. Para os puristas, a *brett* é o pior defeito que existe. Porém, muito antes que a tecnologia, o aço inox ou os enólogos obcecados com a limpeza predominassem no mundo do vinho, esse aroma – que vai dos *band-aids* medicinais, passando pelo cheiro de animal e couro molhado, suor de cavalo e... galinheiro – era considerado normal. Os vinhos de Bordeaux, por exemplo, o citavam sem problemas, até o incluíam como um dos componentes de seu afamado *terroir*. É um tema polêmico: para alguns, é sinônimo de complexidade associada ao estilo Velho Mundo; para outros, é um defeito técnico. Alguns especialistas acham que um pouco de *brett* dá mais caráter e aumenta a complexidade do vinho, distanciando-o dos vinhos feitos com precisão técnica e com fruta perfeitamente polida. Eles não se impressionam com esses vinhos "perfeitos" e os comparam com certas marcas de bebidas gasosas.

◉ **PIRAZINAS:** são compostos aromáticos responsáveis pelas notas vegetais de pimentão verde que se percebem em certos vinhos feitos com uvas que não amadureceram completamente. Sua presença é inversa à exposição dos cachos ao sol e às altas temperaturas – quanto mais sombra e mais baixas temperaturas, maior a quantidade de pirazinas nas uvas.

Considerações finais

Ninguém gosta dos mesmos prazeres. Ao se fazer uma degustação, nunca há unanimidade em relação ao vinho degustado. As pessoas não pensam da mesma forma, e o melhor vinho é sempre definido por maioria simples. Não se pode esquecer que a avaliação de um vinho é subjetiva e que, a rigor, qualquer pessoa pode se expressar sobre o que está tomando, seja conhecedora ou não.

Procure fazer algumas degustações comparativas. Escolha dois ou três vinhos bem cotados do mesmo tipo, mas em níveis de preços diferentes. Peça que alguém os despeje em taças idênticas e apenas experimente-os, sem saber a ordem em que foram servidos. É a melhor maneira de descobrir o que você realmente aprecia. Faça isso mais vezes e aprenderá mais sobre si mesmo; a cada vez, você descobrirá do que gosta e não do que alguém diz que você deveria gostar.

Peça a seus amigos que tragam vinhos cujos rótulos estejam cobertos. É uma boa maneira de testar se a sua preocupação de qualidade não é influenciada pelo nome famoso de um vinho.

Harmonização de vinho e comida

SABER COMBINAR UM VINHO com a comida, valorizando o prato e tirando o maior proveito do vinho, faz parte da arte de bem viver. Cada pessoa seleciona a seu jeito, com seu estilo e suas possibilidades. Mas liberdade não significa qualquer bebida com qualquer prato. Um bom vinho pode matar um ótimo prato; o contrário também é verdadeiro. O que se busca é reunir o prazer da comida e do vinho. À mesa, um completa o outro, reforça o outro. O vinho deve destacar as virtudes do prato e vice-versa.

Muito já se escreveu sobre esse inesgotável tema; basta procurar as inúmeras harmonizações que se encontram nos livros de cozinha e nos guias de vinho.

Interessa-nos analisar, acima das preferências e dos costumes pessoais, o porquê de certas regras preestabelecidas. Há algumas sugestões consagradas que, se não precisam ser seguidas como um dogma, representam a sabedoria de culturas e povos que há séculos se dedicam à gostosa arte da enogastronomia.

É perfeitamente compreensível que durante uma refeição se pretenda, mesmo que instintivamente, uma certa analogia entre os sabores do que se vai comer e do que se vai beber. Essas impressões alternadas, que em momentos se sobrepõem, não devem se antagonizar nem se neutralizar. Devem ser paralelas e, se possível, ocorrer simultaneamente.

Um vinho rico em sabor relaciona-se mal com uma comida que contenha sabores mais sutis. Por outro lado, um vinho insípido compromete a alegria de uma comida saborosa.

Pelas regras preestabelecidas da harmonização, deve-se respeitar uma das três condições:

- analogia;
- associação;
- sensibilidade sensorial.

Graças à surpreendente variedade de vinhos, sempre podemos encontrar um vinho (na maioria das vezes, muitos) que se harmonize com um prato determinado.

ANALOGIA

Inicialmente, deve-se respeitar uma relação de analogia. Uma cozinha pesada e rústica requer um vinho encorpado; nesse caso, um vinho leve destoaria e perderia categoria. Da mesma maneira, o efeito de uma comida cheia de delicadeza e esmero pode se frustrar se servida com um vinho potente.

ASSOCIAÇÃO

As razões que colocam o vinho branco no seu justo lugar em nossas refeições são do tipo psicológico e fisiológico. As qualidades que se devem levar em conta e que fazem desse tipo de vinho um ótimo complemento para os pratos são as seguintes: sua cor pálida, seu aroma frutado, seu sabor leve, seu frescor, sua doçura (se contém açúcar) e o fato de se bebê-lo frio. Por outro lado, muitos deles, os mais leves e aromáticos, podem ser bebidos sozinhos e não necessitam de nenhum acompanhamento.

De maneira geral, os vinhos brancos harmonizam-se melhor com alimentos menos coloridos: carnes brancas (aves, pescados) e com molhos brancos. A associação de cores predispõe à associação de sabores.

Os vinhos brancos são considerados, sobretudo, acompanhamento ideal dos produtos do mar. Fala-se muito em vinhos de ostra, ou de mexilhões, ou vinhos de pescados, conforme tenham eles maior textura, sejam mais jovens ou mais velhos, mais secos ou mais leves.

Geralmente, esses pratos são regados com limão, um tipo de acidez que se harmoniza facilmente com o vinho branco.

As qualidades refrescantes dos vinhos brancos são aproveitadas também para acompanhar certos frios, gordurosos ou não, e até defumados, especialidades picantes de embutidos, verduras cozidas, queijos frescos de massa mole (frescal, ricota, mozarela), queijos de massa semidura (prato, estepe, Emmenthal, Gouda, Gruyère).

Em questões de gosto, não se pode pretender ser absoluto. O que dissemos até agora para vinhos brancos secos pode ser substituído por vinhos rosados, ou também, ainda que a cor nesse caso possa incomodar alguns, por vinhos tintos leves – quer dizer, jovens e com pouco tanino –, com a condição de que sejam servidos levemente resfriados.

Já um vinho branco doce envelhecido pode acompanhar um prato agridoce ou um pato com laranja. Todos conhecem o casamento de Sauternes com *foie gras*, servido como entrada – uma harmonização perfeita. É usual servir como sobremesa um vinho branco doce (botrytizado ou de colheita tardia) com queijos azuis (gorgonzola, Roquefort) ou outros queijos fortes, que formam, sem dúvida, uma surpreendente harmonia de contrastes.

A rica constituição dos vinhos tintos e sua complexidade de sabores os qualificam para acompanhar os pratos mais pesados e de sabor forte. Sua cor escura se associa à das carnes vermelhas ou escuras de caça e com os molhos escuros, mas o fator determinante é o tanino, que permite classificar os tintos em duas categorias de uso diferente: os tintos leves e os tintos encorpados. Os leves têm certa acidez e podem acompanhar, como dissemos, um peixe de carne escura (atum e sardinha). Alguns tipos de peixe, como o bacalhau, aceitam bem um vinho tinto. Nos tintos encorpados, o tanino interage com as proteínas das carnes e de seus sucos e com a saliva da mastigação. Também interage com os molhos escuros e com queijos de massa dura (parmesão ou de leite de cabra).

Um grande tinto frequentemente revela seu potencial com comida apropriada. Seus aromas de frutas, especiarias, trufas ou plantas aromáticas associam-se maravilhosamente aos da carne e destoam totalmente dos aromas do pescado.

Às vezes, ouve-se dizer que tal vinho estava melhor, ou pior, do que há três meses, porém esquece-se de que a diferença está justamente na comida que o acompanhou.

SENSIBILIDADE SENSORIAL

No desenrolar de um jantar, a sensibilidade sensorial das pessoas vai diminuindo, os sentidos adormecem progressivamente e, por isso, quando nele vão ser servidos diversos vinhos, deve-se levar em conta a progressão dos sabores. Nessa progressão, serve-se o branco antes do tinto, o seco antes do doce, o leve antes do encorpado. Assim, deve-se começar por vinhos mais leves e jovens e terminar com os de mais corpo e mais velhos. Isso justifica o porquê de começar a refeição com os brancos e de terminá-la com os tintos.

Quanto mais importante for o vinho, mais se exige que o serviço obedeça a um ritual. Um vinho simples é bebido rapidamente e esquecido, porém, para um grande vinho, deve haver um tratamento diferenciado. Essa é a arte de servir vinhos. Sem dúvida, seus convidados se perguntarão durante muito tempo por que os vinhos que você serviu alcançaram naquela noite uma indiscutível harmonia.

Com o passar do tempo, você vai experimentar harmonizações diferentes de vinho e comida. Utilizando, porém, essas recomendações básicas, vai começar a entender por que existe um vinho para acompanhar e complementar qualquer comida que se possa imaginar, e que a enorme variedade de vinhos de qualidade do mundo só serve para aumentar o prazer de uma boa refeição.

Pratos ou ingredientes difíceis de harmonizar

Deve-se tomar cuidado com AMEN-DOINS, que podem arruinar os sabores da maioria dos vinhos. Por consequência, um caruru e outros pratos com forte traço de amendoim merecem análise redobrada. As AZEITONAS também são um ingrediente difícil, pois, em geral, são muito picantes, sobretudo as temperadas. A solução para esses tipos de ingrediente ou prato, às vezes, é harmonizá-los com vinhos fortificados, como vinhos secos e potentes da Ilha da Madeira. As SALA-DAS DE ALFACE E TOMATE AVINAGRADAS podem se tornar grandes inimigas até de brancos simples, que, em geral, vão bem com qualquer prato. Se a salada for imperativa no início, que venha com um pouco de limão no lugar do vinagre.

Temos certa relutância em misturar líquido com líquido – sorver uma delicada SOPA DE LEGUMES e diluí-la ainda mais com um gole de vinho. Ademais, a temperatura da maioria das sopas não se acomoda à dos vinhos.

Há alguma divergência a respeito dos OVOS: há pessoas que acompanham omeletes com espumantes e há as que desfilam uma série de brancos aromáticos com ovos mexidos sobre uma torrada. Já os SUFLÊS são pratos que tomam emprestados os sabores de seus recheios e, então, merecem tintos ou brancos, conforme o recheio de verduras, queijos ou carnes.

Pratos do Brasil e o vinho

Como proceder quando a fome fala mais alto naquele agradável almoço de trabalho ou lazer em um restaurante? Com relação ao vinho, não há outro caminho a não ser escolher o que existe na carta de vinhos. Na culinária de cada região do Brasil, em seu cotidiano, existem hábitos arraigados, influenciados pelos povos que aqui se encontraram.

Em São Paulo e no Rio de Janeiro, é muito comum a questão: o que tomar com o clássico filé com fritas, hoje mais maquiado na forma de turnedô? E com frango à passarinho, rabada com polenta ou lombinho de porco? Em São Paulo, a maioria das pessoas pensa num vinho italiano, normalmente um Chianti, que fez muito sucesso nessa região de predomínio italiano. Ocorre que os Chiantis mais populares, de preços menores, têm qualidade inferior ao que se espera de um importado. No Rio, existe uma conduta correta que é pesquisar alguns vinhos de Portugal, como os tintos do Dão, da Estremadura ou alguns do Alentejo. Também os bons tintos de mesa do Douro são ótimos, mas é bom observar seus preços. Boas alternativas são também os vinhos do Chile, da Argentina, do Uruguai e vários do Brasil, cuidando-se apenas para que esses tintos sejam pelo menos ligeiramente encorpados, com taninos suficientes para que se harmonizem.

Massas com molhos cremosos vão bem com um branco de Chardonnay; *al pesto* vão com outro branco de Sauvignon Blanc, como os da América do Sul; massas à bolonhesa ou com molho de tomate pedem um tinto de Merlot, e os do Cone Sul também combinam muito bem. Esses pratos banais podem se revelar melhor com esses vinhos.

A pizza é fácil de harmonizar por causa do molho de tomate. Tente qualquer tinto seco de boa acidez, como os italianos, mas vinhos simples. Já embutidos ou pratos de frios vão melhor com um rosado ou um branco.

O churrasco gaúcho vai muito bem com tintos encorpados, principalmente os feitos à base da uva Tannat, a uva emblemática do Uruguai, ou um encorpado Malbec da Argentina.

A comida chinesa, bastante difundida em São Paulo, vai bem com brancos bastante frutados. Para a comida japonesa, em grande ascensão em todo o Sudeste do país, o sushi (peixe cru sobre bolinhos de arroz) e um espumante formam uma ótima dupla. O sashimi (fatias de peixe cru) vai bem com um espumante ou um branco bem seco. O tempurá (camarão ou legumes empanados e fritos) vai bem com os Sauvignon Blanc do Cone Sul, com um Soave italiano e com um branco português de Arinto.

A culinária da costa brasileira tem inúmeras especialidades. As moquecas brasileiras, tradicionais na Bahia e no Espírito Santo, exigem um vinho branco. A acidez do tomate na culinária capixaba requer um Sauvignon Blanc ou um Vinho Verde de Portugal, em que predomina a uva Alvarinho. Já a gastronomia baiana, feita com ingredientes fortes, como o azeite de dendê e leite de coco, exige um branco com mais corpo, como os feitos com a uva Chardonnay. O bobó de camarão, especialidade baiana que leva creme de aipim, tem textura cremosa e

pede um Chardonnay que tenha passado por carvalho e com acidez equilibrada. Entre os vários estilos de Chardonnay, os chilenos de Casablanca, os argentinos de Tupungato e os brasileiros do Planalto Catarinense vão bem, assim como vinhos brancos maduros portugueses, principalmente os da uva Arinto.

Indo para o Sul, em Santa Catarina, é comum uma sequência de camarões (cozidos, fritos e empanados) em que a carne macia tem certa consistência. A opção de vinho é um Sauvignon Blanc ou Sémillon, de preferência sem madeira. Outra especialidade de Santa Catarina são as ostras e os mariscos; aqui, os espumantes são altamente recomendáveis.

Nas praias de Pernambuco e do Ceará, concentra-se a produção nacional da lagosta, o crustáceo mais nobre da costa brasileira. Sua consistência e sabor superam em muito o camarão, exigindo vinhos com as mesmas características, porém mais encorpados. Agora, é o caso dos Chardonnay franceses ou chilenos e argentinos, estes de uma linha Premium.

Experimente sempre

Como se vê, na harmonização conta o gosto pessoal, mas existem certas regras estabelecidas há séculos. Elas são úteis especialmente quando se está em dúvida sobre a melhor combinação, quando não se quer arruinar um bom almoço ou jantar com um vinho errado. A maioria dos vinhos pode se harmonizar razoavelmente bem com a maior parte dos pratos. Por esse motivo, o que realmente importa é ter um conhecimento das noções básicas. Além disso, o essencial é não ter medo de experimentar coisas novas. Uma das principais funções do vinho é nos dar prazer. Não precisa ser algo complicado, como a maioria das pessoas pensa. Experimente sempre e divirta-se.

Fator saúde

CADA VEZ MAIS surgem estudos médicos internacionais que apontam os benefícios do vinho para a saúde. É a chamada medicina baseada em evidências (MBE). Um grupo de pessoas faz como rotina uma coisa que outro grupo não faz, e com isso vive mais. A partir dessa constatação, os pesquisadores passaram a investigar os motivos da vantagem. Descobriram, assim, os elementos protetores oferecidos pelo vinho. Beber vinho moderadamente torna a pessoa menos sujeita a doenças coronarianas e a inúmeros males do cérebro, do pulmão, do sistema digestivo e até do sistema nervoso. Os tempos mudaram. Um antigo comediante americano disse certa vez: "Li no jornal que beber álcool faz mal à saúde. Resolvi parar de ler jornais". Nos dias atuais, ele não desistiria da leitura, pois jornais e revistas de todo o mundo estão cheios de notícias sobre os efeitos benéficos que o álcool etílico (principalmente o do vinho tinto) proporciona ao organismo humano.

No caso das doenças coronarianas, pesquisas recentes de conceituadas instituições científicas mundiais concluíram que existe uma relação entre o volume de álcool consumido e o risco de ocorrência de eventos patológicos (por exemplo: infarto do miocárdio). Ela está em uma curva em forma de J, como na figura 1. Os abstêmios são considerados a população de controle, com risco igual a 1. Na figura 1, o risco para efeitos adversos do consumo de álcool sobre

Paradoxo francês

a saúde é colocado nas ordenadas, e o número de doses por dia, nas abscissas. A curva mostra um evidente efeito de redução de riscos em bebedores moderados. O consumo de álcool acima de quatro a cinco doses por dia passa a se relacionar com acentuado aumento da morbidade e mortalidade.

Na década de 1980, a Organização Mundial da Saúde (OMS) conduziu um grande estudo epidemiológico em escala mundial. Conhecido como Projeto Monica (*Monitoring of Trends and Determinants in Cardiovascular Disease*), estudou as correlações entre hábitos dietéticos e doenças cardiovasculares. Essa pesquisa evidenciou o famoso "paradoxo

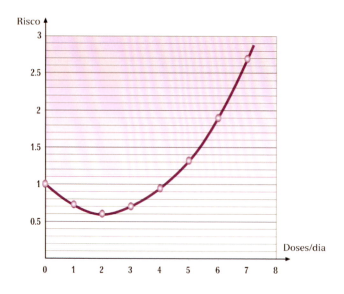

Figura 1. Consumo de álcool × saúde.
Fonte: A. A. de Lorimier, "Alcohol, Wine and Health", em *American Journal of Surgery*, 180 (5), 2000, pp. 357-361.

Vinho × saúde

francês": os médicos procuravam entender por que os franceses, que fumam mais e adoram comer pratos cujas receitas usam gorduras em excesso, tinham menor índice de doenças do coração do que os povos de outros países da Europa e dos Estados Unidos. A resposta veio quando começaram a observar que suas refeições eram sempre acompanhadas de vinho, a bebida nacional francesa. Também os habitantes do Mediterrâneo tinham índices de doenças do coração muito mais baixos do que os habitantes do norte da Europa; isso se associou, além do maior consumo de peixe e azeite de oliva (óleo comestível saudável por ser monoinsaturado), ao fato de que bebiam quantidades regulares de vinho.

Desde então, surgiram inúmeros trabalhos que mostram o efeito do vinho não só sobre o sistema cardiovascular, mas sobre diversos órgãos e sistemas.

Afinal, que bem o vinho faz à saúde?

Alguns elementos de sua composição fazem parte da dieta normal e necessária ao ser humano. Entre eles, citam-se a água, os açúcares, as vitaminas (B1, B2, B12, A e C, que se encontram nas uvas e são transferidas para o vinho) e os sais minerais (potássio, cálcio, fósforo, zinco, etc.). O ferro que o vinho contém protege a pessoa contra a anemia.

Como o vinho tem alto teor de potássio e baixo de sódio, pode ser usado na dieta de pessoas com pressão alta. Além disso, o álcool em baixas doses pode reduzir a pressão.

Está comprovado que o vinho tinto influi na contagem de lipídios no sangue. O álcool e também componentes não alcoólicos do vinho têm o efeito de aumentar os níveis de lipoproteína de alta densidade (HDL – o colesterol bom), que está relacionada à proteção contra a formação de placas nas paredes das artérias. Entre os componentes não alcoólicos do vinho que ajudam a manter as artérias livres de depósitos gordurosos estão os conjuntos polifenólicos, como a quercetina e o resveratrol. Juntamente com os taninos, eles são encontrados na casca e nas sementes das uvas, principalmente das uvas tintas. Como na vinificação de um vinho tinto deve haver bastante contato com as cascas do mosto, o vinho absorve essas substâncias químicas. As pesquisas também mostraram que os varietais com maiores índices de polifenóis estão presentes em maior quantidade em uvas de cascas grossas, como a Cabernet Sauvignon e a Tannat.

Mas não são só o coração e o sangue que se beneficiam disso. Recentemente, foi divulgada uma pesquisa feita nos Estados Unidos mostrando que, quando presente no aparelho digestivo, o vinho também ajuda na prevenção de úlceras gastrintestinais por ser um eficaz bactericida.

Os cientistas estão descobrindo, a cada dia, mais efeitos positivos do vinho no organismo humano. Também nos vinhos tintos encontra-se bastante o resveratrol, considerado um importante agente antioxidante. Os antioxidantes interrompem a cadeia de oxidação celular, que é a responsável pelo envelhecimento das células. Este é provocado pelos radicais livres, moléculas altamente reativas por terem "perdido" um dos elétrons que orbitam ao seu redor. Alguns pesquisadores acreditam que os radicais livres relacionam-se a algumas doenças degenerativas, como a de Alzheimer e a de Parkinson. Os vinhos tintos com maiores índices de polifenóis apresentam quantidades significativas de resveratrol, cerca de 3 mg/ℓ.

As pesquisas também mostram que:

- A dose de álcool permitida para os homens é maior do que para as mulheres. O corpo feminino contém menos enzimas responsáveis pelo metabolismo do álcool, e tem 10% menos água no organismo para diluir o álcool do que o corpo masculino. Além disso, a mulher tem a metade da capacidade do homem de metabolizar o álcool. Na prática, pode-se fazer um cálculo simples. O homem pode consumir até duas doses por dia, e a mulher, a metade disso.

- O equivalente em dose de uma taça de vinho corresponde ao volume de 125 mℓ. Outra maneira de calcular o consumo moderado seria não ultrapassar 10% do consumo diário de calorias.

- O metabolismo e a absorção do álcool pelo intestino, 30 g/hora, são muito mais lentos com vinho do que com destilados. Com o estômago cheio, essa absorção é ainda mais lenta, e os níveis de álcool não atingem proporções intoxicantes que possam prejudicar outros órgãos e aumentar o nível de triglicérides no sangue.

Conclui-se que, assim como a comida, o vinho deve ser aproveitado conscientemente, o que significa dizer que não deve ser consumido de forma abusiva.

Algumas pessoas são sensíveis aos sulfitos naturais encontrados no vinho. Elas sofrem reações alérgicas que podem causar crises asmáticas. Por isso, os rótulos de vinhos à venda em mercados europeus e americanos trazem o termo *contains sulfites*, alertando pessoas asmáticas. Os sulfitos são adicionados na forma de SO_2 para bloquear a ação de bactérias e impedir a oxidação do vinho, ou surgem naturalmente durante o processo de vinificação. São encontrados em maior quantidade nos brancos do que nos tintos, mas são elementos fundamentais na qualidade do vinho.

Recentes pesquisas alemãs e italianas evidenciaram que o vinho branco é excelente para prevenir o aparecimento de certas doenças reumáticas, que atingem ossos e articulações. Constatou-se que os vinhos brancos apresentam moléculas de tirosol e ácido cafeico – conhecidos anti-inflamatórios e antioxidantes – menores do que nos tintos, o que faz que sejam mais bem absorvidas pelo sangue, potencializando seu efeito. O ácido cafeico combate a osteoporose, tonificando os músculos, principalmente nas mulheres.

Quando estiver tomando certos tipos de antibióticos, é importante saber que o álcool é diurético e por isso o antibiótico pode ser eliminado mais rápido.

Efeitos do consumo do vinho

Nesse caso, consulte seu médico sobre a possibilidade de ingerir vinho.

Como o álcool contido no vinho é diurético, ele provoca diminuição de água no organismo, o que afeta o equilíbrio hídrico do corpo, levando à dor de cabeça e sendo um mecanismo que desencadeia a ressaca. Essa é a razão pela qual o consumo do vinho deve ser acompanhado de água.

Os efeitos do consumo do vinho em nosso organismo podem ser resumidos da seguinte maneira:

SISTEMA NERVOSO

- ◉ CONSUMO MODERADO: reduz os riscos da perda progressiva das funções cognitivas, previne as enfermidades neurodegenerativas e minimiza os danos causados pelos radicais livres, que se libertam quando a glicose se converte em energia.
- ◉ CONSUMO EXCESSIVO: pode causar a destruição dos neurônios, a alteração da memória e a perda dos reflexos.

SISTEMA CIRCULATÓRIO

- CONSUMO MODERADO: diminui o nível de colesterol e triglicérides no sangue e o fluidifica; minimiza a aparição de infarto do miocárdio, apoplexias, tromboses, má circulação, etc.
- CONSUMO EXCESSIVO: provoca um estiramento das fibras do coração, que pode provocar insuficiência cardíaca; o aumento da pressão arterial provoca derrames.

SISTEMA RESPIRATÓRIO

- CONSUMO MODERADO: restringe a possibilidade de contrair enfisemas, bronquites e, em alguns casos, asma.
- CONSUMO EXCESSIVO: provoca alterações importantes nas defesas de todo o corpo e, com o tempo, repercute numa piora da função respiratória.

SISTEMA DIGESTIVO

- CONSUMO MODERADO: previne a acumulação de gorduras no fígado, condição crônica comumente associada ao alcoolismo.
- CONSUMO EXCESSIVO: provoca gastrite, que, se não for tratada a tempo, pode chegar a causar úlcera. No fígado, principal metabolizador do produto no organismo, origina a inflamação das células (hepatite), que pode se transformar em cirrose.

SISTEMA REPRODUTOR

- CONSUMO EXCESSIVO: altera os vasos sanguíneos do pênis, o que provoca impotência. Pode inibir a produção de hormônios que ajudam a gerar os espermatozoides, causando a infertilidade. Durante a gravidez, pode provocar a síndrome fetal alcoólica no feto, uma alteração genética que resulta em deformações físicas e retardo mental.

Certas pessoas precisam tomar mais cuidado: os Alcoólicos Anônimos – associação de autoajuda que presta grandes serviços na recuperação de dependentes do álcool – consideram que existem pessoas com tendência a abusar do álcool. Para essas pessoas, a única maneira de escapar do alcoolismo é ficar longe de qualquer bebida.

E finalmente:

PARA VOCÊ TER UMA ANÁLISE DETALHADA DE COMO O VINHO PODE AFETÁ-LO, DEPENDENDO DE SUA CONSTITUIÇÃO FÍSICA, CONDIÇÕES DE SAÚDE E ESTILO DE VIDA, CONSULTE O SEU MÉDICO. A AMERICAN HEART ASSOCIATION DEFENDE OFICIALMENTE QUE A INDICAÇÃO DO VINHO DEVE SER UM ITEM DE DISCUSSÃO ENTRE O MÉDICO E O PACIENTE.

Vinhos do Brasil

A VITIVINICULTURA BRASILEIRA experimentou nas últimas duas décadas um razoável progresso em várias frentes: tecnologia vitícola e enológica, investimentos em infraestrutura, organização setorial, formação de técnicos e gestores e expansão para novas regiões. Como consequência, houve uma melhora significativa em quesitos importantes dos vinhedos, potencial enológico de uvas, aumento do volume dos melhores vinhos, aumento do número de marcas e, principalmente, melhora da qualidade geral dos produtos.

O Rio Grande do Sul, que sempre concentrou a maior parte da produção brasileira, já divide espaço com novas regiões. O país ampliou sua fronteira vitícola, e hoje os parreirais ocupam áreas na fronteira do Brasil com o Uruguai, em outros estados do Sul, do Sudeste e do Nordeste, e até do Centro-Oeste (Goiás).

História

As primeiras videiras foram plantadas no Brasil em 1532 por Brás Cubas, um fidalgo português que veio com Martim Afonso de Souza, donatário da Capitania de São Vicente. Essa região, que corresponde ao atual litoral da Baixada Santista, é aquela em que começou a ocupação portuguesa no Brasil.

Mapa 1. Regiões vinícolas do Brasil.

O desenvolvimento da vitivinicultura no Brasil, porém, só aconteceria séculos depois. Para desenvolver certas regiões, o governo imperial iniciou uma campanha de doação de terras para atrair colonos europeus. Naquela época, a instabilidade política e o início da industrialização, fatores que geravam desemprego, estimularam a imigração.

Os italianos, vindos de regiões vinícolas como o Vêneto e o Trentino, chegaram por volta de 1870 e instalaram-se na região nordeste do Rio Grande do Sul, hoje conhecida como Serra Gaúcha. As videiras que eles trouxeram sobreviveram às agruras da travessia do Atlântico, mas não se deram bem na região. Da primeira colheita, originaram-se vinhos pouco alcoólicos e sem as características às quais eles estavam acostumados. O clima era completamente diferente. Havia chuvas na época do amadurecimento e da colheita, e, como se isso não bastasse, esbarraram na filoxera.

Para se adaptarem ao clima, foram incrementados vinhedos das variedades americanas e suas híbridas, especialmente as uvas tintas Isabel, Bordô e Concord, e as brancas Niágara e Couderc, que forneciam vinhos comuns, chamados de vinhos de mesa. A partir de 1930, as vinícolas, chamadas cantinas, foram assumindo dimensões maiores para a elaboração desse vinho, com instalações providas de filtros, prensas, cubas de madeira e outros equipamentos. Começaram a surgir as cooperativas. Isso levou à comercialização do vinho em barris de 100 ℓ e em garrafões. A partir de 1970, com a chegada de multinacionais de bebidas, houve um incremento do plantio de uvas europeias (*Vitis vinifera*) das castas que se aclimataram na região.

Classificação

Na classificação dos vinhos do Brasil é importante diferenciar os níveis de qualidade:

- ⊙ VINHOS DE MESA.
- ⊙ VINHOS FINOS.

O vinho de mesa, que, em muitos países, é um vinho básico, mas elaborado a partir de uvas viníferas europeias, no Brasil se caracteriza por ser um vinho feito predominantemente com uvas americanas ou híbridas.[1] Praticamente apenas os vinhos finos são feitos a partir de uvas viníferas.

A preocupação das vinícolas brasileiras com a busca da qualidade dos vinhos finos, num trabalho desenvolvido segundo as normas da Organisation Internationale de la Vigne et du Vin (OIV), foi atendida pelo Instituto Nacional da Propriedade Industrial (Inpi), que estabeleceu dois tipos de *Indicação Geográfica*, a exemplo do que ocorre há mais de um século nos países europeus de larga tradição vinícola. Essa delimitação geográfica, apesar de ser uma opção voluntária para o produtor, reduz a liberdade de cada cantina para fazer o que bem entender.

As Indicações Geográficas são as seguintes:

- ⊙ INDICAÇÃO DE PROCEDÊNCIA (IP): é o segundo nível mais elevado de ordenamento da produção em região delimitada, inclusive em detalhamento dos controles. Nas regiões delimitadas com *status* de IP já existente, para receber o selo IP, um vinho deve ser produzido exclusivamente com variedades de uvas autorizadas, sendo que pelo menos 85% delas são cultivadas na própria região, e há um limite máximo de produtividade especificamente adotado para vinhos tranquilos e espumantes. O engarrafamento e o envelhecimento devem ocorrer na área geográfica demarcada. Além

---

[1] Os vinhos de mesa elaborados a partir de uvas americanas e/ou híbridas são vendidos em supermercados a preços mais baixos do que os cobrados pelos vinhos finos. Eles são disponibilizados para o consumo logo após a vinificação. O Rio Grande do Sul ainda é o maior produtor desses vinhos: os tintos são meio frutados, e os brancos, muito suaves. Santa Catarina também tem um polo de produção, e os estados do Paraná, de São Paulo e de Minas Gerais praticamente são engarrafadores desses vinhos.

disso, o vinho deve ser avaliado uma vez (no próprio ano da colheita, no caso dos vinhos brancos jovens) ou duas (também no ano da colheita e antes de estar disponível para o mercado no caso de tintos e espumantes – método tradicional) por um comitê de degustação formado por uma maioria de especialistas que não tenha ligação com as vinícolas.

- **DENOMINAÇÃO DE ORIGEM (DO):** é o nível mais elevado de ordenamento da produção em região delimitada, incluindo controles mais restritos do que os das regiões com *status* de IP. Esse *status* designa, mais do que qualquer outro, os vinhos cujas características e qualidades se devem essencialmente às particularidades do seu meio geográfico.

O conceito que cada vez mais tem se desenvolvido na produção do vinho nacional é o de que as uvas devem ser a expressão do lugar onde foram cultivadas. Em vez de procurar elaborar tintos encorpados, está se prestando atenção ao potencial de tintos leves, refrescantes, de baixo teor alcoólico – um estilo que nas zonas frias do Rio Grande do Sul se desenvolve naturalmente e que representa com exatidão o que boa parte dos consumidores e da crítica internacional está buscando atualmente.

O Brasil está se tornando referência na categoria espumante, principalmente devido ao clima do sul do país. No Rio Grande do Sul, é harmoniosa – mas muito correta – a relação entre a produção em grande escala de espumantes pelo método Charmat e a dos vinhos mais complexos pelo método tradicional.

Uvas do Brasil

Das uvas europeias, a tinta Cabernet Sauvignon, plantada na Serra Gaúcha e nos novos polos de produção vitivinícola, tem sido a responsável por alguns tintos que podem melhorar com o tempo (chamados vinhos de guarda). No entanto, isso depende, principalmente, do clima e da localização geográfica do vinhedo. Para atingir a maturação correta (os níveis adequados de açúcares, ácidos e maturação fenólica completa), uma uva tinta de ciclo longo, como a Cabernet Sauvignon, precisa de condições ideais de maturação, o que inclui completar seu ciclo de maturação.

A Merlot está perfeitamente adaptada a certos locais da Serra Gaúcha porque apresenta ciclo vegetativo médio. Tem grande potencial: alguns dos melhores tintos do país são feitos com essa casta. Os vinhos da Merlot normalmente têm taninos mais macios, com menos caráter vegetal. Outra uva bastante plantada no Rio Grande do Sul e em Santa Catarina é a Tannat, que é a uva-símbolo para o Uruguai.

A Cabernet Franc tem se adaptado bem a Pinto Bandeira e à Serra do Sudeste. A Ancellotta, variedade italiana da Reggio Emilia e que entra no corte dos lambruscos italianos, tem recebido atenção na Serra Gaúcha. Planta-se também a Teroldego, uva do Trentino, norte da Itália. Outra uva que tem sido plantada na Serra Gaúcha é a Marselan, resultado do cruzamento de Grenache com Cabernet Sauvignon.

Na Campanha, plantam-se castas ibéricas, como Tempranillo, Touriga Nacional e Tinta Roriz, além da própria Cabernet Sauvignon e da Pinot Noir.

A branca Chardonnay adapta-se bem à Serra Gaúcha, mas é sensível à condição climática, podendo atingir bons níveis de açúcar nos anos favoráveis; na Campanha, onde as condições são mais favoráveis, tem originado bons brancos. Na Serra Catarinense, a Chardonnay encontrou seu hábitat no Brasil, em regiões de maior altitude. Também a Sauvignon Blanc começa a mostrar bons resultados naquelas condições.

Serra Gaúcha

Uma das brancas mais cultivadas na Serra Gaúcha é a Riesling Itálica, também conhecida como Welschriesling e outros sinônimos, sendo uma variedade geneticamente diferente, tanto no perfil aromático quanto nos sabores, da Riesling dos vinhos alsacianos e alemães, embora sejam frequentemente associadas. Ela tem originado vinhos que constituem uma boa base para os espumantes nacionais. A branca mais plantada é a Moscato Branco.

A Sauvignon Blanc é também cultivada com sucesso na Campanha. Outras brancas que se adaptaram relativamente bem à Campanha foram a Gewürztraminer e a Pinot Grigio.

As uvas Syrah e Moscatel foram as que se adaptaram melhor às características climáticas do Nordeste brasileiro. A Moscatel tem se revelado ideal para a produção de espumantes do tipo Asti e de vinhos doces de colheita tardia; têm-se obtido também boas uvas tintas de Cabernet Sauvignon e brancas de Chenin Blanc.

A Serra Gaúcha é cortada pelo paralelo 29° da latitude sul, com altitudes ao redor de 600 m e vinhedos plantados em terrenos normalmente acidentados. O solo predominante é sílico-argiloso, pouco profundo, com subsolo de origem basáltica.

Historicamente, os vinhedos da região foram plantados em latada (pérgola), sistema bastante usado na região da Itália de onde vieram os produtores. Formam-se parreiras cobertas que protegem os cachos e propiciam colheitas abundantes. O acesso do sol às uvas é dificultado; assim, a uva concentra pouco açúcar para fermentação, originando vinhos fracos. Atualmente, nos principais vinhedos, o sistema de condução é a espaldeira. As videiras são plantadas em fileiras, e os galhos sustentados por arames, de modo que as uvas tomam mais sol e concentram mais açúcar. Em alguns vinhedos, é utilizada também uma variação da espaldeira, a lira, na qual a videira desdobra-se em duas. Muitos vinhedos foram reconvertidos, sendo as videiras antigas substituídas por outras novas, com mudas de melhor qualidade.

A umidade do ar e o volume de chuva em excesso nos meses da colheita são alguns dos principais problemas enfrentados na Serra Gaúcha em algumas safras. Uma semana de chuvas estraga o trabalho de meses. A umidade exagerada alonga o ciclo, dificulta o amadurecimento das uvas e favorece o desenvolvimento de doenças.

Na maioria das safras, chove de modo variável (às vezes o período é seco, às vezes chove muito) em janeiro (época da maturação/colheita das variedades precoces), chove bastante em fevereiro (época da maturação/colheita das variedades de ciclo médio), e o fim do verão e início do outono (março e abril) são geralmente secos. Muitas uvas são colhidas antes da completa maturação por não apresentarem boa sanidade em anos muito úmidos. A Merlot, em razão das suas características morfológicas e fisiológicas, resiste bem em condições adversas, e por isso tem originado vinhos de boa qualidade na Serra Gaúcha. Já a Cabernet Sauvignon, por ser mais tardia, tende a originar vinhos medíocres em anos úmidos na Serra Gaúcha, por ter que ser colhida muito antes do momento ideal. Por isso, os melhores Cabernet Sauvignon têm sido obtidos nas novas regiões. No entanto, nada impede que em alguns anos e locais da Serra Gaúcha se tenham ótimos vinhos de Cabernet Sauvignon.

Mas o que é desvantagem para os vinhos maduros pode ser um ponto a favor das uvas usadas para a produção do vinho-base que dá origem aos espumantes nacionais – a uva tinta Pinot Noir e as brancas Chardonnay e Riesling Itálica. O vinho-base, que vai sofrer a segunda fermentação e produzir as borbulhas, deve ter boa acidez. É a característica das três castas mencionadas. A colheita precoce resulta em cachos com menos açúcar e mais acidez. É uma situação favorável para os espumantes brasileiros, que são leves e têm grande frescor.

A Serra Gaúcha abriga as maiores regiões produtoras do Rio Grande do Sul.

O Vale dos Vinhedos, primeira região vitivinícola brasileira demarcada

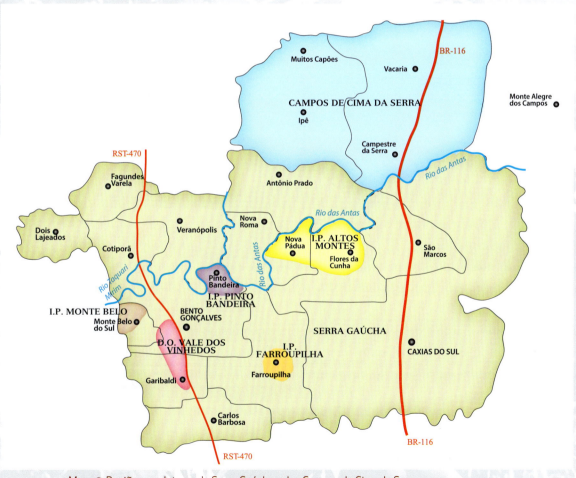

Mapa 2. Regiões produtoras da Serra Gaúcha e dos Campos de Cima da Serra.

com *status* de Denominação de Origem, ocupa uma área de 72,45 km² entre os municípios de Bento Gonçalves, Garibaldi e Monte Belo do Sul, situada a uma altitude média de 650 m. Com estações bem definidas, apresenta formação de geadas intensas no inverno e períodos quentes no verão. A topografia é semelhante à do norte da Itália, caracterizando-se pela presença de colinas e vales constantes. Durante o inverno, temperaturas próximas de 0 ºC proporcionam o repouso à parreira, e no verão, a ótima incidência de raios solares é favorável à maturação das uvas.

Quando as vinícolas brasileiras incrementaram programas com foco na qualidade, ganhou corpo a tese de que os nomes das regiões representativas devem ser usados para indicar a origem do vinho. No Vale dos Vinhedos, a associação de produtores, a Aprovale, preocupada com a qualidade de seus vinhos, estabeleceu normas rigorosas para um vinho ser indicado como procedente da região. A partir de 2001, inúmeras cantinas se enquadraram nas normas e, em 2002, a região recebeu o *status* de IP para os vinhos que estavam de acordo com as regras da classificação do Inpi. Em 2007, ocorreu o reconhecimento como Indicação Geográfica pela Comissão de Agricultura da União Europeia, o que permitiu sua entrada livre nos países que fazem parte do bloco econômico da União Europeia.

Em 2012, foi a primeira a receber a DO. Para pertencer a DO Vale dos Vinhedos, as uvas devem ser cultivadas no sistema espaldeira, colhidas manualmente, processadas e vinificadas na região, com limite máximo de produção de 10 toneladas/hectare, para uvas tintas e brancas, e de 12 toneladas/hectare para uvas destinadas à elaboração de espumantes. Os tintos poderão ser varietais, com 85% da uva Merlot ou corte que leve no mínimo 60% de Merlot, cortada com as variedades autorizadas (Cabernet Sauvignon, Cabernet Franc e Tannat). Os brancos varietais devem ter no mínimo 85% de Chardonnay ou 60% dessa mesma uva cortada com Riesling Itálica. Os espumantes só poderão ser elaborados pelo método tradicional, com a segunda fermentação em garrafa, sendo as uvas para eles autorizadas Chardonnay e/ou Pinot Noir, com um mínimo de 60% de uma delas. A chaptalização e a concentração dos mostos não são permitidas; poderá haver a passagem dos vinhos por barris de carvalho, mas não são autorizados *chips*.

As terras altas no município de Pinto Bandeira, que se situam a 800 m de altitude, têm a mesma amplitude térmica do Vale dos Vinhedos, sendo a faixa de amplitude – mínimas e máximas – levemente mais baixa. A temperatura, alta durante o dia, cai no fim da tarde e no começo da noite. Essa diferença cria um período mais longo de amadurecimento. A Associação de Produtores de Vinho de Pinto Bandeira (Asprovinho) cuida da qualidade dos vinhos e já conseguiu o *status* da IP Pinto Bandeira, pelo Inpi, para vinhos elaborados em uma área de 81,38 km² entre Bento Gonçalves e Farroupilha.

Garibaldi é considerada a capital do espumante brasileiro, enquanto Caxias do Sul é a maior cidade da Serra Gaúcha.

O Vale Trentino está localizado na divisa dos municípios de Caxias do Sul e Farroupilha, com diversas vinícolas instaladas. A região de Farroupilha se destaca por concentrar mais de 40% da produção das uvas Moscato da Serra Gaúcha. A associação de produtores está empenhada na busca da qualidade para seus vinhos e na certificação de IP, baseada em vinhos elaborados com a uva Moscato.

Entre Nova Pádua e Flores da Cunha, no alto das encostas do rio das Antas, tem-se uma região com invernos rigorosos, o que garante eficaz repouso à videira e prolongados períodos de sol no verão, resultando em boa maturação para as uvas. Os vinhos dessa região são denominados Vinhos dos Altos Montes. A Apromontes é a entidade que reúne as principais vinícolas da região e está trabalhando para a criação da IP Altos Montes. A Cabernet Franc é a uva que tem grande potencial para se tornar emblemática na região.

Campos de Cima da Serra e Alto Uruguai

Um pouco mais ao norte da Serra Gaúcha – na verdade, um pouco mais acima, tanto em localização geográfica quanto em altitude –, desenvolveu-se um novo polo vinícola nos Campos de Cima da Serra.

Diversos produtores de uvas para suco em cidades como Vacaria, Muitos Capões e Campestre da Serra passaram a cultivar uvas viníferas europeias.

A região apresenta uma amplitude térmica que pode chegar a 15 ºC nos meses de maturação das uvas, ótima para a concentração de cor e aromas nas uvas, e uma altitude entre 800 m e 1.000 m, que permite um ciclo de maturação mais longo (a Cabernet Sauvignon, por exemplo, é colhida no início de abril) e dá ao vinho maior estrutura, mais tanino e potencial de longevidade. A altitude também é benéfica, pois um vento constante no período da colheita ajuda a secar o vinhedo, e, portanto, as uvas apresentam excelente sanidade. Além da Cabernet Sauvignon, adaptaram-se muito bem à região as uvas Merlot, Chardonnay, Pinot Noir e Petit Verdot.

Vizinha de Campos de Cima da Serra, mais ao oeste, está se desenvolvendo a região do Alto Uruguai, tendo como principais locais de produção as cidades de Três Palmeiras e de Ametista do Sul, situadas não muito distante de Chapecó, em Santa Catarina. O nome dessa nova região provém de sua proximidade com o rio Uruguai, que separa os dois estados sulistas de Santa Catarina e do Rio Grande do Sul. Tem altitude ao redor de 650 m, solo pedregoso e bem drenado, estações bem definidas e boa amplitude térmica. A região do Alto Uruguai se caracteriza por uma colheita precoce, já a partir de janeiro, evitando o período de chuvas, o que é bom para as uvas.

Serra do Sudeste

Na Serra do Sudeste, o solo é de origem granítica, de fácil drenagem. Um inverno rigoroso e longo garante um ótimo repouso hibernal à videira. Os vinhedos estão situados a uma altitude média de 400 m, e sua localização geográfica continental garante uma boa maturação das uvas. O maior diferencial da Serra do Sudeste, além do solo, é o clima seco na primavera e no verão: é a região onde menos chove no Rio Grande do Sul nessa época do ano.

A Serra do Sudeste abrange os vinhedos dos municípios de Encruzilhada do Sul e de Pinheiro Machado. Embora nenhum centro de vinificação esteja construído, já que as uvas são levadas para a Serra Gaúcha, há importantes cantinas com foco em qualidade apostando em seus vinhedos.

Campanha

A Campanha Gaúcha é uma larga faixa de terra na fronteira entre Brasil e Uruguai. Situada do paralelo 29° ao 31° da latitude sul, o mesmo de Chile, Argentina, África do Sul, Austrália e Nova Zelândia, seu potencial é bastante interessante.

Está a uma altitude média de 300 m, tem solo arenoso com pedras (ideal para aeração e drenagem da videira) e com teor moderado de argila. As condições climáticas são relativamente estáveis durante o ciclo de produção das videiras: o forte inverno possibilita o repouso vegetativo, e o quente verão favorece a maturação. As uvas são cultivadas em vinhedos simetricamente dispostos em espaldeiras.

A Campanha Gaúcha pode ser dividida em Campanha Oriental, que vai de Itaqui a Santana do Livramento, quente e com solos mais arenosos, e Campanha Meridional, cujo núcleo de produção é Bagé, Candiota e Dom Pedrito, com solos variáveis, boa distribuição de argila, silte e areia, altitudes variáveis e microclimas que prenunciam a possibilidade de vinhos com caráter.

Mapa 3. Regiões produtoras da Serra do Sudeste e Campanha.

Regiões de altitude de Santa Catarina

Santa Catarina está se tornando uma referência no cenário vinícola nacional. Com vinhedos em regiões altas e frias, o binômio altitude e amplitude térmica favorece a qualidade das uvas. Além disso, a colheita nessa região ocorre, geralmente, mais tarde do que em outras regiões. Enquanto no Rio Grande do Sul ela ocorre entre fevereiro e março, em Santa Catarina vai de fins de março até fins de abril, evitando as chuvas de verão.

Em comparação com a Serra Gaúcha, a maturação é mais completa porque o ciclo é mais longo em razão da temperatura. Alguns vinhos, dependendo da variedade e do local de cultivo, podem adquirir aromas típicos da variedade e maturação fenólica completa, mostrando taninos macios e volume de boca.

Distinguem-se três regiões vinícolas:

- ⦿ PLANALTO CATARINENSE – no sudeste do estado, que inclui o município de São Joaquim, é a mais fria região de Santa Catarina e das áreas vizinhas.

- ⦿ PLANALTO DE PALMAS – em Caçador, que inclui a região do município de Água Doce e arredores, no noroeste, possui topografia encapelada, que permite a escolha de meias encostas nas ondulações do relevo.

- ⦿ SERRA DO MARARI – no centro, com o município de Campos Novos e arredores.

Essas regiões totalizam mais de 300 ha de vinhedos em altitudes que variam entre 900 m e 1.400 m acima do nível do mar. Emprega-se o sistema de espaldeira alta (a mais de 1,20 m do solo), o que evita a umidade do solo e as pragas. É também uma região sujeita a chuvas e granizo.

Os vinhos são chamados de *altitude*, e a Acavitis (Associação Catarinense dos Produtores de Vinhos Finos de Altitude), que representa as três regiões produtoras, cuida da implantação das normas de qualidade da produção.

Mapa 4. Regiões produtoras de vinhos de altitude em Santa Catarina.

Vale do São Francisco

Localiza-se no submédio do Vale do São Francisco, próximo ao conglomerado urbano formado pelas cidades geminadas de Petrolina (PE) e Juazeiro (BA). Os vinhedos encontram-se em municípios pernambucanos e baianos situados nas margens do rio São Francisco.

As uvas são cultivadas entre os paralelos 8° e 9° de latitude sul, com altitude média de 400 m.

Como durante o ano praticamente não há inverno, a fase de descanso da videira é promovida pela interrupção parcial da irrigação. Sem o estímulo da água, a videira entra em dormência, podendo permanecer assim por um ou vários meses, conforme o que se pretender. O controle do ciclo vegetativo permite a divisão do vinhedo em distintas parcelas, cada uma com videiras diferentes, em estágios fenológicos diferentes. Como a videira é uma planta que necessita das quatro estações do ano, a ausência do inverno, às margens do rio, permite-lhe produzir mais de duas vezes ao ano e não apenas uma, como nas regiões tradicionais. Como as estações se confundem, podem-se produzir uvas continuamente, colhendo-as de 100 a 140 dias após a poda, dependendo da variedade. Podem-se notar, lado a lado, videiras em diferentes estágios, algumas na fase de poda, outras brotando, algumas na fase de mudança de cor e outras carregadas de cachos maduros, prontas para a colheita.

O alto grau de insolação, por causa do baixo índice de nebulosidade, permite a obtenção de uvas de elevado grau de açúcar, principalmente nas colheitas realizadas entre outubro e janeiro. Já para as uvas colhidas entre maio e agosto, ocorrem amplitudes térmicas interessantes, que promovem uma maturação mais lenta, com aromas mais finos, quando comparados com as uvas do final do ano. Os sistemas de condução utilizados são a latada, que, apesar de possibilitar maior rendimento – que pode ser reduzido pela poda –, favorece menor insolação direta nos bagos, e a espaldeira, principalmente para as uvas tintas, sendo grande parte do manejo mecanizado.

Apesar de a água do São Francisco e o sol facilitarem o manejo dos vinhedos,

Mapa 5. Regiões produtoras do Vale do São Francisco.

o clima quente da região apresenta desvantagens para a produção de vinhos de qualidade superior, na safra do segundo semestre. Neste período pode ocorrer uma oxidação precoce, acarretando em problemas de estabilidade na cor, tanto de brancos quanto de tintos. Os tintos podem rapidamente adquirir um tom amarronzado e os brancos, em apenas oito meses, uma coloração amarelo--escura. Pesquisas têm sido feitas para que as uvas amadureçam um pouco mais lentamente, principalmente na safra do primeiro semestre. Bons resultados têm sido obtidos com os vinhos tintos Syrah, de guarda, bem como cortes de Syrah com Tempranillo, Alicante Bouschet e Cabernet Sauvignon.

A ausência de dormência da planta tem como consequência uma vida útil menor, ao redor de 15 a 20 anos, ao passo que em outras regiões e países a videira alcança 60 anos em plena produção.

É interessante observar que, com tantos vinhos sendo produzidos hoje no mundo, os vinhos do Vale do São Francisco destacam-se no exterior por seu diferencial de produção. Outros países que produzem vinhos tropicais no mundo são a Índia e a Tailândia, mas somente uma safra é possível, pelo fato de essas regiões serem muito mais úmidas do que o Vale do São Francisco, tendo cerca de oito meses de chuvas e quatro de seca, contrariamente ao Nordeste do Brasil, onde se conseguem duas safras anuais.

Outros pontos de produção

Há ainda áreas espalhadas por outros pontos do território nacional que não são caracterizadas como polos de produção, por não formarem um *cluster* (grupo, em inglês) característico, mas onde há pequenos núcleos de produção de uvas e vinhos finos de qualidade, podendo no futuro tornar-se polos. Por exemplo, no oeste paranaense, que tem seu centro na cidade de Toledo; no sul de Minas, em Cordislândia e em Três Corações; em São Carlos, no interior paulista; e em Goiás.

Vinícolas brasileiras

SERRA GAÚCHA

◉ A **AURORA**, em Bento Gonçalves, é a maior produtora de vinhos da Serra Gaúcha. Dirigida como empresa, a cooperativa tem mais de 1.300 associados que fornecem as uvas. Foi a pioneira na organização de roteiros turísticos na Serra Gaúcha. É possível visitá-la e conhecer o processo de elaboração do vinho. Passa-se por antigos porões com enormes pipas de madeira, atualmente em desuso, mas que foram tombadas pelo patrimônio histórico. A seguir, encontramos tanques de aço inoxidável, que conservam grandes quantidades de vinho e, depois, barris de carvalho, que envelhecem seus principais vinhos. O trajeto da visita é interligado por túneis. Em sua linha destacam-se os reservas de Cabernet Sauvignon, Chardonnay, Merlot, Tannat e os espumantes Brut Chardonnay, Brut Pinot Noir e Brut Rosé. Em Pinto Bandeira, os vinhedos que eram usados para a pesquisa de mudas estão

Figura 1. Fontana di Bacco na entrada da Vinícola Aurora.

plantados agora com Chardonnay, Pinot Noir e Riesling, para a elaboração de vinhos com Indicação de Procedência. O centro de pesquisas foi transferido para Bom Princípio. A Aurora já exporta para mais de 20 países.

- A **SALTON**, fundada em 1910, ainda é uma empresa familiar. Completou um século de existência e nos últimos anos conseguiu consolidar o seu nome como referência na elaboração de vinhos e espumantes de qualidade. A necessidade de se expandir levou a Salton a construir uma moderna vinícola no distrito de Tuiuty, a 10 km de Bento Gonçalves, no Vale do Rio das Antas. Denominada Villa Salton, com 29.000 m², incorpora

Figura 2. Vinícola Salton no distrito de Tuiuty, em Bento Gonçalves.

um Parque Temático da Uva e do Vinho, onde os visitantes podem acompanhar, de forma didática, todas as operações de elaboração do vinho sem interferir nas áreas de produção. Recebe uvas de todas as regiões do Rio Grande do Sul; dos vinhedos que não são próprios acompanha o desenvolvimento das uvas passo a passo para se certificar da qualidade. Sua linha básica é a dos varietais Salton Classic. Outra linha que tem revelado uma boa estrutura é a Volpi, em que se destacam o Cabernet Sauvignon, o Merlot e o Chardonnay. Entre os *premium*, há o Talento, um corte de Cabernet Sauvignon, Merlot e Tannat, que estagia em barris de carvalho francês e cujas garrafas depois repousam um ano na adega, e o Desejo Merlot, resultado das melhores Merlot de vinhedos que a empresa possui no Vale dos Vinhedos. O Salton Virtude é um branco elaborado com 100% Chardonnay. Destacam-se ainda os espumantes Evidence, Reserva Ouro, Moscatel e Prosecco Brut. A Salton desenvolveu a linha Intenso, para exportação: composta dos varietais de Cabernet Franc,

Figura 3. Sede da Miolo no Vale dos Vinhedos.

Tannat, Marselan e Teroldego, sem passagem no carvalho, os vinhos apresentam sabor mais leve e frutado, características valorizadas pelos mercados americano e europeu. Os rótulos da linha Intenso remetem a aspectos da brasilidade (mais especificamente, ao carnaval), sem cair em lugar-comum.

- A VINÍCOLA MIOLO se estabeleceu no Vale dos Vinhedos em 1897, com cerca de 30 ha, e hoje pertence ao grupo empresarial Miolo Wine Group. Até 1989 foi fornecedora de uvas e de vinhos a granel para outras cantinas. A partir daquele ano passou a elaborar seus vinhos, investindo em equipamentos, pessoal técnico e cuidados na seleção das uvas. Seu principal vinho é o Miolo Lote 43, corte de Cabernet Sauvignon e Merlot. Outro vinho que se destaca é o Merlot Terroir. Com uvas do vinhedo da família Randon em Muitos Capões, na região de Campos de Cima da Serra, elabora o RAR, bom corte de Cabernet Sauvignon e Merlot, com estágio em carvalho americano. A Miolo também supervisiona a produção dos vinhos da Lovara, também na Serra Gaúcha.

- A história da **CASA VALDUGA** começou com o imigrante italiano Luigi Valduga, que se estabeleceu em 1875 na região hoje conhecida como Vale dos Vinhedos, onde iniciou a produção artesanal de vinhos. Hoje a Casa Valduga possui 40 ha no Vale dos Vinhedos, 200 ha de vinhedos em Encruzilhada do Sul, na Serra do Sudeste, e planta vinhedos em Uruguaiana, na Campanha. No Vale dos Vinhedos, oferece ao público um complexo enoturístico que integra cantina, pousada, restaurante e varejo. Dessa região vem o ícone Storia, 100% Merlot, com amadurecimento de 12 meses em barricas de carvalho francês. Da linha Gran Reserva destacam-se o Villa-Lobos Cabernet Sauvignon e o DO Chardonnay. A Valduga oferece ótimos espumantes, elaborados pelo método tradicional, sendo o topo Maria Valduga, elaborado com as melhores

Figura 4. Complexo enoturístico da Valduga no Vale dos Vinhedos.

Chardonnay e Pinot Noir do Vale dos Vinhedos e maturação de 48 meses. Também se destacam o Gran Reserva Extra Brut e o Brut 130. Sua linha Leopoldina é elaborada com uvas do Vale dos Vinhedos; na linha Identidade, as uvas vêm de Encruzilhada do Sul, e na linha Raízes as uvas são da Campanha. A crescente demanda pelos espumantes nacionais levou a Valduga a um novo projeto, a Domno do Brasil, construída em Garibaldi para elaborar apenas espumantes pelo método Charmat, nas linhas Ponto Nero e Alto Vale.

- A **PIZZATO** inicialmente fornecia uvas para as grandes cantinas, mas, desde 1998, passou a comercializar diretamente seus vinhos. Com sede no Vale dos Vinhedos, onde tem 26 ha, possui vinhedos em Dr. Fausto de Castro, município de Dois Lajeados, onde venta mais e, consequentemente, há menor umidade. Seu Merlot Reserva safra 1999, feito com uvas do Vale dos Vinhedos,

foi considerado o melhor vinho brasileiro do ano, tornando-se o referencial para a mudança de visão com a Merlot no Brasil. O DNA 99 é elaborado somente em anos em que as condições das uvas são próximas às da safra de 1999. Seu Chardonnay é um vinho estruturado que mantém o frescor e a minerabilidade. Com uvas do vinhedo de Dois Lajeados, elabora a linha Fausto – vinhos jovens, frutados, de corpo médio; lançou o Fausto Verve Gran Reserva, corte de Cabernet Sauvignon, Tannat e Merlot, que tem recebido elogios da crítica internacional.

- A **LÍDIO CARRARO**, com 5,2 ha no Vale dos Vinhedos, tem procurado produzir tintos bem cuidados e vinificados com rigor, com destaque ao Merlot Grande Vindima. Possui 30 ha de vinhedos em Encruzilhada do Sul, de onde vêm as uvas da linha Dádivas, com destaque para o Chardonnay. Desponta cada vez mais no mercado, já que seus vinhos evidenciam bastante a fruta, mostrando-se, principalmente, sem a maquiagem da madeira.

- A **MARSON**, no município de Cotiporã, sempre trabalhou visando oferecer vinhos de qualidade pela boa fruta produzida e pela cuidadosa vinificação. Seu vinho *premium* é o Gran Reserva Cabernet Sauvignon, produzido apenas em anos bons.

- A **CHANDON**, pertencente ao renomado grupo francês LVMH, dedica-se exclusivamente à produção de espumantes em Garibaldi, na Serra Gaúcha. Adota o método Charmat, em que a segunda fermentação ocorre em tanques de inox fechados. Os vinhos-base são feitos a partir das uvas brancas Chardonnay e Riesling Itálica e da tinta Pinot Noir. O Reserve Brut apresenta aromas limpos e grande frescor. Mais complexo, o Excellence traz no corte Chardonnay e Pinot Noir.

- A **VINÍCOLA GEISSE** está localizada na linha Jansen, área de Pinto Bandeira. Seu enólogo, o conceituado chileno Mario Geisse, considera o *terroir* de Pinto Bandeira ótimo para espumantes. Em seus vinhedos, com baixa produtividade, cultiva basicamente Chardonnay e Pinot Noir, para a elaboração de seus espumantes, que se situam entre os melhores do país, seja na linha topo Cave Geisse, seja na básica Cave Amadeu. Foi a pioneira na adoção do sistema *Thermal Pest Control* (TPC), que dispensa o uso de agrotóxicos no vinhedo (figura 5). Um trator conduz o equipamento que lança jatos

Figura 5. Sistema TPC, que dispensa o uso de agrotóxicos.

de ar quente, protegendo e estimulando o sistema de autodefesa da parreira.

- DAL PIZZOL, tradicional família de vinicultores da Serra Gaúcha, tem vinhedos em Farias Lemos, distrito de Bento Gonçalves. Possui um parque temático com lagos e uma ampla área verde com grande coleção de plantas de uvas nativas. O local preserva o ambiente de "colônia", com equipamentos relacionados à imigração italiana e à cultura do vinho. Além de vinhos com as conhecidas castas Cabernet Sauvignon, Merlot e Tannat, elabora tintos Pinot Noir, Ancellotta e Touriga Nacional. Também merece destaque o espumante Dal Pizzol Brut Tradicional.

- A DON LAURINDO, fundada pela família Brandelli na linha Graciema, é um produtor tradicional do Vale dos Vinhedos. Seus melhores vinhos têm como característica a boa fruta, envolvida pelo toque de madeira. Dos tintos sobressai a linha Reserva, como Cabernet Sauvignon, Merlot, Ancellotta e Tannat.

- A ALMAÚNICA é uma das mais novas vinícolas do Vale dos Vinhedos, fundada por irmãos que pertencem à família fundadora da Don Laurindo. Aliando tradição às modernas técnicas de vinificação, tem uma produção pequena de vinhos finos e espumantes. Destacam-se os varietais de Cabernet Sauvignon, Merlot, Syrah e Malbec; seu vinho topo é um corte dessas uvas: o Almaúnica Quatro Castas.

- A BOSCATO tem vinhedos no platô do Vale do Rio das Antas, em Nova Pádua. Em seus vinhedos, as condições de solo/clima/videira são controladas por uma estação meteorológica própria. Isso permite a irrigação automática por meio de um sistema de gotejamento. Suas técnicas de adega, como vinificação e utilização de barricas de carvalho, estão no nível dos melhores produtores da Europa. A Linha

Figura 6. Fachada da vinícola Almaúnica.

Gran Reserva inclui vinhos topos de Cabernet Sauvignon e Merlot. Seu *premium* atual é o Anima Vitis, um corte de Cabernet Sauvignon, Merlot, Ancellotta, Refosco e Alicante Bouschet, de vinhedos próprios, que passa mais de um ano em barricas de carvalho e mais de dois anos em garrafa, antes de ser colocado no mercado.

- A LUIZ ARGENTA situa-se em um morro típico da região dos Altos Montes, no coração de Flores da Cunha. A propriedade tem um histórico muito rico, pois no local existiu a Granja União, onde em 1929 foram plantadas as primeiras uvas vitiviníferas no Brasil. Possui 55 ha de vinhedos, com produção selecionada de aproximadamente 1 kg de uva por planta. Sua vinícola possui arquitetura arrojada, inspirada em modernas bodegas espanholas e foi construída para que a movimentação do vinho ocorra por gravidade. Possui uma belíssima sala de barricas, cravada a 12 m de profundidade na rocha basáltica,

Figura 7. Arquitetura arrojada da vinícola Luiz Argenta.

Figura 8. Sala de barricas da vinícola Luiz Argenta.

com sistema de refrigeração natural. Além de bons espumantes e um Sauvignon Blanc, cuja fruta é muito intensa, elabora tintos de Syrah, Tannat e Pinot Noir, leves e frutados.

- A **WINE PARK** fica em Garibaldi. Seus vinhedos foram da extinta Forestier, que teve posição de destaque no início da produção dos vinhos finos brasileiros. Ocupa local privilegiado na Serra Gaúcha, oferecendo vinhos de qualidade, na linha Gran Legado.

- A **VINÍCOLA PERINI** está instalada no Vale Trentino desde 1928. Atualmente conta com 80 ha em Farroupilha e 12 ha em Garibaldi, sendo que grande parte da área de vinhedos foi construída com uvas de videiras europeias certificadas. Entre seus vinhos destacam-se Perini Quatro, Corte de Ancellotta, Cabernet Sauvignon, Merlot e Tannat, que é elaborado apenas em safras especiais.

- A **DON GUERINO** situa-se no município de Alto Feliz, na Serra Gaúcha, onde possui 50 ha de solos de argila profunda, com constante exposição solar e ventilação. Além dos tradicionais Cabernet Sauvignon, Merlot, Tannat e Chardonnay, elabora vinhos interessantes de Teroldego e Ancellotta.

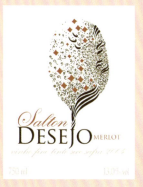

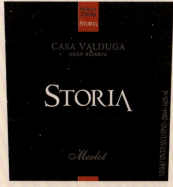
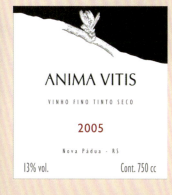

Figura 9. Rótulos de vinhos elaborados na Serra Gaúcha.

OUTROS PRODUTORES RECOMENDADOS

- Adega Cavalleri (Vale dos Vinhedos)
- Adolfo Lona (Garibaldi)
- Angheben (Vale dos Vinhedos)
- Calza (Vale dos Vinhedos)
- Campestre (Campestre da Serra – Campos de Cima da Serra)
- Casa Graciema (Vale dos Vinhedos)
- Cavas do Vale (Vale dos Vinhedos)
- Cave de Pedra (Vale dos Vinhedos)
- Chateau Lacave (Caxias do Sul)
- Cooperativa de Forqueta (Museu da Uva e do Vinho – Farroupilha)
- Cooperativa Vinícola Garibaldi (Vale dos Vinhedos)
- Cooperativa Vinícola Nova Aliança
- Cooperativa Pompeia (Pinto Bandeira)
- Cordelier (Vale dos Vinhedos)
- Dom Cândido (Vale dos Vinhedos)
- Don Abel (Casca, na rodovia RS 324)
- Don Giovani (Pinto Bandeira)
- Estrelas do Brasil Vinhos Espumantes (Faria Lemos)
- Georges Aubert
- Giacomin
- Larentis (Vale dos Vinhedos)
- Marco Luigi (Vale dos Vinhedos)
- Maximo Boschi (Vale dos Vinhedos)
- Mioranza
- Monte Reale
- Panizzon (Flores da Cunha)
- Peterlongo (Garibaldi)
- Quinta Don Bonifácio (Caxias do Sul)
- Ravanello (Carazal – Serra Gaúcha)
- Sinuelo (São Marcos)
- Sozo (Vacaria – Campos de Cima da Serra)
- Sulvin
- Terrasul (Flores da Cunha – ocupa parte dos vinhedos e das instalações da extinta Cia. Vinícola Riograndense)
- Vallontano (Vale dos Vinhedos)
- Valmarino (Pinto Bandeira)
- Viapiana (Flores da Cunha)
- Velho Museu

CAMPANHA E SERRA DO SUDESTE

- **CAMPOS DE CIMA** localiza-se em Itaqui, região da Campanha onde predomina o clima seco. A produção limitada de uvas permite obtê-las com melhor qualidade, gerando, como consequência, bons vinhos. Como vinícola butique, tem disponibilizado tintos de Merlot, Tannat, Ruby Cabernet (cruzamento de Cabernet Sauvignon e Carignan, desenvolvida para climas quentes), brancos de Viognier e espumantes.

- A maior vinícola da Campanha é a **ALMADÉN**, implantada por uma multinacional americana em Palomas, município de Santana do Livramento – hoje propriedade do Miolo Wine Group. Oferece uma linha básica de espumantes, brancos e tintos, destacando-se um branco de Alvarinho e o tinto Tannat Vinhas Velhas.

- Outro grupo multinacional que se instalou na mesma época foi o japonês Hombo, que fundou a **LIVRAMENTO VINÍCOLA**, em Passo de Guedes. Até ser vendida, produziu o vinho Santa Colina, exclusivamente para exportar para o Japão. Em 2005, a Cooperativa Aliança, de Caxias do Sul, adquiriu dos japoneses os vinhedos e a cantina da Livramento, passando a disponibilizar seus vinhos para o mercado nacional.

- A Vinícola **CORDILHEIRA DE SANTANA**, na região de Palomas, é um projeto mais recente que tem se destacado no mercado nacional. Seus vinhedos possuem topografia com suaves ondulações, o que permite boa exposição dos cachos à luz solar, e solo arenoso com muito boa drenagem e com produtividade baixa, o que garante uvas com boa concentração de aromas, açúcar e polifenóis. Entre seus brancos destaca-se o Gewürztraminer e, entre os tintos, o feito com a uva Merlot.

- A **SALTON** inicialmente estabeleceu parceria em vinhedos com vários proprietários na região de Bagé.

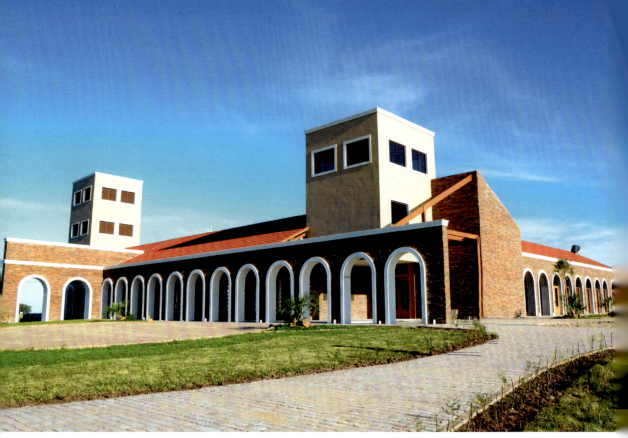

Figura 10. Vinícola Guatambu.

Com o tempo a empresa adquiriu uma área total de terras de 700 ha na região de Santana do Livramento. Destes, 450 serão destinados para o plantio de videiras. Até o momento, foram plantados 108 ha das variedades Chardonnay e Pinot Noir, destinados a vinho-base de espumantes. Eles são processados na Serra Gaúcha, tendo a empresa iniciado a construção de uma vinícola no local.

- A DUNAMIS, em Dom Pedrito, aposta em vinhos diretos, propondo descomplicar o consumo do vinho, o que pode ser uma qualidade. Seus vinhos são elaborados de modo que nenhum deles tenha teor alcoólico maior do que 13% vol. Possui vinhedos em Cotiporã, na Serra Gaúcha, para a elaboração de espumantes.

- Com presença destacada na agricultura (arroz, milho e soja), a ESTÂNCIA GUATAMBU começou em 2003 na vitivinicultura, plantando vinhedos em Dom Pedrito. Sua moderna cantina construída em estilo espanhol da fronteira conta com tecnologia de ponta. Seu vinho topo é o Rastros do Pampa, baseado em Cabernet Sauvignon, que oferece dois brancos especiais:

o Gerwürztraminer Luar do Pampa e o Sauvignon Blanc Ecos do Pampa.

- Em Candiota, a MIOLO desenvolveu o Seival Estate, um dos mais belos vinhedos brasileiros, todo em espaldeiras, que cobrem suaves coxilhas em direção ao Uruguai. Sua moderna cantina, com o que há de mais avançado em tecnologia, vinifica a maioria dos vinhos tranquilos da Miolo. Como o clima da Campanha é mais estável e seco, o aumento da qualidade do vinho está ocorrendo com o envelhecimento dos vinhedos. Os rótulos Quinta do Seival Cabernet Sauvignon e Castas Portuguesas e branco de Alvarinho têm conquistado os especialistas e consumidores nacionais e internacionais. Com uma seleção das melhores uvas, é produzido o ícone Sesmarias, *blend* de várias castas tintas. Em Candiota, a Miolo elabora os vinhos da Bellavista Estate (Vinícola Bueno), que possui vinhedos no Paralelo 31, o qual passa pela cidade.

- A VINÍCOLA HERMANN está localizada em Pinheiro Machado, na Serra do Sudeste. Iniciou a produção em 2009, elaborando espumantes (linhas Bossa e Lírica), e lançou recentemente a linha Matiz, com tintos de Cabernet Sauvignon e Touriga Nacional e brancos de Alvarinho. Conta com a consultoria do enólogo português Anselmo Mendes.

OUTROS PRODUTORES RECOMENDADOS

- Antonio Dias (Três Palmeiras – Alto Uruguai)
- Peruzzo (Bagé)
- Província de São Pedro (Rosário do Sul)
- Rigo

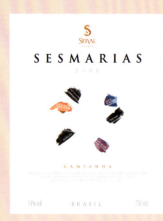

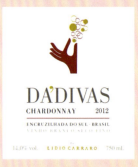

Figura 11. Rótulos de vinhos elaborados na Campanha.

Figura 12. Instalações da Villa Francioni em São Joaquim.

PLANALTO CATARINENSE

- **VILLA FRANCIONI**, a maior cantina da região, com vinhedos em São Joaquim (1.300 m de altitude) e na vizinha Bom Retiro (960 m), tem oferecido ao mercado bons tintos e brancos que já ganharam destaque. A região de Bom Retiro parece ser ideal para a uva Chardonnay, que é fermentada em barricas de carvalho francês, com *bâtonnage* e conversão malolática. Seu outro branco é um Sauvignon Blanc, que se mantém fiel às características da fruta e ao frescor. Em razão do clima de São Joaquim, os vinhedos de Villa Francioni possuem proteção contra granizo. Sua cantina foi construída em vários níveis, para que uvas e vinhos sejam movimentados pela gravidade, sem o uso de máquinas, para não influir no produto final.

- A **QUINTA SANTA MARIA** tem 20 ha de vinhedos em São Joaquim, cultivados em terraços nas encostas do rio Lava Tudo. Além de uvas internacionais, cultiva variedades portuguesas, como a Touriga Nacional e a Aragonês, e lançou um vinho fortificado.

- A QUINTA DA NEVE foi a primeira a apostar e a investir na produção de vinhos finos de altitude em São Joaquim, na Serra Catarinense. Possui 15 ha de vinhedos, com destaque para as uvas Pinot Noir e Cabernet Sauvignon, entre as tintas, e Chardonnay e Sauvignon Blanc, entre as brancas. Conta com a assessoria do enólogo português Anselmo Mendes.

- A PERICÓ, situada a uma altitude de 1.300 m em São Joaquim, foi a pioneira na elaboração de espumantes em Santa Catarina pelo método Charmat. Recentemente, também foi pioneira no lançamento do primeiro *ice wine* do Brasil – feito a partir da Cabernet Sauvignon, que foi escolhida por ser a que amadurece mais tardiamente na região, sendo capaz de suportar as temperaturas

negativas do inverno no alto da serra de São Joaquim. Com a uva Pinot Noir elabora o Pericó Basaltino, que lembra a tipicidade dos pinots europeus. Destacam-se também o Viogneto Sauvignon Blanc, o Plume Chardonnay e o Basalto, corte de Cabernet Sauvignon e Merlot.

- A SANJO – Cooperativa Agrícola de São Joaquim – é uma referência em fruticultura (maçãs) na Serra Catarinense. Em 2002, implantou vinhedos das uvas Cabernet Sauvignon, Merlot, Chardonnay e Sauvignon Blanc, todos em altitude mínima de 1.000 m. Com a construção de uma moderna cantina, tem oferecido vinhos que mostram o potencial vinícola da região.

- A VILLAGIO GRANDO, situada em Água Doce, possui vinhedos a uma altitude de 1.350 m, com campos cortados por rios de águas cristalinas e cercados por araucárias. O clima permite longa maturação, resultando em boas uvas tanto para tintos como para brancos.

Figura 13. Rótulos de vinhos da Serra Catarinense.

Sua moderna vinícola, construída totalmente de madeira e vidro, utiliza os desníveis do terreno para a movimentação do vinho por gravidade e tem uma cave totalmente subterrânea. Seu vinho Innominable é resultado de um corte de diferentes safras das uvas Cabernet Sauvignon, Merlot, Malbec e Pinot Noir. O Chardonnay, que não estagia em barris de carvalho, evidencia bem a fruta. Com uma seleção de suas melhores uvas e assessoria do enólogo português Antonio Saramago, elabora o vinho *premium* Além Mar.

- A **SANTA AUGUSTA** tem vinhedos em Videira e Água Doce, a altitudes médias de 1.000 e 1.300 m, respectivamente. Desde 2011 está adequando seus vinhedos para o cultivo biodinâmico. Produz espumantes em autoclave, vinhos tranquilos e um *passito* de Moscato Giallo.

- A **KRANZ** está localizada em Treze Tílias, cidade considerada o Tirol brasileiro, na região de Caçador. Em sua moderna vinícola, processa uvas oriundas de diversos vinhedos da Serra Catarinense.

OUTROS PRODUTORES RECOMENDADOS

- Casal Piccoli
- Hiragami (São Joaquim)
- Panceri (Tangará)
- Santo Emílio (Urupema)
- Suzin (São Joaquim)
- Villagio Bassetti (São Joaquim)

VALE DO SÃO FRANCISCO

Os principais empreendimentos vinícolas estão situados na margem esquerda do rio São Francisco. Com exceção da Vinícola Ouro Verde, localizada em Casa Nova, na Bahia, as demais vinícolas encontram-se em solo pernambucano, nos municípios de Lagoa Grande e Santa Maria da Boa Vista.

No lado de Pernambuco, temos:

- VINIBRASIL, situado em Lagoa Grande; pertence hoje exclusivamente ao grupo português Dão Sul. O vinho tinto Rio Sol Paralelo 8, corte de Syrah e Cabernet Sauvignon, tem ganhado prêmios no Brasil e no exterior. Também produz os espumantes *brut*, *démi-sec* e *rosé* a partir de Syrah e Tempranillo, além do corte branco Chenin Blanc e Viognier.

- VINÍCOLA DO VALE DO SÃO FRANCISCO – vinhos Botticelli e Dom Francesco; localiza-se em Santa Maria da Boa Vista (PE). Os principais vinhos são Chenin Blanc, espumantes e tintos a partir de Ruby Cabernet e o *premium* Cabernet Sauvignon 1501.

- BIANCHETTI tem a produção de vinhos e sucos orgânicos certificados. Os principais vinhos são Barbera e Tempranillo, além do branco Chenin e do moscatel espumante.

- A DUCOS, recentemente adquirida de um italiano por um empresário brasileiro, produz vinhos tintos a partir do Petit Verdot (clone do Mouton Rothschild, de Bordeaux-França), Syrah e Cabernet Sauvignon, com excelentes potenciais, em sistema de condução lira, com uma bela adega moderna bem equipada.

- Cruzando a divisa rumo à Bahia, na cidade de Casa Nova, encontramos a VINÍCOLA OURO VERDE, pertencente ao GRUPO MIOLO, que possui uma bela cantina às margens do rio São Francisco. Com cerca de 250 ha de vinhedos, estabeleceu uma parceria com a Lovara e, desde 2006, com a espanhola Osborne, que produz vinhos-base para serem usados

Figura 14. Instalações da Miolo no Vale do São Francisco.

em seu *brandy*. A linha Terranova oferece bons vinhos tintos, espumantes *brut* e *démi-sec*, moscatel e colheita tardia. Seu vinho *premium* é o Testardi, 100% Syrah, com uvas colhidas em julho e desengaçadas manualmente.

Figura 15. Rótulos de vinhos do Vale do São Francisco.

Vinhos do Chile

DIZ UM DITADO CHILENO que, quando Deus fez o mundo, juntou um pouquinho de tudo o que havia sobrado – montanhas, desertos, mar, geleiras, vulcões – e amontoou numa faixa de terra longa e estreita da América do Sul. Assim, o Chile, com a cabeça no deserto e os pés, a mais de 4.000 km de distância, enfiados no gelo, tem um dos mais diversificados territórios do mundo. É uma espécie de ilha cercada de barreiras naturais: a leste, a imponente cordilheira dos Andes; a oeste, o oceano Pacífico; a sul, as geleiras da Patagônia; e, a norte, o deserto de Atacama, o mais árido do planeta. Com toda essa complexidade geográfica, boa parte dela com incrível vocação vitivinícola, o país andino tem a invejável possibilidade de oferecer uma extensa e altamente qualificada gama de vinhos, o que vem sendo demonstrado sobretudo a partir dos anos 2000.

O caminho até aqui começou efetivamente nos meados do século XIX, quando alguns bem-sucedidos empresários chilenos, acostumados a viajar à Europa e conhecer a cultura europeia, começaram a trazer ao Chile mudas francesas, em especial de Bordeaux, com a intenção de produzir seus próprios vinhos – foram eles os fundadores das mais importantes vinícolas atuais. A iniciativa tinha, na verdade, muito mais a ver com *status* do que com negócio. Mas deu certo. As castas adaptaram-se muito bem às condições locais, ensejando, inclusive,

O Chile é um dos raros países onde não há registro do inseto filoxera, que ataca as raízes das videiras da espécie europeia (*Vitis vinifera*), fazendo que a planta definhe e seque. Assim, os vinhedos chilenos são plantados sem que haja necessidade de enxertia. Existem algumas explicações para o não aparecimento da filoxera no Chile, além das barreiras de defesa naturais. A principal diz respeito à concentração de cobre no solo – o Chile tem importantes jazidas e é grande exportador de cobre –, componente importante de preparados utilizados como prevenção contra inúmeras pragas que afetam os vinhedos.

vinhos que em pouco tempo alcançaram prestígio e prêmios em concursos internacionais. As exportações para a Europa ganharam forte impulso por volta de 1880 por causa da devastação dos vinhedos europeus causada pela filoxera, praga da qual até hoje o Chile está livre. Significa dizer, então, que as plantas chilenas são descendentes diretas das parreiras francesas pré-filoxera.

O volume exportado pelo Chile diminuiu a partir do início do século XX, quando a indústria do vinho na Europa se recuperou e os países europeus tomaram medidas protecionistas. Muito embora os rótulos chilenos tenham mantido uma boa imagem no exterior, a sua produção passou a depender mais do consumo interno, que era baixo e não possuía o mesmo grau de exigência dos padrões internacionais. Nesse meio tempo, ainda houve grande expansão na área de vinhedos, sobretudo mais ao sul de Santiago, na região do Maule, o que gerou excedentes importantes de vinho sem o mesmo padrão de qualidade, com consequente queda nos preços internos. Para adequar oferta e demanda, o governo instituiu a Lei de 1938, que restringia novas plantações e premiava quem arrancasse áreas plantadas.

A situação piorou durante o governo de Salvador Allende, de 1970 a 1973, com suas medidas de expropriação de terras como parte da política de reforma agrária; a crise continuou com a ascensão do ditador Pinochet. O consumo *per capita* foi reduzido; a área plantada, que girava ao redor de 100.000 ha, caiu à metade, e, durante o período da ditadura, as exportações foram seriamente afetadas em função do bloqueio imposto pelos países contrários ao sistema político vigente. A economia se recuperou na segunda metade da década de 1980 e ganhou força com o referendo de 1988, que selou o retorno à democracia. Nesse meio-tempo, foram revogadas as leis de 1938 e da reforma agrária, assim como foi liberada a importação de bens de capital e insumos, o que permitiu renovar as instalações com equipamentos modernos e, assim, melhorar a qualidade dos vinhos.

Encorajados pelo crescimento das vendas, internas e externas, muitos produtores que apenas forneciam uvas para vinícolas maiores tornaram-se independentes, ao mesmo tempo que grandes empresários locais se sentiram atraídos pelas perspectivas do setor e idealizaram projetos de porte. As facilidades que a natureza pródiga propiciava, no entanto, resultava em vinhos baratos, sem grande expressão. No competitivo mercado internacional de hoje, do qual o Chile é muito dependente por causa da alta produção e ao relativamente baixo consumo *per capita* (ao redor de 18 ℓ por ano), era importante mudar esse quadro. Nesse aspecto, foi fundamental para a mudança da mentalidade local a entrada de vinícolas e investimentos estrangeiros, que trouxeram consigo técnicos e *expertise*. Quem veio com o objetivo de desenvolver um trabalho sério se deu bem.

O Chile continua num processo consistente de evolução, qualitativamente falando. Percebe-se uma preocupação generalizada em elaborar vinhos diferenciados e naturalmente equilibrados, sem excessos de madeira, sobrematuração e correções de acidez, prática tão comum

A diversidade
de *terroirs*

até algum tempo atrás. Na atualidade, os rótulos conseguem demonstrar com propriedade a multiplicidade de *terroirs* que o Chile possui.

É um novo tempo para os vinhos chilenos, que se preparam para atingir as ambiciosas metas estabelecidas pelo Plano Estratégico 2020, proposto em meados de 2010 pela Wines of Chile, organização que congrega cerca de cem vinícolas e representa aproximadamente 85% das garrafas exportadas. Mais do que dobrar as exportações, o grande desafio é aumentar o valor médio por caixa, fazendo que os vinhos chilenos deixem de ser conhecidos apenas pelo bom preço. O Chile já demonstrou que tem gamas média e alta para concorrer nos disputados mercados internacionais. A meta pode, à primeira vista, parecer pretensiosa, mas as estatísticas dos últimos tempos dão margem para acreditar nessa tendência: as exportações, que mal chegavam a US$ 200 milhões nos anos 1980, saltaram para mais de US$ 7 bilhões na década seguinte e quase duplicaram nos primeiros anos do século XXI.

Embora extenso, com seus 4.300 km de norte a sul, o Chile reúne suas regiões vinícolas numa área central situada entre os paralelos 29° e 38°, tendo a capital Santiago, na latitude 33,5°, quase como ponto médio. Na realidade, a vitivinicultura chilena começou a se desenvolver no centro do país, na região do Maipo, logo ao sul da capital, em lugares próximos, como o Vale do Aconcágua, e foi se estendendo em direção ao sul até os vales seguintes, do Rapel e do Maule. O cultivo nos pontos extremos é bem recente.

O Chile é influenciado decisivamente pelo oceano Pacífico, de um lado, e pela cordilheira dos Andes, de outro. A grande particularidade é que as águas do Pacífico, por força da corrente de Humboldt que corre ao longo da costa, são frias. Se o fenômeno tem como inconveniente tornar desagradável o banho de mar, por outro lado provoca efeitos altamente positivos para a cultura da vinha ao criar uma diversidade de microclimas dependendo do quão distante se está do mar ou da cordilheira. Além disso, diferenças de pressão provocam brisas vindas de ambos os lados, com ótimos resultados na prevenção de pragas e doenças e na manutenção da temperatura em patamares convenientes; mais importante, isso acarreta grande amplitude térmica, que possibilita longos períodos de maturação das uvas. Como comparação, enquanto a média de tempo entre a floração e a colheita é de 100 dias em regiões vinícolas mundo afora, no Chile esse período pode chegar a 150 dias.

Outro fator geográfico importante contribui para a multiplicidade de *terroirs* do país: a cordilheira da Costa, uma cadeia montanhosa com altitude média de 2.000 m que segue paralelamente à costa, constituindo-se numa espécie de biombo climático que atenua o efeito das brisas procedentes do mar. Assim, duas áreas vinícolas se distinguem: a leste, há forte influência do Pacífico; a oeste, a influência é mais amena.

Uma melhor compreensão desses fenômenos e dos microclimas deles decorrentes tem feito que os produtores chilenos plantem as castas de uva mais adequadas a cada um.

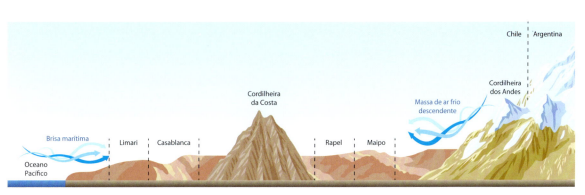

Figura 1. Como a geografia influencia o clima dos vales chilenos.

Variedades de uva

As primeiras castas plantadas no Chile vieram principalmente da região de Bordeaux e se adaptaram muito bem às pródigas condições naturais do país andino. Delas, a Cabernet Sauvignon destacou-se desde o princípio, tendo sido considerada a grande especialidade chilena desde sempre, seguida da Merlot. Na verdade, e estranhamente, eram "duas Merlot": no meio dos vinhedos supostamente de Merlot, algumas parreiras amadureciam cedo e outras o faziam tardiamente. A questão só foi esclarecida em 1994, com a visita ao Chile de um especialista em ampelografia vindo da Universidade de Montpellier, na França, o mais avançado centro de estudos da matéria: tratava-se da uva Carménère, casta conhecida nos anos pré-filoxera em Bordeaux como Grand Vidure, ou Grande Carmenet. Dá boa noção de sua qualidade o fato de que a Cabernet Sauvignon era também chamada de Petit Vidure, e a Cabernet Franc, de Carmenet. Desfeita a confusão, as uvas Merlot são as primeiras tintas a serem colhidas, por volta de março,

e as Carménère, as últimas, em geral já entrando no mês de maio.

A Carménère foi trazida da França, junto com outras castas bordalesas, por volta da metade do século XIX, época em que se iniciou a moderna vitivinicultura do país andino e pouco tempo antes de as parreiras da Europa serem devastadas pela praga filoxera. Até então, pelas suas qualidades, ela tinha boa presença nos tintos de Bordeaux, ao lado da Cabernet Sauvignon, da Cabernet Franc, da Merlot e da Petit Verdot. Quando da reimplantação dos vinhedos em virtude de uma forte geada na célebre região francesa, a Carménère foi desprezada pelos produtores locais por conta de seu baixo rendimento no vinhedo, já que regularmente apresentava problemas durante a floração, e de sua vulnerabilidade a doenças. No ensolarado clima chileno, não havia tais dificuldades.

Mesmo sendo uma variedade com ótimas referências, somente há poucos anos começaram a aparecer bons vinhos elaborados com ela. Sabe-se que é necessário certo tempo para conhecer as peculiaridades de cada casta e então extrair os melhores resultados, mas, no caso da Carménère, a tarefa foi mais complicada. São parreiras de difícil condução, com muita superfície foliar, que exige bastante controle. Um trabalho inadequado prejudica a maturação dos cachos, acarretando vinhos herbáceos com taninos verdes. Vinhedos plantados em locais mais quentes, em solo propício – o ideal são terrenos argilosos, em vez de terrenos pedregosos, como requer a Cabernet Sauvignon –, e um bom manejo das folhas para expor os cachos à luz são ações que proporcionam tintos exuberantes em fruta, acompanhada de atraentes aromas de chocolate e especiarias. Cabe, porém, atenção para não exagerar na direção oposta e acabar colhendo uvas com falta de acidez e excessivamente maduras, que podem resultar em vinhos demasiadamente alcoólicos. Essa conscientização em torno do que é necessário para atingir níveis ideais de maturação tende a dar cada vez mais e melhores Carménère no Chile.

Das outras uvas tintas, a que tem tido mais sucesso é a Syrah, em especial após os bons resultados alcançados no início da década de 2000. Em regiões mais quentes, como Aconcágua, Colchagua e Cachapoal, o estilo dos vinhos é encorpado, potente, com uma fruta mais exuberante. Em regiões mais frias, os vinhos oferecem aromas de frutas vermelhas do campo, ervas finas, toques florais e pimenta. Esse é o caso de San Antonio e Casablanca e também de Limari. Novas regiões, como Choapa e Elqui, também mostram potencial.

Outros exemplares de castas tintas são Malbec – vinhos diferentes dos argentinos, menos carnudos – e Carignan – sobretudo vinda de parreiras antigas, algumas centenárias, situadas na região do Maule, que estavam esquecidas. Boa parte delas, inclusive, foi arrancada para dar lugar a outras uvas, restando hoje cerca de 600 ha. Alguns enólogos de visão se encantaram com essas vinhas velhas e enxergaram o potencial da variedade, o que deu origem a uma série de vinhos diferenciados, com ótima acidez. Um grupo de doze vinícolas se reuniu para fundar uma associação denominada Vigno, voltada exclusivamente à produção de uvas à base de Carignan e seguindo normas bem definidas para preservar a sua identidade.

Os efeitos do filme *Sideways – entre umas e outras* (direção de Alexander Payne, 2004), rodado nos vinhedos do Napa Valley, que pôs em destaque a Pinot Noir, foram sentidos também no Chile. Houve uma corrida dos produtores para implantar rapidamente vinhedos com o intuito de aproveitar a moda e suprir a explosão da demanda mundial por esses vinhos. A falta de clones apropriados e de experiência na elaboração, e as plantações muito novas em locais inadequados fizeram que as primeiras safras originassem vinhos pouco representativos da casta, distantes da delicadeza que a caracteriza. Isso vem sendo corrigido, e uma nova leva de vinhos Pinot Noir chilenos, estes com mais tipicidade, vem surgindo.

Quanto às uvas brancas, a "descoberta", nos meados da década de 1980, da atual consagrada região de Casablanca e de outras que vieram atrás, caso de San Antonio, Limari e Traiguén, por

exemplo, tirou do Chile a imagem de que só produzia vinhos tintos. Há, atualmente, belos Chardonnay e em especial Sauvignon em condições de competir em pé de igualdade com os melhores vinhos no mercado internacional.

Regiões vinícolas

Desde que, nos meados do século XIX, o Chile iniciou sua verdadeira história vitivinícola ao implantar mudas europeias, a produção de vinhos no país se desenvolveu na planície central, uma faixa espremida entre a cordilheira dos Andes e a cordilheira da Costa, cujas condições climáticas favorecem a elaboração de tintos e explicam a predominância desse gênero no consumo interno e na exportação.

O cenário começou a mudar na década de 1990, quando ficou comprovado o potencial de Casablanca, região a nordeste de Santiago, "descoberta" pelo enólogo Pablo Morandé em 1982. Por estar próxima do mar, ela recebe a brisa fresca que vem das águas frias do Pacífico. Sua temperatura média mais baixa, aliada à grande amplitude térmica diária, abriu caminho para vinhos brancos elegantes e de qualidade, padrão até então inusitado no país. O sucesso, ou as razões do sucesso, de Casablanca encorajou projetos em áreas que ninguém consideraria cultivar alguns anos antes.

Os resultados apareceram rapidamente e vieram de Traiguén, a região vinícola mais austral do Chile, distante 650 km ao sul de Santiago. É de lá que vem o Sol de Sol, um Chardonnay que, em 2000, com sua primeira safra comercializada, foi eleito o melhor vinho branco chileno pelo *Descorchados*, principal guia especializado do país. Isso vem se repetindo ano após ano, atraindo outros produtores à região.

Já no início do século XXI, despontou a região de San Antonio/Leyda, a oeste da capital, bem próxima ao mar. Pouco depois, apareceu com destaque o Vale do Limari, no noroeste chileno, área quase desértica e que, a despeito do que sua posição geográfica possa de início indicar, é igualmente influenciada pelos ventos frios do Pacífico, que tornam as temperaturas frescas durante o dia e frias à noite; além disso, é beneficiado por um microclima todo particular, com baixíssimo índice pluviométrico – apenas 90 mm por ano. Seus Chardonnay e Sauvignon Blanc diferenciados, com notas minerais que lembram brancos europeus, têm sido altamente elogiados.

A abertura dessas novas frentes vinícolas no Chile não se limitou à produção de belos vinhos brancos. Ela permitiu aos enólogos irem além no que se refere a tintos, seja nessas novas regiões ou nas zonas consagradas do Maipo, Rapel e Maule, que estão sendo expandidas e mais bem exploradas. Trata-se da adequação de diferentes uvas tintas a microclimas e solos que lhes são ideais. Isso vale para a Cabernet Sauvignon, que segue soberana, mas agora com mais qualidade e elegância; para a Carménère, que perdeu a rusticidade; e para a Syrah, que tão bem (e melhor) se expressa quando mantém o frescor.

O Maule, muitas vezes desprezado por ser simples provedor de uvas para as grandes vinícolas, possui alguns dos vinhedos mais velhos do Chile, em especial videiras de Carignan, Cabernet Franc e Malbec com mais de 80 anos.

Uma forma de enxergar a diversidade vinícola do Chile e, talvez, simplificá-la foi proposta e homologada por órgãos oficiais do país após estudos desenvolvidos em conjunto com a Wines of Chile (uma entidade comprometida com a promoção da qualidade e da imagem do vinho chileno mundo afora). Baseado nas significativas influências que exercem o oceano Pacífico, de um lado, e a cordilheira dos Andes, de outro, as regiões foram divididas de leste a oeste em três zonas:

- ◉ ANDES – situada ao pé dos Andes, com alguns vinhedos em encostas ou em altitudes mais elevadas, tem clima fresco e diversificado.
- ◉ ENTRE CORDILHEIRAS – equidistante do mar e dos Andes e protegida das brisas marítimas pela cordilheira da Costa, tem temperatura média anual superior às outras duas.
- ◉ COSTA – recebe a influência do oceano Pacífico, sendo marcada por temperaturas médias mais baixas e grande amplitude térmica.

O uso dos termos e o selo indicativo Andes, Entre Cordilheiras e Costa é uma informação adicional, e sua menção é opcional.

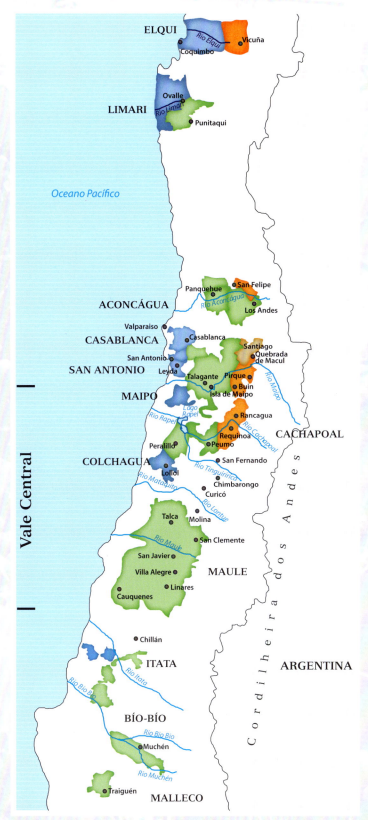

Mapa 1. Regiões vinícolas demarcadas do Chile.

No entanto, as autoridades chilenas demarcaram cinco regiões vinícolas, designadas por: Atacama, Coquimbo, Aconcágua, Vale Central e Região Sur.

ATACAMA E COQUIMBO

A região de Atacama é quente demais para uvas que possam originar bons vinhos e é dedicada a produzir uvas americanas para sucos e a plantar a variedade Muscat, cujo vinho-base é utilizado na elaboração do destilado chileno pisco, que também é feito no Peru. Entretanto, importantes bodegas já começaram a investir em projetos nessa região visando fazer vinhos de qualidade.

Já em Coquimbo, existem três sub-regiões que estão mostrando que o local pode oferecer muito mais que uvas para a produção do pisco. São o Vale de Elqui e o Vale de Limari, situados, respectivamente, a 450 km e 400 km ao norte de Santiago, e Choapa. O clima da região é uma mistura entre condições desérticas e clima mediterrâneo. Há grande influência do clima frio do mar, já que os vinhedos se localizam a somente 25 km

do Pacífico. Ademais, o nível pluviométrico, que é quase nulo durante os meses de outono e verão, permite completa maturação das uvas.

Os vinhos brancos se destacam entre os produzidos em Coquimbo. Além da acidez, que aporta frescor, eles oferecem notas salinas e minerais, com destaque para os Chardonnay e Sauvignon Blanc, que, em relação aos de outras regiões chilenas, têm menos notas de ervas e mais aromas de frutas brancas. Os tintos têm começado a dar bons resultados, principalmente o Shiraz e o Pinot Noir.

Nomes de peso do vinho chileno já estão instalados na região, como a Concha y Toro e a San Pedro, ou possuem vinhedos, como a De Martino.

◉ A **MAYCAS DE LIMARI** pertence ao grupo Concha y Toro e localiza-se em Quebrada Seca, no Limari. Seu topo é o Quebrada Seca Chardonnay, magnífico branco que envelhece muito bem. Com uvas plantadas a 35 km da costa, a Maycas elabora bons varietais nas linhas Reserva Especial e Reserva,

Figura 2. Vista aérea da bodega Tabalí, no Vale de Limari.

Figura 3. Entrada da bodega Tabalí, no Vale de Limari.

de Pinot Noir, Syrah, Chardonnay e Sauvignon Blanc.

- A **TABALÍ** foi a pioneira a se instalar no Vale de Limari, tendo construído sua bodega em Ovalle; possui mais de 150 ha de vinhedos na região. Seu Talinay Chardonnay se tornou um vinho relevante entre os brancos chilenos, com intensidade e frescor e ótima estrutura, semelhante a um tinto de clima frio; há poucos Chardonnay como esse no Chile. Do vinhedo de Talinay, vêm também boas variedades de Pinot Noir e Sauvignon Blanc. O Payen Syrah é típico do que esta variedade de uva pode oferecer em clima frio.

OUTROS PRODUTORES RECOMENDADOS
- Casa Tamaya
- Falernia

ACONCÁGUA

É a próxima região em direção ao sul. Os vinhedos do Aconcágua estão ligados somente pela proximidade geográfica e produzem estilos de vinhos tão diversos que devem ser considerados separadamente. Existem três vales.

VALE DO ACONCÁGUA

O Vale do Aconcágua estende-se desde a cordilheira dos Andes, na divisa com a Argentina, no monte Aconcágua, e segue o rio em direção ao oceano. As margens do rio Aconcágua apresentam solos de origem aluvial constituídos de pedras arrastadas desde a cordilheira. Sua textura restringe a retenção de água, evitando o excesso de vigor e favorecendo a concentração de aromas e taninos nas uvas.

É um dos poucos vales não protegidos pela cordilheira da Costa e, portanto, está aberto aos ventos frios que vêm do mar. Esses ventos têm um efeito temperado sob o sol do verão, enquanto os ventos que vêm dos Andes reduzem a temperatura noturna, retardando o amadurecimento das uvas. Como prevalece o clima semidesértico, quente e ensolarado, aproximadamente 85% das uvas cultivadas são tintas, principalmente Cabernet Sauvignon, Merlot e Carménère.

- A ERRAZURIZ produz vinhos no Aconcágua há mais de um século. Foi fundada por Maximiano Errazuriz, que plantou um vinhedo na região, contrastando, na época, com muitas famílias que preferiam plantar nos arredores de Santiago. Ele instalou-se em Panquehue, e atualmente a vinícola é administrada por seus descendentes, a família Chadwick. Como todas as grandes vinícolas do Chile, possui vinhedos em outras regiões do país. A Errazuriz foi a primeira vinícola chilena a plantar vinhedos em encostas, quando teve de ampliar seu histórico vinhedo Don Maximiano, em Panquehue. Desse vinhedo vêm as uvas de seu vinho topo, o Don Maximiano Founder's Reserve, elaborado no estilo do vinho de

Mapa 2. Região do Aconcágua.

Figura 4. Vinhedo de Errazuriz, no Vale do Aconcágua.

Bordeaux somente nos bons anos e considerado um dos grandes tintos do Chile. A linha Single Vineyard é composta de bons varietais, como o Syrah de Aconcágua Costa, o Carménère de Aconcágua e o Sauvignon Blanc de Casablanca. Entre seus topos, o The Blend é um corte de uvas mediterrâneas plantadas no Aconcágua, e o KAI, um especial Carménère de Aconcágua. A linha Wild Ferment é formada de varietais, como Chardonnay e Pinot Noir, fermentados com as leveduras nativas, presentes na uva. Reserva é a linha básica.

- **SEÑA.** Na metade dos anos 1990, os Chadwick associaram-se à então famosa californiana Robert Mondavi para elaborar, no Chile, um tinto topo internacional, o Seña. As uvas inicialmente vieram do vinhedo Don Maximiano. Com a decadência do grupo Mondavi, a sociedade

Figura 5. O vale junto à montanha do Aconcágua.

foi desfeita, e os Chadwick ficaram com o controle das operações. Em 1999, foi plantado o vinhedo Seña, que tem 42 ha, com uma seleção cuidadosa dos clones do Don Maximiano; ele fica em San Felipe, a 40 km do mar. Atualmente, 80% de suas uvas já são utilizadas na elaboração do vinho. O Seña representa a mais fina expressão do Aconcágua: quatro variedades bordalesas (Cabernet Sauvingon, Merlot, Cabernet Franc e Petit Verdot) se juntam à Carménère, sobre uma condução biodinâmica no vinhedo, para fazer um corte único.

OUTROS PRODUTORES RECOMENDADOS

- San Esteban
- Von Siebenthal

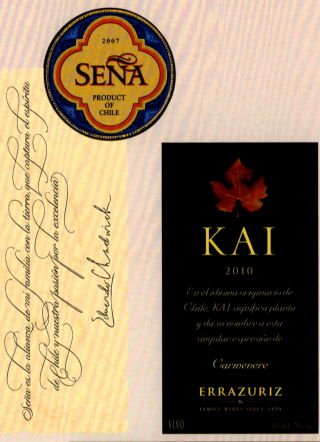

Figura 6. Rótulos de vinhos elaborados no Aconcágua.

VALE DE CASABLANCA

Localizada a 80 km de Santiago e a 40 km do importante porto de Valparaiso, é uma das regiões mais conhecidas do Chile. O Vale de Casablanca beneficia-se de uma interrupção na cordilheira da Costa, que assegura que a região fique exposta à influência refrescante do oceano Pacífico. Isso tornou óbvia a sua escolha para o cultivo de uvas brancas ou tintas de clima frio. O início do plantio se deu com Pablo Morandé, em 1982, e a região foi extensivamente ocupada na década de 1990, com predominância da Chardonnay (50% dos vinhedos). Antes, raros exemplares chilenos de Chardonnay justificavam o *status* dessa uva como "rainha das brancas". Os recursos tecnológicos haviam tornado a Chardonnay chilena igual à maioria das do resto do mundo, constituindo-se um exemplo clássico de padronização de sabor. Submetida à fermentação malolática e com excesso de madeira, a fruta ficava escondida sob o tostado dos barris, e os Chardonnay pareciam ser produzidos em série. Depois que o Vale de Casablanca permitiu à uva atingir a correta maturidade, associada à acidez, têm-se produzido vinhos com muito sabor, ressaltando-se a pureza da fruta em conjunto com o frescor.

Além disso, Casablanca rapidamente ganhou nome como local ótimo no Chile para cultivo da Sauvignon Blanc por duas razões: em primeiro lugar, sua condição climática naturalmente fria, que permite um longo amadurecimento da fruta, juntamente com boa acidez; em segundo lugar, a totalidade da uva plantada hoje é Sauvignon Blanc; não há mais Sauvignonasse, de menor qualidade, que ainda se acha misturada em muitas plantações de Sauvignon Blanc de outras regiões. Atualmente, ganha importância o cultivo de castas tintas de clima frio, como a Syrah e a Pinot Noir.

As principais vinícolas são baseadas em Casablanca, por isso grandes produtores possuem vinhedos ou compram uvas da região para produzir seus brancos de qualidade.

◉ A **CASAS DEL BOSQUE** tem bodega em Casablanca e possui 232 ha de vinhedos, incluindo os localizados em Maipo e Rapel. Elabora as linhas Gran Reserva e Reserva com varietais de Sauvignon Blanc, Chardonnay e Syrah de Casablanca, Cabernet Sauvignon do Maipo e Carménère do Rapel. O Pequeña Produciones Sauvignon Blanc é uma tremenda expressão varietal de Casablanca. Seu vinho tinto topo é o Gran Bosque, um Cabernet Sauvignon, com uvas de uma zona tradicional do Maipo.

- A **LOMA LARGA**, com vinhedos em Casablanca, localizados a 25 km do oceano, cultiva as castas de uvas que melhor se adaptaram à região. A linha Loma Larga é formada por excelentes varietais de Syrah, Pinot Noir, Cabernet Franc, Malbec e Sauvignon Blanc. A linha Lomas del Valle, também de varietais, tem boa relação qualidade/preço.

OUTROS PRODUTORES RECOMENDADOS

- Bodegas RE
- Casablanca
- Indómita
- Kingston
- Quintay
- Veramonte
- Villard
- William Cole

VALE DE SAN ANTONIO

Fica ao sul de Casablanca, em direção ao litoral, bem na cordilheira da Costa. A região tem demonstrado que as brisas marítimas e as colinas da costa chilena são perfeitas aliadas da Sauvignon Blanc. Antes, Casablanca já havia conseguido excelentes vinhos dessa uva, e hoje não há mais dúvidas de que os Sauvignon Blanc da costa litorânea chilena estão entre os melhores brancos produzidos no país.

A paisagem de San Antonio é árida, arenosa, pontilhada de eucaliptos e cactos. Existem quatro vales; o mais importante é o Vale de Leyda, cujos vinhedos foram plantados, em 1998, confiando-se no seu potencial para variedades de climas frios. Os produtores lá instalados têm concentrado esforços para também produzir a uva tinta Pinot Noir e já colocaram no mercado uma série de bons tintos dessa variedade.

Figura 7. Rótulo do vinho Casa Marin.

- A **CASA MARIN** situa-se em Lo Abarca, um dos vales de San Antonio, onde possui 40 ha de vinhedos. Elabora alguns vinhos topos de Sauvignon Blanc: o Cipreses Vineyard, cujas uvas ficam submetidas à exposição direta das brisas marítimas, através do estuário do rio Cartagena, e o Laurel Vineyard, cujas uvas são cultivadas numa região mais quente, rodeada de pequenas colinas. Entre seus topos tintos, destacam-se o Pinot Noir Lo Abarca, que mostra toda a tipicidade da casta, sua elegância e *finesse*, e o Miramar Vineyard Syrah, leve, floral, com bastante acidez. A linha Cartagena oferece bons varietais de Pinot Noir, Sauvignon Blanc, Gewürztraminer e um Riesling bem representativo da casta.

- A **AMAYNA** situa-se em Leyda e possui 37 ha de vinhedo. Seu Amayna Barrel Fermented é um Sauvignon Blanc que estagia por um ano em barricas novas e revela cremosidade misturada com salinidade, tornando-se um branco que evolui com o tempo. A linha Amayna, com os varietais de Pinot Noir, Syrah, Chardonnay e Sauvignon Blanc, tem se destacado entre os vinhos chilenos.

OUTROS PRODUTORES RECOMENDADOS

- Matetic
- Viña Leyda

VALE CENTRAL

A região do Vale Central começa ladeando o extremo sul de Santiago e é formada pelas seguintes sub-regiões:

VALE DO MAIPO

O Vale do Maipo é a região mais importante historicamente e, sem dúvida, a mais conhecida do país. As principais vinícolas estão baseadas nessa região, englobando a área imediatamente ao redor de Santiago; uma parte dos vinhedos parece até mesmo invadir o perímetro urbano da cidade. Cortado pelos rios Maipo e Mapocho, o Vale do Maipo é reconhecido pela qualidade de seus vinhos, especialmente os grandes Cabernet Sauvignon.

O Maipo Andes é o setor mais próximo da cordilheira e é dividido em duas zonas: uma fica em frente à Quebrada de Macul, e a outra se localiza em ambas as margens do rio Maipo, em Puente Alto, Pirque, Buin e Alto Jahuel. A influência da cordilheira é grande em Macul, Puente Alto e Pirque e menor em Buin e Alto Jahuel.

O Maipo Entre Cordilheiras fica a sudoeste de Santiago, nas zonas de Isla de Maipo e Talagante. Possui clima quente e solos pedregosos e com alta porcentagem de areia. Os vinhedos ficam em terreno plano e bem irrigado, que oferece boas condições de cultivo de uvas.

O Maipo Costa engloba as zonas próximas de Melipilla e San Pedro, em direção ao oceano. Recebe mais influência das brisas marítimas no verão, e as temperaturas são mais baixas à noite. Esse clima mais frio que o de outras regiões do Maipo – mas não tanto quanto o de Casablanca – tem originado ótimos Merlot.

Saindo de Santiago e passando a cidade de San Bernardo em direção a Puente Alto, encontram-se os vinhedos de San José de Tocornal, um dos enclaves mais tradicionais do vinho chileno e um dos que mais ganharam fama pela bebida. Tocornal encontra-se sobre um terreno de aluvião que foi preenchido por material proveniente do *canyon* do rio Maipo, incluindo argila, areia e pedras redondas. O solo é altamente

Mapa 3. Região do Vale do Maipo.

permeável (isto é, o excesso de água escorre facilmente) e pouco fértil, o que colabora para baixos rendimentos naturais. O terreno foi comprado pela família Chadwick, de Errazuriz do Aconcágua, que posteriormente vendeu parte para a Concha y Toro. Essa subdivisão originou três vinhos emblemáticos da zona: o Don Melchor, o Almaviva e o Viñedo Chadwick. Além de possuir solos permeáveis, deve-se acrescentar que a região é ventilada, já que recebe os ventos livres da cordilheira.

Ao sul do rio Maipo, a cordilheira dos Andes estende um enorme e grosso braço que contém, entre outras, a zona de Pirque e o Alto Jahuel. Enquanto Pirque se encontra a 700 m do nível do mar, Alto Jahuel fica quase 200 m mais baixo. Pirque é considerada a zona mais fria do Maipo Andes. Sua localização fechada e seus solos sem pedras, que irradiam calor e são ricos em argila, retardam a maturação das uvas em relação a Alto Jahuel.

Do outro lado das montanhas de Pirque, a situação é completamente diferente. Alto Jahuel, onde se encontram alguns dos melhores vinhedos de Santa Rita e Carmem, é composta por montanhas em forma de ferradura, que se abrem completamente para o sol da tarde. Esses vinhedos, plantados há mais de cinquenta anos, estão sobre um terreno aluvial do rio Maipo; são solos com pedras arredondadas pela erosão, as quais irradiam calor, ajudam a água a escoar livremente e, portanto, aportam mais calor na zona, resultando em um estilo mais musculoso de vinho.

Além das áreas tradicionais, uma nova zona tem se destacado no Maipo Andes: Huelquén, situada ao sul de Alto Jahuel, também nos pés da Pré-cordilheira. Seus vinhos têm mostrado notas de frutas vermelhas, tons balsâmicos, taninos delicados e firme acidez.

Importantes vinícolas chilenas estão instaladas nesse vale:

- A **COUSIÑO MACUL** situa-se praticamente nos subúrbios de Santiago, e seus vinhedos foram plantados no período colonial do Chile. Produtora tradicional, destacou-se, na década de 1970, com o Antiguas

Reservas, um dos bons vinhos chilenos que chegavam ao Brasil. A partir de 2000, uma parte de seus vinhedos começou a dar lugar a um loteamento de casas, já que a região ficou muito valorizada com a proximidade e o crescimento da cidade. A Cousiño Macul desenvolveu, então, uma moderna vinícola em Buin e adquiriu novos vinhedos. Destaca-se seu vinho topo de linha: o Lota.

- A **CLOS QUEBRADA DE MACUL** situa-se no Maipo Andes. Seus 16 ha de vinhedos ficam numa altitude de 700 m, em solos com bastantes pedras e, portanto, menos retenção de água. Até meados dos anos 1990, suas uvas eram disputadas pelas grandes vinícolas chilenas. Em 1996, a Clos Quebrada decidiu fazer seu próprio vinho, o Domus Áurea, que se tornou um clássico. O tinto apresenta notas de mentol, ervas finas e eucalipto; acredita-se que essa característica venha da flora presente na região do vinhedo, especialmente das árvores de eucalipto que fizeram parte da paisagem da zona onde a propriedade está situada – é interessante notar que as árvores foram cortadas, porém as notas permanecem no vinho. Considera-se que o vento da cordilheira, além de retardar a colheita, traga os aromas de eucalipto da Pré-cordilheira. O Domus Áurea é, sem dúvida, um magnífico Cabernet, não somente por sua qualidade, mas porque representa o seu lugar de origem como poucos. A vinícola elabora também o Stella Aurea, em que a Cabernet Sauvignon é cortada com Petit Verdot e Merlot, e o Alba Domus, em que a Cabernet Sauvignon mescla-se com Cabernet Franc e Petit Verdot.

- A **AQUITANIA**, pertencente a quatro grandes nomes do cenário vinícola mundial – Paul Pontallier, Bruno Prats, Ghislain de Montgolfier e o premiado enólogo chileno Felipe de Solminihac –, tem a sua bodega vizinha a Quebrada de Macul e a Cousiño. Seu Lazuli (nome tirado

Figura 8. Adega do Casillero del Diablo.

da pedra semipreciosa chilena lápis-lazúli) é um Cabernet Sauvignon que envelhece com muita dignidade, sendo que 80% de suas uvas vêm de Macul, e o restante, de Isla de Maipo. Com uvas plantadas em Traiguén, elabora o Sol de Sol Chardonnay, seu branco intensamente mineral, cheio de frutas, que possui uma estrutura incrível.

- A CONCHA Y TORO, maior vinícola da América do Sul e líder em exportações do Chile, tem sede em Pirque e possui vinhedos em todas as principais regiões do país. É proprietária de outras vinícolas, como a Cono Sur e a Viñedos Emiliana, que operam separadamente, e está associada, em partes iguais, ao grupo francês Mouton Rothschild na vinícola Almaviva. Sua extensa linha de rótulos oferece alguns bastante interessantes, como o Casillero Del Diablo, talvez o vinho chileno mais

Figura 9. Vinhedo de Puente Alto.

vendido e distribuído no mundo. Diz a lenda que, há um século, Don Melchor de Concha y Toro, o fundador da vinícola, fez uma reserva pessoal dos melhores vinhos que elaborava e, para manter essa adega protegida, espalhou o boato de que lá habitava o diabo. Os Casillero tintos podem ser elaborados com uvas Cabernet Sauvignon do Maipo, Carménère ou Syrah do Rapel, e os brancos, com Chardonnay de Casablanca. A linha Marqués da Casa Concha é elaborada com uvas de um único vinhedo; o Cabernet Sauvignon, com uvas de Puente Alto; o Chardonnay, com uvas de Limari; o Syrah, com uvas de Buin; o Pinot Noir, com uvas de Limari; o Sauvignon Blanc, com uvas de

Leyda. Todos apresentam muito equilíbrio entre a fruta e a madeira. A linha Terrunyo parte do conceito da linha Marqués, sendo feito com uvas de apenas uma determinada parcela do vinhedo. Assim, para o Terrunyo Cabernet Sauvignon, as uvas vêm do vinhedo Pirque Viejo; para o Terrunyo Carménère, de Peumo; para o Terrunyo Syrah, do vinhedo Los Boldos, em Casablanca, assim como para o Terrunyo Sauvignon Blanc. Apesar de mais caros, são vinhos com ótima relação qualidade/preço. A linha Trio oferece vinhos simples e diretos; os tintos podem ser corte de Merlot, Carménère e Cabernet Sauvignon ou corte de Cabernet Sauvignon, Cabernet Franc e Syrah, e os brancos podem ser corte de Chardonnay, Pinot Grigio e Pinot Blanc, ou uma mescla de Sauvignon Blanc de três vinhedos. A linha básica Concha y Toro Reservado é uma referência para o consumidor comum. Entre os topo da Concha y Toro, o Don Melchor Cabernet Sauvignon usa uvas do vinhedo San José de Tocornal, em Puente Alto; o Carmín de Peumo usa Carménère plantada em 1980 no *cuartel* 32; e o Gravas del Maipo usa Syrah de solos aluviais, muito próximos à margem sul do rio Maipo. Todos expressam muito bem o lugar de origem.

- O **ALMAVIVA** resultou da associação entre a famosa casa francesa dona do Château Mouton-Rothschild e a Concha y Toro. Produzido em quantidades limitadas, esse belíssimo tinto, lançado a partir de 1996, situa-se entre os melhores do Chile. Ele tira seu nome do principal personagem de uma peça francesa do século XVIII, *Le Mariage de Figaro*, de Beaumarchais, transformada em ópera por Mozart. O rótulo do vinho mostra um logotipo associado ao *cultrún*, tambor mapuche da civilização indígena que habitava o Chile. É um corte de Cabernet Sauvignon, Carménère e Cabernet Franc oriundas do vinhedo San José de Tocornal.

Figura 10. Bodega Almaviva, cuja arquitetura é inspirada nas ondulações dos Andes.

A belíssima bodega do Almaviva tem uma arquitetura inspirada nas ondulações dos Andes. Trata-se de um projeto moderno que minimiza o emprego de bombas; as uvas são recebidas em um mezanino e, por gravidade, vão para os tanques de fermentação, onde são esmagadas. Epu é o segundo rótulo da Almaviva, um corte baseado em 60% de Cabernet Sauvignon, com Merlot no lugar de Petit Verdot. Utiliza uvas que não entraram no Almaviva, mas percebe-se que é um vinho com frutas maduras e acidez firme.

Figura 11. Rótulo do vinho Almaviva.

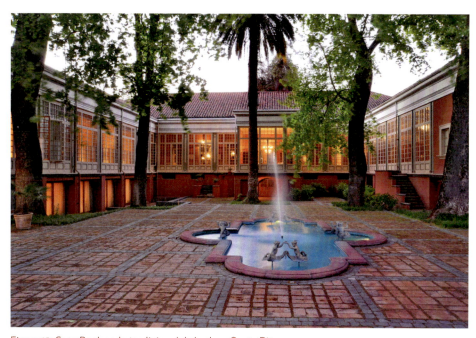

Figura 12. Casa Real, sede tradicional da bodega Santa Rita.

- A **SANTA RITA** é outra das gigantes vinícolas do Chile, com vinhedos em todas as regiões, mas baseada em Buin, onde fica a sua histórica bodega. Em 1814, o herói nacional Bernardo O'Higgins, fugindo dos espanhóis, escondeu-se com 120 soldados nessa bodega. Em homenagem a esse fato, a Santa Rita deu o nome de 120 à sua linha de varietais básicos, bastante conhecidos no Brasil. Lançou um 120 Carménère, Cabernet Franc e Cabernet Sauvignon, com uvas do Rapel, que apresenta ótima relação qualidade/preço. A linha Medalla Real utiliza varietais de um único vinhedo. O Medalla Real Gran

Reserva Cabernet Sauvignon é feito exclusivamente com uvas de Alto Jahuel, o *terroir* por excelência da bodega; já o Chardonnay usa uvas do Vale de Leyda. Com uvas Carménère de Apalta, a vinícola faz o Pehuén, um de seus vinhos *premium*. Outro grande vinho é o Triple C, feito com 65% de Cabernet Franc e 25% de Cabernet Sauvignon vindas de Alto Jahuel, e o restante com Carménère de velhas vinhas de Apalta. Seu vinho topo é o Casa Real, elaborado com Cabernet Sauvignon de um lote de 8 ha chamado de Carneros Viejo, num dos lados de sua sede tradicional, o qual contém as mais antigas parreiras da Santa Rita. Lançado em 1984, o Casa Real é um clássico entre os grandes tintos do país.

- A **CARMEN**, fundada em 1850, é a mais antiga bodega chilena e pertence ao grupo que controla a Santa Rita. Além de Buin, possui vinhedos em Colchagua, Curicó, Casablanca, Leyda e Limari. Seu vinho topo, Gold Reserve Cabernet Sauvignon, é feito com uvas do famoso *cuartel* 288 de Alto Jahuel e pertence ao *ranking* dos grandes tintos chilenos. O Winemaker's Reserve Blend é um *premium* da bodega e representa um corte das melhores uvas tintas do ano saídas de seus vinhedos. A linha Gran Reserva é formada de varietais com ótima relação qualidade/preço. A linha básica é a Tradicional.

- A **SANTA CAROLINA**, fundada em 1875, é uma das quatro gigantes do Chile, possuindo vinhedos em todo o Vale Central e em Casablanca, onde é proprietária da Viña Casablanca. Sua antiga vinícola, próxima ao Estádio Nacional do Chile, em Santiago, é um monumento histórico. Seu vinho topo é o VSC, um corte da Cabernet Sauvignon de velhos vinhedos com Petit Verdot, Carménère e Mourvèdre. O Herencia, um vinho de guarda, é feito predominantemente com Carménère de Peumo. Com a Carignan cultivada no

Maule, a vinícola faz o Specialties Dry Farming e, com a Mourvèdre de Cachapoal, o Specialties Wild Spirit. Sua linha Reserva de varietais é muito conhecida no Brasil.

- A **DE MARTINO**, fundada em 1934 por imigrantes italianos, está localizada em Isla de Maipo, no Médio Maipo, e também possui vinhedos em outros vales do país. Já conquistou um lugar de destaque no topo da viticultura do Chile. A sua linha Single Vineyard é resultado de anos de pesquisas sobre os diferentes *terroirs* chilenos, entre os quais se destacam o Las Aguilas Cabernet Sauvignon do Maipo, o Carménère de Isla de Maipo, o Quebrada Seca Chardonnay de Limari e o Sauvignon Blanc de Casablanca. O Viejas Tinajas é um tinto elaborado com Cinsault do Maule, cujas uvas são fermentadas em ânforas (*tinajas*, em espanhol), uma técnica milenar que está sendo resgatada por importantes produtores mundiais. Com a Carignan, também do velho vinhedo de La Aguada, no Maule, a De Martino elabora outro vinho topo: o Vigno. A linha Legado de varietais, bastante conhecida no Brasil, tem se apresentado com mais fruta e menos concentração, não passando por madeira, e oferece vinhos agradáveis. Sua linha básica é a 347 Vineyard.

- **VENTISQUERO** possui uma magnífica bodega em San Pedro de Melipilla, no Maipo Costa. Fica na lateral de uma ladeira de vinhedos, incrustada harmonicamente no terreno e, valendo-se do desnível deste, permite uma ampla visão dos vinhedos e um fluxo gravitacional no processo produtivo. Com mais de 1.500 ha nos principais vales do Chile, tem um sistema integral de gestão, com controle de qualidade de todas as etapas da produção. Seus vinhos formam um conjunto confiável com as linhas Clásico, Reserva, Queulat (Gran Reserva) e Grey (Premium), que se encontram disponíveis no Brasil. O Herú, um

Figura 13. Bodega da Ventisquero em San Pedro de Melipilla, no Maipo Costa.

Pinot Noir do vinhedo de Tapiluie, em Casablanca, tem melhorado a cada safra desde que se reduziu sua permanência em madeira. Outro bom tinto é o Vértice, corte de Carménère e Syrah, uvas vindas de Apalta. O Pangea, uma das joias da coroa da Ventisquero, é elaborado com uma seleção de Syrah de quatro áreas do vinhedo de Apalta, no coração de Colchagua; trata-se de um estilo maduro, com deliciosa acidez. O topo da Ventisquero é o Enclave, um tinto com 85% de Cabernet Sauvignon cortado com Petit Verdot, Carménère e Cabernet Franc, cujas uvas vêm do vinhedo San Juan de Pirque, região que origina os melhores Cabernet do país. É um vinho complexo e elegante, no estilo de Bordeaux, mas que evidencia a origem chilena da uva. Tem potencial de guarda entre dez e quinze anos.

- A bodega VIÑEDO CHADWICK, localizada em Puente Alto, sudeste de Santiago, possui 25 ha de Cabernet Sauvignon e 2 ha de Merlot. O vinho elaborado é um *ultrapremium* denominado, como homenagem da família a um de seus antepassados, Don Alfonso Chadwick Errazuriz. O ótimo trabalho no vinhedo, a tecnologia de ponta e o paciente envelhecimento em barris de carvalho francês tornaram esse vinho um dos grandes exemplares do melhor que o Chile é capaz de produzir.

OUTROS PRODUTORES RECOMENDADOS

- Antiyal
- Baron Philippe de Rothschild
- Canepa
- Casa Rivas
- El Principal
- Haras de Pirque
- Odfjell
- Pérez Cruz
- Portal del Alto
- Santa Ema
- Tarapacá
- Terramater
- Undurraga
- William Fevre

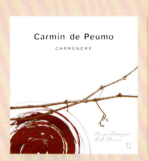

Figura 14. Rótulos de vinhos elaborados no Vale do Maipo.

VALE DO RAPEL

É a maior região do Vale Central. Seu nome vem do lago no qual desembocam os dois rios mais importantes do vale, o Cachapoal e o Tinguiririca, que o dividem em duas partes desiguais e bastante contrastantes: ao norte, o Vale de Cachapoal e, ao sul e leste, o grande Vale de Colchagua.

O Vale de Cachapoal deve o seu nome ao rio que o atravessa, localmente chamado de "río loco", em razão do grande volume de água de suas correntezas durante o degelo na primavera. Esse vale possui uma faixa de vinhedos situada quase aos pés dos Andes, chamada de Alto Cachapoal. É relativamente fria e com baixo índice pluviométrico, e nela está instalada a maioria das bodegas da área. Há certa semelhança de estilos entre elas e preferência por Cabernet Sauvignon e Merlot. Um pouco mais para o centro, onde ficam Peumo e Las Cabras, as temperaturas são mais altas e privilegiam a Carménère. Peumo, aliás, é considerada uma das regiões de ponta para a Carménère.

◉ A **ALTAIR** nasceu de uma *joint venture* entre o Châteu Dassault, de Saint Émilion, e a San Pedro, e hoje pertence integralmente a esta última. Fica numa das partes mais altas do Alto Cachapoal. Sua bodega, de formas puras, linhas retas, com esculturas de símbolos indígenas na entrada, é magnífica. Tem 72 ha de vinhedos simétricos, onde predomina a Cabernet Sauvignon e se seguem as normas de biodinâmica. Seus dois ótimos tintos, Altair e Sideral, retratam a influência do clima frio da região, apresentando elevada acidez natural.

Figura 15. Bodega Altair, em Cachapoal.

Mapa 4. Região do Vale do Rapel.

A **ANAKENA**, vinícola relativamente jovem (fundada em 1999), tem sua bodega, em estilo colonial, situada em Requínoa e possui vinhedos também em Peumo, Maule e Leyda. Vem elaborando vinhos muito bons, como os varietais do tipo Single Vineyard, entre os quais se destacam: o Cabernet Sauvignon de Requínoa, o Syrah de Ninquém, o Sauvignon Blanc e o Pinot Noir de San Antonio, e o Carménère de Peumo. A linha Ona disponibiliza bons cortes de tintos e brancos a preços acessíveis e é a mais conhecida no Brasil. A linha topo Tama oferece um Cabernet Sauvignon de Requínoa, típico das zonas de Pré-cordilheira em Cachapoal, e um Carménère de Peumo que revela toda a sua origem.

A **MORANDÉ**, apesar de localizar-se em Casablanca – de cujo potencial vinícola seu enólogo, Pablo Morandé, foi o descobridor –, possui importantes vinhedos em Maipo, Curicó e Maule. Seu topo é o House of Morandé, cuja base é a Cabernet Sauvignon do Maipo, cortada com Cabernet Franc, Carignan e Carménère. Seus Gran Reserva são bons varietais com ótima relação qualidade/preço, enquanto o Edición Limitada, feito com uvas de Loncomilla, foi o responsável pela revalorização da uva Carignan no Chile. A linha Terrarum Reserva tem bons exemplares de uvas de Casablanca, como a Sauvignon Blanc e a Gewürztraminer.

OUTROS PRODUTORES RECOMENDADOS

- Calyptra
- Casas del Toqui
- Château Los Boldos (Sogrape)
- La Rosa
- Misiones de Rengo
- Porta e Gracia
- Vik

Figura 16. Rótulos elaborados no Vale do Rapel.

VALE DE COLCHAGUA

O Vale de Colchagua fica mais ou menos 150 km a sudoeste de Santiago, e suas bodegas são mais espalhadas, do que decorre uma maior diversificação dos vinhos. As bodegas existem desde a área dos Andes até a área da cordilheira da Costa, mais a oeste, próximo de Marchigüe e Lolol, que recebem as brisas do mar. No Entre Cordilheiras, mais quente, destacam-se os produtores localizados na região mais valorizada de Colchagua, a área de Apalta (em língua indígena, significa "solo mau"). É uma área em forma de ferradura, ladeada pelo rio Tinguiririca, com vinhedos em anfiteatro, em um solo rochoso que retém muito pouca água. Localizam-se aí bodegas de renome entre os produtores chilenos.

- A **SANTA HELENA**, baseada em San Fernando, faz parte do grupo San Pedro, mas é totalmente independente, possuindo vinhedos também em Casablanca. Seu vinho topo é o D.O.N. (iniciais de De Origen Noble), um corte de Cabernet Sauvignon (cerca de 80%) com adições de Petit Verdot e Syrah. O Parra Viejas é um elegante e suave Cabernet Sauvignon de um setor do seu velho vinhedo de Angostura, Colchagua. A linha Vernus é de varietais fáceis de beber; já os vinhos da Selección del Diretorio são varietais de boa qualidade e acessíveis.

- **CONO SUR**, subsidiária da Concha y Toro, atua com total independência. Tem sede em Chimbarongo, mas também possui vinhedos em vários locais do país. Desde sua fundação, procurou reduzir a produção naturalmente, num esforço para melhorar o sabor e a concentração da fruta, e em 2003 lançou seu primeiro vinho orgânico – desde então, sempre tem acrescentado novos vinhos a esta categoria. Seus vinhos topos pertencem às linhas Ocio e 20 Barrels. Na Ocio, destaca-se um Pinot Noir do vinhedo El Triangulo, em Casablanca; a 20 Barrels é feita com suas melhores uvas de Cabernet Sauvignon do Maipo, Chardonnay e Sauvignon Blanc de Casablanca, Syrah de Limari e Merlot de Colchagua. A conhecida linha La Bicicleta dispõe de uma série completa de varietais com boa relação qualidade/preço.

- A **CASA LAPOSTOLLE** foi fundada em 1994 com a participação da família francesa Marnier-Lapostolle, proprietária de vinhedos e destilarias na França (licor Grand Marnier). Iniciou com uma pequena vinícola em Cunaco e, depois, construiu uma imponente bodega em Cunaquito. Fica no centro da área de Apalta, rodeada por 180 ha de vinhedos, alguns de 1920; possui vinhedos também em Casablanca e Cachapoal, todos com produção orgânica. Seu vinho topo, o Clos Apalta, com boa base de Carménère, sistematicamente figura entre os ícones do Chile. A linha Cuvée Alexandre é formada por varietais

Figura 17. Casa Lapostolle, em Apalta (Vale de Cachapoal).

Figura 18. Magnífica adega da Casa Lapostolle.

originados de parcelas específicas de diferentes vinhedos, como os Cabernet Sauvignon e Carménère de Apalta, o Chardonnay de Atalay (Casablanca) e o Syrah de Las Kuras (Colchagua). A linha básica é a Casa Lapostolle, com varietais que já foram considerados melhores Best Buy.

- A **MONTES** é outra conceituada bodega do Chile que se situa na famosa área de Apalta. Possui 630 ha de vinhedos entre Apalta, Marchigüe, Leyda, Casablanca e Curicó. Um de seus vinhos topo é o Montes Alpha M, em que predomina a Cabernet Sauvignon. Tem cultivado com sucesso a uva Syrah em Apalta, com a qual elabora outro topo, o Folly Syrah, vinho de pequena produção. Usando partes iguais de uvas Carménère cultivadas em Marchigüe (que conferem frescor) e em Apalta (o corpo), elabora o

Figura 19. Vinhedos em anfiteatro da Montes em Apalta.

Figura 20. Bodega da Montes em Apalta.

topo Purple Angel, posicionado entre os melhores Carménère do Chile. A linha Outer Limits oferece um CGM, corte de Carignan, Garnacha e Monastrell, em que se nota a essência dos vinhos do Rhône; nessa mesma linha, há um bom Pinot Noir e um muito bom Sauvignon Blanc. Os varietais da Montes Alpha são vinhos de magnífica relação qualidade/preço. As linhas Montes e Villa Montes são básicas.

- **VIU MANENT**, estabelecida em Cunaco desde 1935, possui vinhedos também em Peralillo e Casablanca e é uma das especialistas em Malbec no Chile. Tira as uvas de seu topo Viu 1 de uma parcela especial de seu vinhedo no Fundo

Cunaco, conhecida como Cuartel nº 4, com videiras que têm entre 70 e 90 anos. Uma comparação com os Malbec argentinos permite perceber que uma mesma casta plantada em lugares diferentes dá vinhos distintos. Sua linha bastante conhecida é a Secreto, que tem bom Carménère e mais do que recomendáveis Cabernet Sauvignon, Syrah e Malbec de vinhedos de Colchagua e Sauvignon Blanc (muito bom) e Pinot Noir de clima frio (Casablanca).

◉ EMILIANA, fundada em 1986 pelo grupo Concha y Toro, possui 1.500 ha de vinhedos espalhados por Rapel, Maipo, Casablanca, San Antonio e Bío-Bío. Faz um excelente trabalho desde a linha básica, a Novas, que tem bons varietais de diferentes regiões, até os topos: Coyam, corte de Syrah, Carménère, Merlot, Cabernet Sauvignon, Mourvèdre e Petit Verdot; e G, novo ícone da bodega, corte de Syrah, Carménère e Cabernet Sauvignon, todos vinhos feitos com certificado orgânico.

◉ A CASA SILVA, uma das mais antigas e tradicionais bodegas de Colchagua, situa-se em San Fernando. Possui 950 ha de vinhedos em diversos locais do vale: Angostura, Los Lingues, Lolol e Paredones. Seu principal enólogo, Mario Geisse, é um dos responsáveis pelo desenvolvimento de espumantes de qualidade no Brasil. Entre seus topos, o Altura, corte de Carménère, Cabernet Sauvignon, Syrah e Petit Verdot, utiliza uvas de velhas parreiras de Angostura mescladas com uvas de vinhedos mais novos de Los Lingues. O Microterroir é um Carménère feito com uvas de pequenos lotes selecionados do vinhedo de Los Lingues. A linha Cool Coast oferece um Sauvignon Blanc e um Pinot Noir muito bons. A Quinta Generación disponibiliza um tinto, corte de Cabernet Sauvignon, Carménère, Syrah e Petit Verdot, e um branco, corte

Figura 21. Vinhos elaborados no Vale de Colchagua.

de Sauvignon Blanc, Chardonnay, Viognier e Sauvignon Gris. A Gran Terroir de Los Andes tem varietais de Carménère e Cabernet Sauvignon do vinhedo de Los Lingues, com ótima relação qualidade/preço. Doña Dominga e Casa Silva são as suas linhas básicas.

OUTROS PRODUTORES RECOMENDADOS

- Apaltagua
- Bisquertt
- Caliterra
- Errazuriz Ovalle
- Estampa
- Koyle
- Laura Hartwig
- Los Vascos
- Luis Felipe Edwards
- Lurton
- Maquis
- MontGras
- Neyen de Apalta
- Ravanal
- Siegel
- Torreón de Paredes

VALE DE CURICÓ

Indo para o sul, a próxima sub-região é o Vale de Curicó, com vastos trechos planos, onde a plantação de uvas se desenvolveu graças ao clima propício na parte central e à disponibilidade de irrigação oferecida pelos rios Mataquito, Lontué, Teno e Claro. Como em outros vales, existem diferenças entre as uvas cultivadas na área de Andes e as cultivadas na de Entre Cordilheiras, o que acarreta maturações diferentes e, portanto, vinhos diferentes.

◉ **MIGUEL TORRES**, vinícola da Catalunha, uma das principais da Espanha, foi a primeira estrangeira a se instalar no Chile. Em 1979, adquiriu terras no Fundo Maquehua, em Curicó, próximo à cordilheira dos Andes. Atualmente, possui vinhedos também em Limari e no Maule, perto da costa. Seu antigo topo, o Manso de Velasco, é 100% Cabernet Sauvignon de um vinhedo plantado há mais de 110 anos, entre Lontué e Molina. Agora, o Manso

Figura 22. Bodega Miguel Torres, em Curicó.

Mapa 5. Regiões do Vale de Curicó.

de Velasco tem a companhia do Conde de Superunda, que juntou as raízes chilenas com as espanholas da bodega, já que em seu corte, além da Cabernet Sauvignon e da Carménère, entram a Tempranillo e a Monastrell, típicas da Espanha. Nectaria é um magnífico Riesling cujas uvas foram botrytizadas artificialmente e, apesar do dulçor, tem uma acidez cítrica própria da uva. Com uvas do Maule, a Miguel Torres faz o Cordilheira Vigno, 100% Carignan. A linha Santa Digna é formada de varietais com boa relação qualidade/preço. Las Mulas é a sua linha básica.

- A SAN PEDRO, outra das grandes vinícolas chilenas, está baseada na região com uma imponente bodega em Molina. Possui um total de 2.400 ha de vinhedos, incluindo os do Maipo, Cachapoal, Casablanca, Leyda e Elqui. A linha Gato de varietais traz vinhos jovens para consumo diário. A 35 Sur, cujo nome vem da latitude em que os vinhedos se localizam, é formada pelos mesmos varietais da linha Gato, só que com uvas mais selecionadas. Na linha Castillo de Molina de varietais, as uvas provêm de vinhedos únicos. O vinho topo da San Pedro é o Cabo de Hornos, de produção limitada, um grande Cabernet Sauvignon cortado com um pouco de Syrah e Malbec. Os varietais da linha 1865 expressam bem o seu lugar de origem, como o Sauvignon Blanc, de um vinhedo a 4 km do mar, em Leyda, o Cabernet Sauvignon, do Maipo Andes, e o Carménère, de Panquehue, na parte quente do Maule.

- VALDIVIESO foi fundada em 1879, em Lontué, por Alberto Valdivieso, para ser a primeira casa produtora de espumantes na América Latina. Atualmente, é líder do setor no Chile. Entre os vinhos tranquilos, com a marca Valdivieso, oferece os varietais básicos chilenos a bom preço. Seu vinho topo, o Caballo Loco, é feito a partir de uma série

Figura 23. Rótulos de vinhos elaborados no Vale do Curicó.

de barris desenvolvidos na adega. Alguns barris foram refrescados com vinhos de diferentes colheitas e, por isso, não é possível declarar uma safra. Não é divulgado o nome das uvas no corte nem a idade dos vinhos; contudo, o Caballo Loco é muito bem-feito e apresenta boas condições de envelhecimento. Em 2010, a vinícola lançou "os potros de Caballo Loco", como se diz no Chile: o Caballo Loco Grand Cru Maipo Andes, corte de Cabernet Sauvignon e Cabernet Franc do Maipo Andes, e o Caballo Loco Gran Cru Apalta, corte de Cabernet Sauvignon e Carménère de Apalta. Seu Single Vineyard é formado por varietais como Cabernet Sauvignon, Cabernet Franc, Carménère, Merlot, Malbec, Pinot Noir, Chardonnay e Sauvignon Blanc, e os preços são acessíveis.

OUTROS PRODUTORES RECOMENDADOS
- Aresti
- Echeverria
- Viñedos Puertas

VALE DO MAULE

É a última região do Vale Central, situada a 250 km ao sul de Santiago, entre as cordilheiras. Tem de 40 km a 50 km de largura, o que lhe proporciona grande diversidade de climas e solos, permitindo, em consequência, a cultura de diferentes castas. A região é cortada pelo rio Maule, com significativo caudal e diversos afluentes, entre eles o rio Loncomilla.

No final do século XVI, o Maule foi escolhido pelos jesuítas como o lugar ideal para vinhedos no Chile. Com 42% dos vinhedos do país, o Maule é, de certa maneira, a maior região vinícola chilena em área plantada. Aproximadamente um terço das parreiras é da uva americana País, base para a elaboração do *pipeño* (o vinho de garrafão dos chilenos). Nas últimas décadas, um grupo cada vez maior de produtores, aproveitando a grande diversidade de mesoclimas e procurando fazer vinhos com identidade, vem substituindo a País por uvas internacionais. Por outro lado, têm-se valorizado os primeiros vinhedos plantados no vale (os quais foram plantados há mais de trezentos anos). Atualmente, o maior destaque do Maule são os vinhos elaborados com a Carignan; os melhores vêm de vinhedos mais antigos.

Um grupo de vinícolas da região se uniu sob o nome Ruta del Viño para dar mais evidência ao Maule. São doze vinícolas, oriundas principalmente de negócios familiares, que, no passado, contentavam-se em abastecer as grandes com vinhos a granel.

A rota divide-se em quatro áreas principais. Em San Clemente, a leste da capital Talca, ficam as vinícolas Calina, Domaine Oriental, Hugo Casanova e Terranoble. Um pouco mais ao sul, a Balduzzi e a Cresmachi Furlotti estão centradas na movimentada cidade rural de San Javier. A oeste de San Javier, em direção ao Pacífico, temos a Vinos del Sur, a Gillmore e a J. Bouchon, enquanto, mais ao sul, na área ao redor de Villa Alegre, estão a Segú, a El Aromo e a Carta Vieja.

◉ **CREMASCHI FURLOTTI**, situada em San Javier, possui 250 ha de vinhedos na região de Loncomilla. Seu topo é o Venere, elaborado com suas

Mapa 6. Regiões do Vale do Maule.

melhores uvas, no qual predomina a Carménère, com 60%. O Edición Exclusiva y Limitada de Familia utiliza as mesmas uvas, só que usa 60% de Cabernet Sauvignon. A linha Reserva de varietais é de vinhos simples e baratos.

- ⊙ J. BOUCHON, situada em San Javier, possui 370 ha de vinhedo no Maule. Com uvas do vinhedo La Mercedes, no coração de Loncomilla, elabora os diversos varietais da linha Las Mercedes, entre os quais se destacam o Carménère e o Sauvignon Blanc, todos de bom preço. A linha Reserva é formada por vinhos comerciais e baratos.

- ⊙ RESERVA DE CALIBORO é a bodega do conde Marone Cinzano, proprietário do conhecido Col d'Orcia,

na Toscana, que, ao percorrer o Maule, notou no oeste da região os solos de aluvião, a boa iluminação, os ventos secos e a chuva suficiente. Então adquiriu, em Caliboro Alto, região de San Javier de Loncomilla, uma bodega desativada com 55 ha de vinhedo e plantou variedades de Bordeaux, dando origem à Reserva de Caliboro. Há dez anos lançou o Erasmo, um corte de Cabernet Sauvignon e Merlot, que definiu como um "bordalês do Chile", com toques italianos. As safras posteriores demonstraram que se trata de um ótimo vinho a preço razoável (o que é mais importante). Cinzano elabora também o Erasmo Torrontel, que vem se confirmando como um dos principais vinhos doces do país.

OUTROS PRODUTORES RECOMENDADOS

- Botalcura
- Calina
- Carta Vieja
- Casa Donoso
- Casas Patronales
- Gillmore
- O. Fournier
- Ribera del Lago
- Terranoble
- Via Wine Group

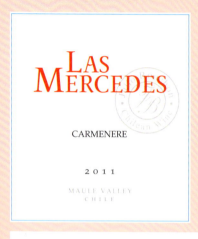

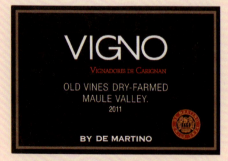

Figura 24. Rótulos de vinhos elaborados no Vale do Maule.

REGIÃO SUR

É formada pelos vales do Itata, Bío-Bío e Malleco. É uma região muito mais chuvosa em comparação com as do norte, e suas uvas podem ser cultivadas sem irrigação. Por outro lado, em certos anos, as geadas podem arrasar as colheitas.

A vitivinicultura de Itata concentra-se ao redor da cidade de Chillán, com grandes plantações da uva País e da Moscatel de Alejandria. Existem também grandes plantações da Cabernet Sauvignon e da Chardonnay. Entretanto, o que mais tem chamado a atenção em Itata é o resgate da uva Cinsault, completamente esquecida até pouco tempo atrás.

No Vale de Bío-Bío, apesar de este ser fonte de muitos vinhos da uva País, têm sido plantadas variedades de climas frios, como a Pinot Noir, a Gewürztraminer e a Riesling, principalmente na área de Mulchén. Em Bío-Bío chove regularmente durante o ano inteiro, o que dificulta a floração; além disso, durante o verão, a temperatura pode chegar a 30 °C, aumentando a possibilidade de apodrecimento das uvas.

O vale do Malleco, onde o cultivo de uvas começou em 1995, é a região vinícola mais austral do Chile. Apesar de seu clima frio e da alta pluviometria, tem calor suficiente para amadurecer a uva Chardonnay. Uma vantagem do vale é ser banhado pelo vento frio que vem do Pacífico, o qual ventila as parreiras e evita o desenvolvimento de fungos.

Em 1995, a Aquitania plantou 5 ha de Chardonnay na área de Traiguén. Desde 2000, usa essa uva na elaboração de seu Chardonnay Sol de Sol, considerado um dos grandes exemplos da varietal no Chile.

Figura 25. Rótulo do vinho De Martino.

Vinhos da Argentina

TER PASSADO DE QUARTO A QUINTO no *ranking* dos países que mais produzem vinho no planeta pode, à primeira vista, não significar muito no cenário vinícola internacional; mas compreender como e por que isso aconteceu é fundamental para situar o estágio atual da vitivinicultura da Argentina, e permite entender a razão de os vinhos argentinos estarem tão bem cotados mundo afora, o que não acontecia no passado.

Até meados da década de 1970, a produção de vinhos no país era voltada ao consumo interno, o qual atingia 90 ℓ ao ano por habitante, um dos mais altos níveis à época. Mudanças de hábito decorrentes das diversas crises econômicas pelas quais o país passou desde então fizeram o consumo *per capita* entrar num processo contínuo de queda; atualmente, mal chega a 30 ℓ. Como alternativa, restou aos produtores buscarem mercados externos.

Embora o mercado internacional já recebesse com simpatia os vinhos do Novo Mundo, não foi tão fácil para a Argentina conquistar espaço. Antes de tudo, ela teve de reorganizar sua vitivinicultura, dedicada no passado a vinhos de baixa qualidade elaborados predominantemente a partir de uvas de origem espanhola, como a Criolla e a Cereza.

Afora a qualidade duvidosa, seus vinhos – mais pesados e alcoólicos – atendiam o gosto peculiar dos argentinos, bem diferente dos padrões internacionais.

Além da iniciativa e da visão de alguns produtores locais, que apostaram num processo renovador, a estabilização da economia nos anos 1990 estimulou grupos estrangeiros a adquirirem, por preços convidativos, terras e empresas já estabelecidas. Vale acrescentar que o Chile já estava presente em mercados importantes, tendo atraído investimentos de fora com sucesso; no entanto, as oportunidades ali se tornaram caras e escassas. Atualmente, várias bodegas argentinas estão nas mãos de franceses, americanos, austríacos, portugueses, entre outros, que aportaram no país nova mentalidade, tecnologia e métodos modernos.

Desde cedo o interesse se concentrou em Mendoza, a mais importante região vitivinícola argentina, que está no mesmo paralelo que Maipo, região responsável por grande parte dos melhores vinhos chilenos. Apesar dessa "coincidência", as condições naturais de clima e solo, entre outros elementos, são muito distintas entre uma região e outra, em razão da imensa "parede", a cordilheira dos Andes, que as separa.

O grande impulso para a produção de vinhos de qualidade na Argentina ocorreu quando se começou a explorar a altitude. Até então, por exemplo, boa parte dos vinhos elaborados provinha de vinhedos plantados a leste da cidade de Mendoza, cuja altitude, ao redor de 600 m, se caracteriza por verões com temperaturas demasiado altas, que propiciam uvas com alto teor de açúcar e, por consequência, vinhos alcoólicos e pesados. Apesar de existirem zonas mais próximas à cordilheira, caso de Luján de Cuyo – e seus subdistritos de Vistalba, Agrelo, Perdriel, etc. –, pode-se afirmar que eram subaproveitadas, com suas velhas (hoje preciosas) parreiras que rendiam baixa produção. Iniciou-se o cultivo de videiras em áreas mais elevadas, onde o clima é mais ameno e, mais importante, há maior amplitude térmica. Noites mais frescas permitem um ciclo vegetativo mais longo da parreira, propiciando melhor amadurecimento das uvas, sobretudo no que se refere ao desenvolvimento dos componentes fenólicos – antocianos e taninos –, e um equilíbrio mais adequado entre açúcar e acidez.

Os atributos da altitude também deram ensejo a estudos para a implantação de castas em locais onde elas se aclimatam melhor. Assim, bons resultados foram alcançados por Merlot a 1.250 m acima do nível médio do mar; Chardonnay, um pouco mais alto; Cabernet Sauvignon, por volta dos 1.000 m; e Malbec, ao redor dos 1.100 m num primeiro momento (mas experiências têm mostrado ótimos resultados a 1.300 e mesmo a 1.400 m, como provam as áreas de Altamira e Gualtallary, situadas no Vale de Uco, a sul da cidade de Mendoza).

Outra peça-chave no processo de evolução qualitativa dos vinhos argentinos foi o melhor controle da água utilizada na rega dos vinhedos, procedimento indispensável em regiões áridas. A água continua chegando às vinhas por meio de canais de irrigação construídos originalmente pelos índios Huarpe cerca de setecentos anos atrás, aproveitando o degelo dos Andes. O procedimento mudou ao longo dos anos, e hoje a irrigação por inundação foi substituída por gotejamento, o que, além de evitar o desperdício de um bem tão escasso e importante, regula o vigor da planta e permite um amadurecimento mais equilibrado dos cachos.

Uma condição natural positiva dos vinhedos argentinos é o clima seco, em que as doenças na videira são pouco frequentes, exigindo apenas tratamento preventivo.

Uvas utilizadas

No concorrido mercado vinícola internacional da atualidade, é fundamental ter algum diferencial a oferecer, e a Argentina encontrou na Malbec um componente valioso que lhe permite se destacar e ganhar espaço. A Malbec, uma variedade trazida de Bordeaux na segunda metade do século XIX, adaptou-se muito bem às condições naturais das regiões vitivinícolas argentinas, proporcionando tintos encorpados, carnudos e ricos em frutas maduras, bem de acordo com o paladar dos novos consumidores mundo afora. Com ela, as bodegas têm produzido vinhos das mais variadas gamas, resultando num crescimento consistente das exportações. Seu sucesso tem inclusive incitado outros países e regiões a aproveitarem o embalo, mas, nesses locais, a Malbec não apresenta as mesmas virtudes e o mesmo apelo. Nem mesmo em Cahors, no sudoeste da França, onde possui raízes seculares.

Embora o foco argentino seja e deva continuar sendo a Malbec, o país tem boa oferta de Cabernet Sauvignon, antes restrita à zona de Perdriel, em Luján de Cuyo, que está perto dos 950 m de altitude. Atualmente, não apenas a Cabernet Sauvignon se espalhou um pouco mais, como também os produtores argentinos aprenderam a manejá-la melhor, com taninos mais integrados, e a estão utilizando para vinhos varietais, assim como mescla com Malbec, gerando vinhos bem interessantes. É o caso do Cheval des Andes, parceria entre os donos do Château Cheval Blanc, um celebrado Premier Grand Cru Classé "A" de Bordeaux, e o grupo Terrazas, que pertence à Chandon Argentina.

Outras uvas tintas já estabelecidas há tempos têm recebido a atenção de vários produtores, que gradualmente melhoram sua oferta. Estão dando bons resultados a Bonarda, a espanhola Tempranillo, a Cabernet Franc e a Petit Verdot. Novas variedades internacionais aos poucos são introduzidas, como é o caso da Syrah.

No que se refere às castas brancas, a aposta é na Torrontés, variedade que apresenta atraentes aromas florais, com notas de casca de laranja e de salada de

Mapa 1. Regiões vinícolas argentinas.

Regiões vinícolas

frutas. Ela chegou à Argentina ou junto com as missões jesuítas ou com os conquistadores espanhóis, por volta de 1500; hoje em dia, é reconhecida como a sua única uva autóctone. Um bom trabalho no campo e na vinificação tem dado bons resultados em geral: o incômodo toque de amargor que seus vinhos deixavam no final de boca foi eliminado, e os níveis de frescor estão mais acentuados. Embora a Torrontés seja cultivada por todo lado, as melhores uvas do país vêm, na média, da região de Salta. Uvas internacionais, como a Chardonnay e a Sauvignon Blanc, têm sido implantadas com maior frequência, sobretudo em altitudes mais elevadas, com resultados medianos.

Dados de 2011 indicam que a área de vinhedos da Argentina alcança pouco menos que 220.000 ha, dos quais mais de 70% encontram-se em Mendoza e 21% em San Juan. As diversas regiões que compõem o mapa vinícola argentino se localizam numa faixa situada a oeste do país, acompanhando de certa forma a linha da cordilheira dos Andes, concentrando-se entre os paralelos 25° e 40°. As diferenças de altitude, relevo, solo e clima existentes entre elas fazem que haja diversidade de vinhos, tanto em estilo quanto em qualidade.

De um modo geral, os vales vinícolas da Argentina são três: Norte, Cuyo e Patagônia. O Vale Norte compreende as regiões vinícolas de Salta, Tucumán e Catamarca. Cuyo (palavra que significa "país dos desertos" na língua dos índios nativos Huarpes) abrange as regiões vinícolas de La Rioja, San Juan e Mendoza. Mais para o sul, a Patagônia engloba as regiões vinícolas de Rio Negro, Neuquén e La Pampa.

A seguir, analisaremos as principais regiões vinícolas argentinas.

SALTA

Situada no noroeste da Argentina, fronteira com a Bolívia, a região vinícola de Salta é a mais setentrional do país, situando-se entre os paralelos 22° e 26° de latitude sul – semelhante a São Paulo, portanto. A zona produtora de vinhos se encontra entre os extensos e largos vales que margeiam o rio Calchaqui e conta com cerca de 2.600 ha de vinhedos, o que representa apenas 1,2% do total plantado no país.

A altitude em que os vinhedos são plantados é um dos grandes diferenciais da região e compensa com vantagens a teoricamente desfavorável latitude onde se encontra – varia de 1.700 m acima do nível do mar, em Cafayate, até 2.000 m, em San Pedro de Yacochuya, e 2.300 m ou até mais em direção ao norte, onde está a Bodega Colomé. A altitude elevada tem impacto altamente positivo na qualidade da uva em função de haver uma maior exposição à irradiação solar. Ao mesmo tempo, os bagos, para se adaptarem a tal situação e se protegerem, acabam desenvolvendo películas mais grossas, o que implica vinhos mais intensos em cor e em taninos.

Outros efeitos favoráveis à vitivinicultura de qualidade da região são: o clima propício, extremamente seco e ensolarado, com chuvas escassas; os solos arenosos e irrigados com água do degelo dos Andes; e a grande amplitude térmica, que provoca uma maturação mais lenta das uvas.

Das uvas brancas, a principal variedade cultivada é a Torrontés, que produz vinhos secos, destacadamente aromáticos, com frescor e cheios de sabor, considerados, por isso, os melhores do país feitos com essa variedade. Entre as tintas, têm sido produzidas excelentes Malbec e Cabernet Sauvignon, além de boas Tannat, procedentes de vinhas velhas e utilizadas sobretudo em cortes.

◉ A **BODEGA COLOMÉ**, projeto idealizado pelo milionário suíço Donald Hess, dono de vinícolas também na Califórnia, África do Sul e Austrália, possui quatro vinhedos, que se espalham de Cafayate a Payogasta, nos Vales Calchaquíes. Eles se estendem

Mapa 2. Regiões vinícolas de Salta.

Figura 1. Bodega Colomé, em Salta, que possui um dos vinhedos mais altos do mundo.

em meio a cactos num terreno cinza e pedregoso, chegando à altitude de 3.100 m, onde está o Altura Máxima, considerado um dos vinhedos mais altos do mundo. Seus vinhos típicos são o branco Torrontés e o tinto Malbec. Seu topo é o Estate Malbec. Outro tinto muito considerado é o Auténtico, um Malbec que não passa por madeira. Mais recentemente, a Colomé possui na região uma nova bodega, a Amalaya, para produzir vinhos de preços mais acessíveis.

- **EL ESTECO** possui cerca de 480 ha de vinhedos na região de Cafayate. Seu topo é o Altimus, corte de suas melhores uvas Malbec, Cabernet Sauvignon, Cabernet Franc e Tannat. Sua linha Fincas Notables Cuartel seleciona as parcelas velhas de Cabernet Sauvignon e Malbec para elaborar ótimos varietais. As linhas básicas são a Elementos e a Ciclos.

- **EL PORVENIR DE LOS ANDES** tem 78 ha de vinhedos em Cafayate, sendo o seu Torrontés, da linha Laborum, considerado um dos melhores da Argentina. O Syrah também é um bom exemplo desse varietal no estilo associado a clima mais quente. Sua linha básica é Amauta.

- **SAN PEDRO DE YACOCHUYA** situa-se em Cafayate, numa altitude em torno de 2.000 m, contando com 16 ha de vinhedos. É uma sociedade entre o famoso enólogo francês Michel Rolland e a família Etchart, tradicionais viticultores da região. Seu topo é o Yacochuya Malbec, feito com uvas de seus vinhedos centenários. A linha San Pedro oferece um tinto, corte de Malbec e Cabernet Sauvignon, e um ótimo Torrontés. A linha básica é a Coquena, que, além de suas próprias uvas, utiliza outras compradas de produtores da região.

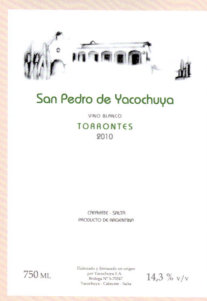

Figura 2. Rótulos de vinhos elaborados em Salta.

OUTROS PRODUTORES RECOMENDADOS

- Anko
- El Esteco
- Etchart
- Felix Lavaque
- Michel Torino
- Tacuil

SAN JUAN

A província de San Juan engloba cerca de 47.000 ha e está localizada entre os paralelos 31° e 32° da latitude sul. É a segunda em volume de produção na Argentina, representando 21% do total do país. Os vinhedos plantados às margens dos rios Jachal e San Juan, em solos férteis de aluvião, permitem grandes produções e são geralmente adequados aos *damajuanas* (vinhos de garrafão argentinos), originários das uvas Criolla e Cereza, normalmente adocicados e vendidos internamente a preços baixos, em embalagens *tetra pak*.

Existem, contudo, zonas com solo calcário-arenoso e com pedras ocasionais, cortadas pelo rio San Juan, que permitem o cultivo de uvas clássicas europeias e originam vinhos de qualidade. São elas: vales de Tulum, de Zonda e de Ullum, entre a Cordilheira e a Serra de Pie de Palo, a 780 m acima do nível do mar. São áreas dominadas por dias com temperatura em torno de 40 °C, um clima quase desértico em que a água é um elemento precioso. Ela provém do degelo dos Andes, segue o rio San Juan e passa por canais e diques, e os vinhedos compartilham essa água, cujo uso é regulado pelo governo conforme o tamanho da propriedade. Para aproveitar os recursos hídricos, as bodegas constroem reservatórios nos quais dosam a quantidade de água necessária para cada videira por meio do sistema de gotejamento. Usa-se também água de poços, formados por lençóis subterrâneos. Existem outros

Figura 3. A água em San Juan provém do degelo dos Andes.

Mapa 3. Região vinícola de San Juan.

Figura 4. Bodega Callia, situada no Vale de Tulum.

vales com microclimas mais frescos em razão da altitude, como Pedernal (1.330 m) e Calingasta (1.350 m), que têm originado uvas de melhor qualidade.

A uva Syrah encontrou aqui o seu hábitat ideal: baixa umidade, grande exposição solar, amplitude térmica adequada (cerca de 15 ºC) e solos arenosos, condições semelhantes às da Austrália. Apesar da predominância da uva Syrah, também são plantadas as tintas Bonarda, Cabernet Sauvignon e Malbec e as brancas Chardonnay, Sauvignon Blanc e Viognier.

- **FINCA LAS MORAS**, fundada em 1992, possui vinhedos nos vales de Zonda, Tulum e Pedernal. Seu vinho topo, o Finca Pedernal Malbec, é elaborado com uvas de Pedernal, uma das zonas mais altas de San Juan. O Gran Syrah é uma mescla de Syrah dos três vales em que a bodega tem vinhedos, e o Mora Negra é um corte de Malbec (70%) com Bonarda. As linhas básicas Alma Mora e Marianne oferecem vinhos com boa relação qualidade/preço.

- A **BODEGA CALLIA** situa-se no Vale de Tulum, onde possui vinhedos de ambos os lados do rio San Juan (altitude de 630 m). O vale é delimitado pela Serra Pie de Palo ao norte e pelo Cerro Chico del Zonda, na Pré-cordilheira. Seu topo é o Grand Callia, corte das melhores uvas Syrah, Tannat, Malbec e Merlot de seus vinhedos. A linha Callia Alta tem bons cortes de Syrah/Malbec e Syrah/Bonarda, e a linha Callia Magna disponibiliza seus principais varietais.

Figura 5. Rótulo de vinho elaborado em San Juan.

OUTROS PRODUTORES RECOMENDADOS
- Augusto Pulenta
- Cavas de Santos
- Santiago Graffigna

MENDOZA

É a principal região vinícola da Argentina. Abriga mais de 150.000 ha de vinhedos, o que representa quase 71% da produção de vinho do país, e conta com setecentas bodegas, sendo várias delas de classe internacional.

A cidade de Mendoza, a maior do oeste argentino, fica a 1.100 km de Buenos Aires e perto da fronteira com o Chile. Dominando a paisagem, a cordilheira dos Andes, a leste, avança sobre o céu. Coberta de neve o ano inteiro, além de ser um espetacular pano de fundo para os vinhedos da região, ela controla o clima do vale abaixo, abastecendo-o com a água do degelo, e, na sua base, desce em suaves degraus, que são a base da viticultura de altitude. Algumas áreas da província de Mendoza continuam desérticas, mas outras se transformaram num oásis por causa do desvio engenhoso dos rios de montanha para canais de irrigação, que foi idealizado pelos incas, realizado durante séculos pelos índios Huarpes e, agora, complementado por seus atuais habitantes.

Mendoza possui um clima continental, que reflete a sua distância de qualquer oceano e a ausência de influência marítima. É mais quente no verão, mais fria no inverno e ensolarada e seca o ano inteiro. Os Andes bloqueiam o ar úmido do Pacífico, resultando em poucas chuvas e um índice pluviométrico de apenas 200 mm por ano.

Um grande problema para a viticultura em Mendoza são as chuvas de granizo, que podem chegar a comprometer totalmente a safra do ano. Para proteger os vinhedos, algumas bodegas utilizam redes de proteção que, conforme o sistema empregado, cobrem parcelas inteiras ou cada uma das fileiras de vinhas.

Existem radares que controlam as nuvens provenientes dos Andes. Quando elas estão muito carregadas de gelo, aviões as bombardeiam com produtos químicos especiais, os quais dissolvem o gelo, convertendo-o em chuva muito forte.

As infindáveis horas de sol, a baixa umidade e a quase ausência de doenças criam condições ideais para o cultivo de uvas. As principais variedades incluem: Malbec, Cabernet Sauvignon, Merlot, Syrah, Pinot Noir, Bonarda, Tempranillo,

Chardonnay, Sauvignon Blanc, Chenin Blanc e Torrontés.

Percorrendo a província de Mendoza de norte a sul, encontram-se suas cinco sub-regiões vinícolas: Norte e Leste, Maipú, Luján de Cuyo, Vale de Uco e Sul.

NORTE E LESTE DE MENDOZA

É uma planície desértica com vinhedos em menor altitude, entre 600 m e 750 m acima do nível do mar. O clima é quente, e o solo, arenoso, algo salino, pouco profundo. No norte, há os departamentos[2] de Las Heras e Lavalle, onde são produzidos vinhos de consumo diário em grandes quantidades.

O leste inclui os departamentos de San Martin, Junin, Rivadavia e Santa Rosa. Para fazer frente às altas temperaturas, muitas vinhas são conduzidas pelo sistema de pérgula (ali conhecido como *parral*), e não de espaldeira, utilizado em outras zonas. Um trabalho mais consciencioso de alguns produtores desde meados da década de 1990, com bom manejo dos vinhedos e diminuição do rendimento das vinhas, permitiu uma significativa evolução qualitativa dos vinhos.

◉ A **FAMILIA ZUCCARDI** se instalou no norte de Mendoza, onde foi pioneira na viticultura. Atualmente, possui mais de 800 ha de vinhedos em Santa Rosa, Maipú, La Consulta, Vista Flores e Altamira. Sua série Q compreende excelentes varietais, dos quais se destacam o Cabernet Sauvignon, o Malbec, o Tempranillo e o Chardonnay. A linha Z é um corte muito bom de 60% Malbec, 20% Cabernet Sauvignon e o restante Tempranillo. O Emma Bonarda é uma excelente mistura de uvas de Bonarda de Santa Rosa, plantadas em 1979, e uvas de um vinhedo a 1.400 m de altitude, em Tupungato, o que dá ao vinho o frescor necessário. Seus topos são dois Malbecs da linha Aluvional, sendo um deles feito com uvas de vinhedos muito antigos de El Peral, em Tupungato, e o outro com uvas de La Consulta. Outra

---

[2] Departamentos são divisões administrativas das províncias argentinas.

marca que pertence à família chama-se Bodega Santa Julia, que elabora vinhos para consumo diário.

OUTROS PRODUTORES RECOMENDADOS

- Esmeralda
- Llaver
- Tittarelli

Figura 6. Rótulos de vinhos do norte de Mendoza.

CENTRO DE MENDOZA

Reconhecida como a primeira zona de produção de vinhos do país, compreende os departamentos de Luján de Cuyo e Maipú. Suas excelentes condições climáticas e de solo foram determinantes para que dezenas de bodegas aí se instalassem. Região situada no paralelo 33º de latitude sul, permite a implantação de vinhedos em altitudes desde 750 m até 1.700 m acima do nível do mar. Tem clima continental seco, chuvas escassas (índice pluviométrico de 200 mm por ano), ventos, umidade moderada e um subsolo pedregoso que se assenta em sedimentos arenosos e argilosos, de grande pobreza orgânica, o que garante a qualidade das uvas. Engloba 30.000 ha de vinhedo. A Malbec é a uva típica; também se cultivam Cabernet Sauvignon, Merlot, Syrah, Bonarda, Tempranillo e Sangiovese. Entre as brancas, destacam-se a Chardonnay e a Sauvignon Blanc.

MAIPÚ

Conhecida como a zona do Alto Rio Mendoza, engloba os distritos de Godoy Cruz, Coquimbito, Lunlunta, Cruz de Piedra e Las Barrancas. Encontram-se aqui vinhedos plantados no início do século passado, e, como o clima é mais quente e a altitude menor, seus vinhos são mais maduros, às vezes mais potentes.

⊙ **VIÑA ALICIA** é uma bodega butique pertencente à família proprietária da Luigi Bosca. Conduzida pela senhora Alcia Arizu e seu filho mais novo, a vinícola iniciou suas atividades em 1998, produzindo vinhos diferenciados a partir de um vinhedo de 10 ha, no qual a Luigi Bosca fazia experiência e selecionava os melhores clones. Possui também uma parcela na zona de Las Compuertas, de onde sai o Brote Negro, um Malbec especial de vinhas que sofreram uma mutação natural e passaram a apresentar ramos mais escuros, quase pretos, e cachos menores com bagos mais soltos.

⊙ **ESCORIHUELA GASCÓN** situa-se em Godoy Cruz, nas vizinhanças de Mendoza, e é controlada pelo grupo Catena. Sua localização acessível tornou-a uma atração para os turistas interessados em vinho que vão a Mendoza.

⊙ A **BODEGA CARO**, junto a Escorihuela Gascón, é *joint-venture* entre a Catena e o grupo francês Barons Rothschild (Lafite), que, além de na cidade Godoy Cruz, possui vinhedos em Luján de Cuyo e San Carlos. O vinho topo, o Caro, é um corte predominantemente Cabernet Sauvignon com Malbec, com passagem de cerca de dezoito meses por carvalho francês. O Amancaya Gran Reserva é um corte dessas mesmas uvas (com proporção entre 40% e 60% de Malbec e entre 40% e 50% de Cabernet, dependendo da safra) e passa um ano em barrica. O vinho-base da Caro é o Aruma, 100% Malbec, do qual somente 50% dos componentes passam por madeira, com o objetivo de destacar a fruta.

Figura 7. Bodega Trapiche, em Coquimbito.

- A **BODEGA LA RURAL** localiza-se em Coquimbito e possui em seu interior um museu da história do vinho argentino, batizado de San Felipe em homenagem à tradicional linha de vinhos da bodega, presente em todas as mesas argentinas. Atualmente, possui 183 ha de vinhedos, incluindo os de Tupungato e La Consulta. Outra linha básica é a Trumpeter, que oferece varietais fáceis de beber. A Colección Rutini mistura os mesmos varietais de diferentes vinhedos, com resultados surpreendentes. Seus vinhos topos são o Antologia, em diferentes versões conforme o corte, mas que sempre usam uvas de vinhedos antigos; e o Felipe Rutini, corte de suas melhores uvas Cabernet Sauvignon e Merlot.

- A **TRAPICHE**, também em Coquimbito, é líder na exportação de vinhos finos argentinos para mais de quarenta países. Foi fundada em 1883 por Don Tibúrcio Benegas, então governador da província de Mendoza, que adotou o nome *trapiche* ("moinho", em espanhol) para a bodega. Ele foi uma figura-chave para os vinhos do país e da América do Sul por ter introduzido o cultivo das uvas clássicas europeias e as técnicas de vinificação. A Trapiche ocupa atualmente um antigo conjunto de armazéns finamente restaurado e equipado com o que existe de melhor em termos de vinificação. Sob o comando técnico do enólogo Daniel Pi, a bodega mantém um padrão de qualidade consistente, com alguns Single Vineyards elaborados a partir de velhos vinhedos de Malbec. Entre eles, destacam-se o de La Consulta, o de El Cepillo, o de El Peral e o de Altamira. A linha Gran Medalla inclui um Malbec e um Cabernet Sauvignon. O Iscay é uma interessante mistura de Syrah com 3% de Viognier, variedades cofermentadas de Los Arboles, em Tunuyan. A linha Fond de Cave Reserva oferece bons varietais, com ótima relação qualidade/preço.

⦿ A **TRIVENTO** foi fundada em Maipú pela gigantesca chilena Concha y Toro, em 1996. Os ventos que sopram em Mendoza (polar, zonda e sudestada) definiram a marca da

vinícola. Possui mais de 1.200 ha de vinhedos em diversas regiões de Mendoza (Maipú, Junin, Luján de Cuyo e Vale de Uco). Entre seus topos, o Eolo Malbec leva uvas provenientes de um vinhedo centenário que fica na margem norte do rio Mendoza; o Golden Reserva tinto utiliza Malbec de Luján de Cuyo; e o Golden Reserva branco usa a Chardonnay que vem de Tupungato. O Amado Sur tinto é um corte de Malbec, Bonarda e Syrah, e o Amado Sur branco mescla Torrontés, Viognier e Chardonnay. As séries básicas Reserva e varietais também têm bons vinhos.

⦿ A **FINCA FLICHMAN**, assim como outras importantes bodegas argentinas, tem sede em Maipú e possui vinhedos próprios em outras regiões, totalizando 750 ha. Pertence ao grupo português Sogrape, que tem investido muito para melhorar a qualidade dos vinhos. Seu topo é o tinto Dedicado, corte de Malbec, Cabernet Sauvignon e Syrah.

A linha Caballero de La Cepa utiliza varietais cultivados no leste de Mendoza (Barrancas), zona quente que origina vinhos simples e agradáveis.

OUTROS PRODUTORES RECOMENDADOS
- López
- Navarro Correas
- Pascual Toso
- San Telmo

Figura 8. Rótulos de vinhos elaborados em Maipú.

LUJÁN DE CUYO

O departamento de Luján de Cuyo é formado por inúmeros distritos onde se encontram bodegas de nível internacional e alguns dos melhores vinhedos velhos da Argentina. Os principais distritos são: Chacras de Coria, Mayor Drummond, Carrodilla, Las Compuertas, Perdriel, Vistalba, Agrelo e Ugarteche.

⊙ LAGARDE, bodega pioneira (instalada em 1897) de Mayor Drummond, onde existem vinhas centenárias, possui cerca de 250 ha de vinhedos, incluindo Chacras de Coria e Perdriel. Seus topos são o Henry Gran Guarda, que é um corte de suas principais uvas tintas, e o Primeras Viñas Malbec, com uvas de Mayor Drummond. Elabora também um bom Malbec DOC e bons varietais na linha Lagarde; na Altas Cumbres, sua linha básica, destacam-se os varietais de Viognier e Malbec.

⊙ A LUIGI BOSCA também se situa em Mayor Drummond. É proprietária de cerca de 660 ha de vinhedos, distribuídos em zonas de Luján de Cuyo e Maipú. Seu topo é o Icono, elaborado com partes mais ou menos iguais de suas melhores uvas Cabernet Sauvignon e Malbec. O Gala 1 é um corte de Malbec, Tannat e Petit Verdot, enquanto o Gala 2 tem por base a Cabernet Sauvignon, cortada com Cabernet Franc e Merlot. Seu Malbec DOC é elaborado com uvas de um Single Vineyard, o Finca Los Nobles, em Las Compuertas. A linha básica é a Finca La Linda de varietais; já na linha Luigi Bosca, os varietais são mais complexos.

⊙ A MENDEL WINES, também em Mayor Drummond, possui vinhedos em Perdriel e Altamira, no Vale de Uco. Seu vinho topo, o Finca Remota, é um Malbec dessa zona, feito com uvas de um vinhedo plantado em 1946. O Unus é um corte de Malbec, Cabernet Sauvignon e Petit Verdot. A linha Mendel, mais acessível, oferece bons varietais de Cabernet Sauvignon, Malbec e Sémillon.

- A **NIETO SENETINER**, baseada em Carrodilla, região de Luján de Cuyo, é uma das bodegas de maior prestígio no país. Possui 350 ha de vinhedos, distribuídos entre Vistalba, Agrelo e Vista Flores, no Vale de Uco. Seu topo, o Cadus Blend of Vineyards, é um Malbec que mescla as melhores uvas de seus três vinhedos, todos de vinhas velhas. O Don Nicanor Barrel Select utiliza uvas de Malbec cultivadas em Alto Agrelo, a uma altitude de 1.150 m. Foi a primeira bodega a utilizar a *Denominación de Origen*, com o Malbec DOC, corte de uvas de Vistalba e Agrelo. Sua linha Reserva, feita com varietais tradicionais na Argentina, é para exportação. Faz também um dos melhores Bonarda do país, com uvas de um velho vinhedo de Agrelo, o Cadus Single Vineyard Bonarda.

- A **KAIKEN**, propriedade do grupo Montes do Chile, localiza-se em Vistalba e também possui vinhedos em Agrelo, no Vale de Uco. Seu topo é o Mai Malbec, do qual 40% das uvas vêm de um vinhedo centenário de Vistalba. A linha Ultra tem varietais de Malbec e Cabernet Sauvignon e uma versão moderna de Torrontés, com uvas de Salta.

- A **FABRE MONTMAYOU**, instalada em Vistalba, sobre o rio Mendoza, é propriedade de um grupo francês que efetuou muitas pesquisas sobre *terroir* no país e identificou na região um microclima com 5 ºC a menos que nas vizinhanças de Mendoza. De um vinhedo com vinhas muito velhas, localizadas atrás da vinícola, 85% do seu Malbec é cortado com Cabernet Sauvignon e Merlot para fazer seu vinho topo: o Gran Vin. A linha Reserva e a básica Phebus oferecem vinhos fáceis de beber.

- A **VISTALBA**, em Luján de Cuyo, oferece uma vista magnífica dos Andes (aliás, *vistalba* significa "vista para o nascer do sol"). Possui vinhedos também no Vale de Uco. Sua linha de vinhos inclui as variedades tradicionais da Argentina, em diversos

Figura 9. Entrada da Bodega Norton, em Perdriel.

níveis, desde a básica Tomero até os topos Progenie I e II e Corte V.

- A **WEINERT** possui 20 ha de vinhedos em Luján de Cuyo e também na Patagônia, sendo considerada uma das melhores produtoras de vinhos tintos. Suas linhas, desde a básica Carrascal até a superior Weinert, trabalham com as variedades tradicionais argentinas. Os topos, Estrella Cabernet Sauvignon e Estrella Malbec, cujas uvas vêm de vinhas muito velhas, só são elaborados em anos excepcionais.

- A **NORTON** situa-se em Perdriel e é um dos carros-chefes entre as marcas argentinas, com ótima imagem internacional e grandes números de exportação. Fundada em 1895 por um engenheiro inglês que trabalhou na construção da ferrovia de Mendoza ao Chile, foi adquirida pela companhia austríaca de cristais Swarovski, que investiu em novas tecnologias e nos vinhedos, tendo sido a introdutora da irrigação por gotejamento no país. Na busca por vinhos especiais, a Norton

Figura 10. Bodega de Terrazas de los Andes.

procura ir além da noção de Single Vineyard e explora os setores mais interessantes dentro de um vinhedo. Assim, de uma finca em Lunlunta, com uvas Malbec de um vinhedo de mais de 80 anos, lançou o Lote L 109 Finca Lunlunta Malbec, um de seus vinhos mais sutis. Outros bons Malbec são o Lote A09 Finca Agrelo e o Finca La Colonia. O vinho Privado, corte de Malbec, Merlot e Cabernet Sauvignon, é uma referência da bodega, um tinto com pouca madeira, maduro e que mantém a acidez e a suavidade. Outro vinho interessante é o DOC Malbec, que destaca o fruto da uva e seu lado de violetas. Oferece ainda a linha Perdriel Colección, de varietais tradicionais argentinos, e a linha básica Colección Varietales.

A **TERRAZAS DE LOS ANDES** pertence ao grupo Moët Henessy. Situa-se em Perdriel, em frente ao majestoso Cordón del Plata, em uma antiga (e restaurada) bodega de estilo espanhol. Possui 450 ha de vinhedos entre Luján de Cuyo e o Vale de

Uco, tendo se concentrado em terrenos voltados à Cordilheira, onde qualquer variação de altitude influi na temperatura e na insolação. Foi a pioneira no desenvolvimento dos vinhedos de altitude na Argentina, chegando a inserir a localização em altura nos seus rótulos. Plantou Cabernet Sauvignon a 900 m em Perdriel, Malbec a 1.067 m em Vistalba, e Chardonnay a 1.200 m em Tupungato. Oferece uma linha Reserva com bons Malbec, Cabernet Sauvignon, Chardonnay e Torrontés (com uvas compradas em Salta). Com uvas de uma parcela plantada em 1929 em Altamira, elabora um topo, o Single Parcel Los Cerezos Malbec; com outra parcela, na qual as uvas são cultivadas a 1.100 m de altitude, faz o Single Parcel Los Castaños, mais um delicioso Malbec.

- Em associação com o **CHÂTEAU CHEVAL BLANC**, de St. Émilion, a Terrazas de los Andes elabora o Cheval des Andes, mescla de Malbec, Cabernet Sauvignon, Merlot, Cabernet Franc e Petit Verdot provenientes do vinhedo Las Compuertas de Vistalba, definido como um corte bordalês com tipicidade mendocina.

- A **ACHAVAL FERRER** fica em Perdriel, no Vale de Uco, e elabora três topos de Malbec com uvas de diferentes fincas: Altamira, Bella Vista e Mirador. Seu Malbec básico é um corte das uvas dos diferentes vinhedos, e o Quimera, um corte das cinco variedades de Bordeaux (Cabernet Sauvignon, Malbec, Merlot, Cabernet Franc e Petit Verdot).

- **VIÑA COBOS** situa-se em Perdriel e trabalha com uvas de Maipú e do Vale de Uco. Entre seus proprietários, está o conhecido enólogo americano Paul Hobbs. Suas linhas Bramare, Cobos e Felino oferecem excelente Malbec, de diferentes regiões de Mendoza.

- A **CATENA** tem uma moderna bodega localizada em Agrelo. Projetada

Figura 11. Bodega de Catena, em Agrelo, projetada nos moldes de uma pirâmide Maia.

nos moldes de uma pirâmide Maia (povo pré-colombiano que ainda vive na América Central), é dotada de um belíssimo local para as barricas, que são dispostas em fileiras curvas e podem ser observadas de uma sala de degustação com grandes janelas. Propriedade da família Catena, produtora de vinhos em Mendoza há mais de cem anos, era, até 1980, a maior produtora de vinho engarrafado para o mercado interno. Em 1982, o proprietário Nicolas Catena visitou a Califórnia numa viagem que mudou a sua filosofia de produção de vinho. Com a pretensão de produzir tintos e brancos de classe mundial, ele determinou a pesquisa detalhada dos microclimas da região à procura de locais adequados para cada variedade de uva. Essas pesquisas, apoiadas em investimentos e cuidados na elaboração dos vinhos, foram reconhecidas, tanto que Catena é considerado o responsável, em grande parte, pelo ingresso da Argentina no mapa dos vinhos finos do mundo. Seus rótulos, tanto tintos como brancos, têm boa reputação, estando entre os melhores da Argentina. Um de seus

Figura 12. Adega de Catena com barricas em fileiras curvas, observadas da sala de degustação.

topos é o Nicolás Catena Zapata, corte de Cabernet Sauvignon e Malbec, com uvas de seus melhores vinhedos de altura. Seu grande lançamento recente é a linha DV, que traz vinhos de *terroir*, como o Malbec com uvas do vinhedo Adrianna, em Gualtallary (1.500 m de altitude), ou do vinhedo Nicasia, em Altamira. A série Alta inclui varietais de Malbec, Cabernet Sauvignon e Chardonnay, também com uvas de vinhedos de altitude, como o Angélica, em Lunlunta (860 m). A Catena também possui as bodegas Alamos e Uxmal, que são marcas de volume, confiáveis e consistentes.

Figura 13. Rótulos de vinhos da sub-região Luján de Cuyo.

A **DOMÍNIO DEL PLATA** tem bodega em Agrelo e vinhedos em Urgateche e Altamira. Pertence à enóloga argentina Susana Balbo, reconhecida por desenvolver vinhos de caráter e qualidade. Sua linha topo é a Susana Balbo Signature, a qual inclui um Cabernet Sauvignon, que mescla uvas de vinhedos de Alto Agrelo e Tupungato, e um Malbec, com uma seleção de seus três vinhedos. A linha Benmarco, o carro-chefe da bodega, inclui bons varietais de Cabernet Sauvignon, Malbec e Torrontés, e o Benmarco Expressivo, corte de Malbec, Cabernet Sauvignon, Tannat e Petit Verdot. A linha básica Crios é composta de vinhos jovens com frescor, que ressaltam a fruta.

DOÑA PAULA pertence a outro gigante chileno, o grupo Santa Rita, e se instalou em Ugarteche, Luján de Cuyo. Possui 640 ha de vinhedos, incluindo os do Vale de Uco (Tupungato, Gualtallary e Altamira). A linha básica é a Los Cardos. Na linha Estate, as variedades de uvas são mais selecionadas. A linha topo começa com o Doña Paula e inclui o Selección de Bodega e o Aluvia Parcel.

OUTROS PRODUTORES RECOMENDADOS

- Alta Vista
- Benegas
- Carmelo Patti
- Casarena
- Chakana
- Cinco Tierras
- Decero
- Dolium
- Enrique Foster
- Familia Cassone
- Finca la Anita
- Pulenta Estate
- Ruca Malen
- Rutini
- Septima (Cordoniu Argentina)
- Tapiz
- Walter Bressia

VALE DE UCO

Situado aos pés dos Andes, no paralelo 34º da latitude sul, a sudoeste da cidade de Mendoza, é a zona de maior desenvolvimento vitivinícola nos últimos anos. Seus vinhedos ficam em altitudes que variam de 900 m a 1.700 m. O solo, irrigado com as águas puras do degelo, é pedregoso e tem boa drenagem. As temperaturas menores durante a noite permitem um repouso das uvas, o que resulta em um melhor equilíbrio entre o açúcar e a acidez da fruta. As variedades mais destacadas são as de ciclo curto ou médio, como as tintas Merlot, Pinot Noir e Malbec, e as brancas Sauvignon Blanc e Chardonnay.

O Vale de Uco inclui o departamento de Tupungato (que significa "balcão de estrelas" na língua indígena), onde se localiza a segunda maior montanha da América do Sul, após o Aconcágua, e os departamentos de Tunuyán e San Carlos. Há também locais menores que, graças a excelentes vinhos, têm fama própria, como Vista Flores e Gualtallary. O vale tornou-se o preferido dos investidores estrangeiros por se situar perto de Mendoza e pelas suas condições climáticas ideais para uvas de qualidade.

- ◉ A **SALENTEIN**, de capital holandês, situa-se em Tunuyán, a cerca de 100 km de Mendoza. Sua bodega fica em uma vasta planície aos pés da cordilheira dos Andes. Construída em forma de cruz, permite o correto manuseio das uvas. Cada ala consta de dois níveis: o primeiro, na altura do solo, abriga os tanques de aço inoxidável e as cubas de madeira para a fermentação; o segundo, oito metros abaixo, é onde os vinhos são envelhecidos em barris de carvalho francês. A diferença de nível permite a movimentação do vinho por gravidade. As quatro alas têm em comum um *loft* central e circular, mais parecido com um anfiteatro dos tempos clássicos, e dividem uma moderna sala de engarrafamento (chamada de *fracionamento*, em espanhol). A temperatura e a umidade relativa do ar da bodega são controladas. Atualmente, ela

Figura 14. Bodega Salentein, em Tupungato.

possui 550 ha de vinhedos em três fincas (as propriedades El Portillo, La Pampa e San Pablo), com solos, exposições e alturas diversos. As tintas Merlot e Pinot Noir são as duas variedades mais associadas à bodega, que também elabora uvas Malbec e Chardonnay muito boas. Tem se fixado em vinhos topos, separando-os de sua reconhecida linha básica El Portillo, que possui adega própria.

- A figura carismática e influente do enólogo francês Michel Rolland idealizou um projeto arrojado e pioneiro no Vale de Uco. Rolland reuniu um grupo de sete afamados produtores franceses, seus clientes, para adquirir um terreno de 850 ha na promissora zona de Vista Flores. O terreno foi dividido em sete parcelas, recebendo por isso o nome de **CLOS DE LOS SIETE**. Cada produtor pode elaborar seu vinho particular, e todos juntos contribuem para produzir o vinho comunitário, o Clos de los Siete. A primeira versão do Clos foi lançada em 2002, com um corte de Malbec e Merlot, e as colheitas mais recentes já estão mostrando sua qualidade. A primeira bodega a se instalar foi a Monteviejo, de propriedade dos Châteaux Le Gay e Montviel, de Pomerol, na França, cujos vinhos logo se mostraram surpreendentemente bons, apesar de procederem de videiras bastante jovens. A partir de

Figura 15. Salas de barricas de Salentein.

2004, surgiram a Cuvelier los Andes, do Château Léoville Poyferré, de Bordeaux; a Flechas de Los Andes, sociedade entre as famílias Dassault, de Saint Émilion, e Benjamin de Rothschild, dona de vários châteaux em Bordeaux e de participação acionária importante no Château Lafite; a DiamAndes, do Château Malartic-Lagravière, de Pessac-Léognan; e, por último, a Bodega Rolland, do próprio Michel Rolland, onde ele elabora o Mariflor e o Val de Flores, que provêm de um vinhedo à parte, fora do projeto Clos de los Siete.

- A **RIGLOS** localiza-se em Tupungato, e seus vinhedos se estendem pelo Alto Vale de Tupungato. No vinhedo Las Divas, elabora os varietais da linha Gran: Cabernet Franc, Cabernet Sauvignon e Malbec. Seu Gran Corte é 50% Malbec e 50% Cabernet Sauvignon. Na linha básica Quinto, destaca-se o varietal de Sauvignon Blanc.

- A **ZORZAL** foi fundada pelos irmãos Michelini em 2008, com vinhedos em uma altitude de cerca de 1.350 m. Desde o início, os produtores buscaram demonstrar a expressão pura do *terroir* da região. A linha básica Terroir Único engloba varietais de Sauvignon Blanc, Torrentes, Pinot Noir, Malbec e Cabernet Sauvignon. A linha Gran Terroir exibe vinhos de altas altitudes: Pinot Noir, Malbec e Cabernet Sauvignon. O Field Blend é um vinho de Cabernet Sauvignon e Malbec cofermentadas. O Eggo é um corte de Malbec, Cabernet Franc e Cabernet Sauvignon vinificadas em tanques ovais de concreto. A gama inclui ainda o Zorzal Clima, predominantemente Malbec, e o Perfiado, um magnífico exemplar de Pinot Noir.

OUTROS PRODUTORES RECOMENDADOS

- Andeluna
- Antucura
- Família Reina
- Finca La Celia
- Finca Sophenia
- François Lurton
- Luca
- Mauricio Lorca
- Manos Negras e Tintonegro
- O. Fournier
- Tikal

Figura 16. Rótulos de vinhos elaborados no Vale de Uco.

SUL DE MENDOZA

No sul de Mendoza é onde se encontra o departamento de San Rafael, uma das zonas mais tradicionais da província. Seus vinhedos se localizam em menor altitude em comparação aos do resto da região, descendo suavemente desde 800 m até 450 m acima do nível do mar. Eles são irrigados pelas águas dos rios Atuel e Diamante, que também ajudam a refrescar o clima.

O clima mais frio do que o das vizinhanças de Mendoza (San Rafael situa-se a cerca de 240 km da capital da província) permite bom amadurecimento das uvas, e a grande amplitude térmica favorece a produção de antocianos, que dão cor ao vinho. As variedades mais destacadas são a tinta Cabernet Sauvignon e a branca Chenin Blanc.

- A CASA BIANCHI situa-se em San Rafael. Seu topo é o Enzo Bianchi Grand Cru, corte em que predomina a Cabernet Sauvignon e que contém Malbec, Merlot e Petit Verdot. Sua linha *ultrapremium*, denominada Genesis, oferece bons varietais, que incluem Sauvignon Blanc, Pinot Noir, Malbec e Cabernet Sauvignon.

- A ALFREDO ROCA, também localizada em San Rafael, tem como destaque os vinhos de sua linha Dedicación Personal, na qual se sobressaem os varietais de Cabernet Sauvignon e Bonarda.

OUTROS PRODUTORES RECOMENDADOS

- Balbi
- Goyenechea
- Jean Rivier
- Lavaque

Mapa 4. Região da Patagônia.

PATAGÔNIA

Situada no paralelo 39° da latitude sul, é a mais austral das regiões vinícolas argentinas. Suas altitudes variam entre 40 m abaixo do nível do mar, em certas partes de La Pampa, e cerca de 450 m acima do nível do mar, em Neuquén e Rio Negro.

Compreende áreas bem delimitadas nas províncias de La Pampa (Colonia 25 de Mayo), Neuquén (San Patricio del Chañar e Añelo) e Rio Negro (Alto Vale e Vale Médio). A paisagem é de uma planície desértica, árida – o verde só aparece nas áreas irrigadas pelos rios Colorado e Negro, este formado pelos rios Neuquén e Limay, que vêm da cordilheira. Também se notam, nas margens do rio Negro, algumas videiras centenárias de Pinot Noir cultivadas com muito cuidado, cujos vinhos estão tendo reconhecimento internacional.

A Patagônia tem se revelado uma região ideal para o cultivo de videiras: clima árido, chuvas escassas e temperatura média anual variando entre 11,5 °C e 19,5 °C, dependendo da sub-região. A atmosfera limpa favorece a luminosidade solar e, em consequência, a fotossíntese das plantas. O verão é prolongado, de forma que as uvas amadurecem lentamente. A escassa umidade relativa do ar limita o desenvolvimento de enfermidades e favorece a sanidade do vinhedo, permitindo a produção de uvas sem o uso de pesticidas.

A região tem originado brancos aromáticos de Chardonnay, Sémillon, Viognier e Torrontés. Mas o sucesso tem sido a tinta Merlot, que aqui parece particularmente à vontade, desenvolvendo surpreendente equilíbrio, estrutura e complexidade. Têm-se obtido, também, bons tintos de Malbec e Pinot Noir de antigas parreiras.

Os vinhos da Patagônia apresentam uma acidez natural maior que seus equivalentes de Mendoza e Salta.

⊙ A NOEMÍA situa-se em Rio Negro, zona de Gral Roca, e oferece excelentes Malbec. Na linha J. Alberto, utiliza uvas de um vinhedo plantado em 1955. A linha básica Lisa usa uvas de um vinhedo plantado em 2004 ou adquiridas de outros produtores da região. Seu vinho topo Noemía 2 é um corte de Cabernet Sauvignon com proporções menores de Merlot, Malbec e Petit Verdot, que variam dependendo da safra.

- A CHACRA fica em Mainqué, em Rio Negro. De um vinhedo plantado em 1932, elabora um excelente Pinot Noir, o Treinta y Dos Pinot Noir, que tem acidez equilibrada, ótima estrutura e teor alcoólico tipicamente baixo, em torno de 12% vol. Elabora também os vinhos Cincuenta y Cinco e Sesenta y Siete, de vinhedos plantados em 1955 e 1967, respectivamente. O Barda Pinot é um rótulo feito com uvas de uma seleção de vinhedos da propriedade, e o Mainqué é 100% Merlot.

- A HUMBERTO CANALE é a mais antiga bodega da região da Patagônia e possui 140 ha no Alto Vale de Rio Negro. Sua linha Humberto Canale Estate oferece bons varietais de Malbec, Merlot, Pinot Noir, Sémillon e Viognier. A linha básica é a Intimo, de varietais. Oferece alguns vinhos topos: o Humberto Canale Old Vineyard Malbec, o Intimo Family, corte de Malbec, Cabernet Sauvignon e Cabernet Franc, e o Gran Reserva Cabernet Franc.

- A BODEGA DEL FIN DEL MUNDO situa-se em San Patricio del Chañar, Neuquén, e tem explorado bastante o *terroir* da Patagônia. Elabora um Single Vineyard com um Malbec de seu velho vinhedo e cortado com Cabernet Sauvignon, Merlot e Cabernet Franc. Seu vinho topo é o Special Blend. A linha Reserva oferece bons varietais de Chardonnay e Malbec, e a linha Newen disponibiliza vinhos com excelente relação qualidade/preço.

- A MIRAS trabalha com uvas de Gral Roca, Rio Negro, sendo que sua linha Miras oferece varietais com boa fruta e boa acidez, destacando-se os varietais Malbec, Cabernet Franc e Chardonnay. A linha Üdwe tem ótima relação qualidade/preço, com destaque para os varietais Sémillon e Pinot Noir.

Figura 17. Bodega del Fin del Mundo, em San Patricio del Chañar.

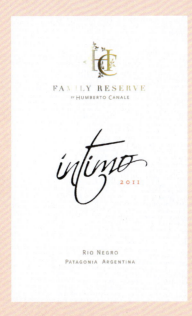

Figura 18. Rótulo de vinho elaborado na Patagônia.

OUTROS PRODUTORES RECOMENDADOS

- Bodega Infinitus (em Gral Roca – Rio Negro)
- Bodega NQN (San Patricio del Chañar – Neuquén)
- Familia Schroeder – Viñedos de la Patagônia (San Patríco del Chañar – Neuquén)
- Océano (em Viedna, foz do Rio Negro)
- Patritti (San Patricio del Chañar – Neuquén)

Vinhos do Uruguai

JUNTO À FRONTEIRA SUL do Brasil e ao lado da Argentina está o "pequeno" Uruguai – é, em área, o segundo menor país da América do Sul. Um de seus desafios é encontrar espaço no cenário vinícola internacional. A rigor, exportar não era uma preocupação para os produtores de vinho uruguaios, já que o alto consumo *per capita* – cerca de 25 ℓ por habitante por ano – praticamente equivalia ao que era produzido internamente até o início de 1990. A busca por mercados externos, a qual se observa desde meados dos anos 1990, se deveu, em parte, a um excedente na produção, consequência de uma tendência de queda no consumo interno; mas também a uma questão de orgulho próprio, afinal, o país empreendeu uma série de melhorias em sua vitivinicultura, e cabia mostrar que tinha potencial para produzir grandes vinhos, assim como seus vizinhos sul-americanos, Argentina e Chile, que ganharam projeção mundo afora.

A necessidade de adaptar a sua indústria vitivinícola aos novos tempos levou à criação, em 1987, do Instituto Nacional de Vitivinicultura (Inavi), órgão formado por representantes do governo, dos vinhateiros, dos bodegueiros e das cooperativas. Só mesmo reunindo todos os interessados seria possível avançar face às particularidades do setor no Uruguai, que se caracteriza por vinhedos muito fragmentados – 90% são menores do que 5 ha – e bodegas pequenas,

Clima e solo

conduzidas há várias gerações pela mesma família.

A reestruturação começou nos vinhedos. Dos cerca de 20.000 ha existentes na década de 1980, apenas cerca de 7.800 ha continuam em produção, dos quais uma pequena parte é de uvas híbridas, diferentemente daquela época, quando estas chegavam a 70% da área plantada. Essa mudança é fruto também da instituição, pelo Inavi, em 1993, da categoria *Vino de Calidad Preferente* (VCP), que congrega vinhos produzidos a partir tão somente de variedades *Vitis vinifera*.

Situado entre os paralelos 30° e 35°, o Uruguai todo tem vocação vitivinícola. Apesar de estar na mesma latitude que as principais regiões vinícolas argentinas e chilenas, as semelhanças param por aí. A diferença pode ser atribuída à sua grande bacia hidrográfica: a oeste, marcando toda a divisa com a Argentina, fica o rio Uruguai, que dá nome ao país (*uruguai*, em guarani, significa "rio dos pássaros pintados"); ao sul, está o imponente rio da Prata, que deságua no oceano Atlântico, e o rio Negro, que atravessa todo o território. Tal localização acarreta um clima temperado, mais úmido e com maior índice pluviométrico do que no lado andino da América do Sul. O índice pluviométrico uruguaio é comparável ao de Bordeaux.

Enquanto no norte predominam aspectos subtropicais, o sul é mais sujeito à influência marítima, que enseja verões mais amenos com noites frescas e, assim, proporciona algumas das melhores características dos vinhos uruguaios, as quais os diferenciam da média produzida em países do Novo Mundo: tintos e

Tannat, a uva emblemática do Uruguai

brancos alcançam naturalmente graus equilibrados de acidez, que lhes conferem elegância e os aproximam dos padrões europeus.

A topografia do país é pouco acidentada e possui boa drenagem natural. Os vinhedos estão implantados em colinas suaves, com solos argilosos pouco profundos, e esporadicamente apresentam certa porcentagem de calcário, condições excelentes para obter vinhos de qualidade.

A história vitivinícola do Uruguai remonta ao século XVI, com a colonização espanhola, porém o fato que realmente teve influência na era moderna da vitivinicultura do país foi a chegada de imigrantes procedentes do País Basco francês, por volta de 1870. Com eles veio a Tannat, que se tornaria a casta emblemática do país e também a mais plantada – segundo levantamentos oficiais de 2012, ela representava 23% dos vinhedos uruguaios, mais do que em sua região de excelência, Madiran; menos, entretanto, do que na França toda, que alcança em torno de 2.900 ha.

Foi um desses bascos, mais precisamente Pascual Harriague, quem plantou as primeiras parreiras de Tannat na cidade de Salto, situada a 400 km ao norte de Montevidéu. Não por acaso, a variedade ainda é conhecida localmente pelo sobrenome de seu introdutor. Famosa pelo alto índice de polifenóis, a Tannat é beneficiada pelo clima uruguaio, mais quente do que o de seu local de origem, o que propicia vinhos com taninos mais macios. Essa característica

Mapa 1. Regiões vinícolas do Uruguai.

Regiões vinícolas

é reforçada quando a Tannat é mesclada com a Merlot, a segunda uva tinta mais plantada no país (11% dos vinhedos). Em terceiro lugar entre as tintas finas, vem a Cabernet Sauvignon, que cobre ao redor de 9% do total de vinhas.

Entre as brancas, que representam 20% dos vinhedos do país, a Ugni Blanc domina com quase metade dessa área, seguida da Sauvignon Blanc e da Chardonnay, com 2% do total cada uma.

É nas imediações de Montevidéu que está concentrada a maior parte dos melhores vinhedos do Uruguai, particularmente na província de Canelones – embora locais isolados das vizinhas San José e Colonia também possuam rótulos de expressão, além da distante Rivera, no extremo norte, divisa com o Brasil. Nessa nova era dos vinhos uruguaios, novas frentes se abriram, em particular em Maldonado, pouco distante da cidade turística de Punta del Este.

PRINCIPAIS BODEGAS URUGUAIAS

◉ ESTABLECIMIENTO JUANICÓ foi fundada em 1840 no povoado de Juanicó, em Canelones. Possui 360 ha de vinhedos, sendo que, em Canelones, cultiva todas as variedades importantes em 240 ha, em solos que sempre se mantêm úmidos, bons principalmente para as uvas Tannat e Sauvignon Blanc. A partir de 2002, a família Deicas, proprietária da bodega, desenvolveu novos vinhedos em San José, para Tannat

Figura 1. Vinhedos da Establecimiento Juanicó, em Canelones.

e Cabernet Franc; em Durazno, no centro do país, onde o clima é quente, para Cabernet Sauvignon; e em Garzón, para Tannat, Merlot e Syrah. A bodega em Juanicó, construída em 1830, é considerada patrimônio histórico nacional, possuindo uma impressionante sala de barricas subterrânea, onde atualmente só repousam seus vinhos topos. É líder no mercado interno entre vinhos do nível VCP e tem rótulos presentes em mais de vinte países. O vinho Preludio Barrel Select, corte de seis variedades tintas e envelhecido por dois anos, foi o primeiro *Gran Vino de Guarda* uruguaio. A linha bastante conhecida da bodega é a Don Pascual (homenagem ao introdutor da Tannat no país). A linha Atlântico Sur se centra em *terroirs*. Seu topo atual é o Massimo Deicas Tannat.

- **CASTILLO VIEJO** possui 167 ha de vinhedos na região de San José, que se diferencia de outras mais ao sul do país. As temperaturas altas durante o dia caem bastante à noite por

Figura 2. Adega da Establecimiento Juanicó, considerada patrimônio histórico do Uruguai.

causa da proximidade com grandes afluentes de água, como o rio da Prata e os rios San José e Santa Lucia, o que é bom para o desenvolvimento das uvas. Sua linha Vieja Parcela demonstra que a Cabernet Franc é muito bem representada no Uruguai. A Tannat também tem papel importante em seus vinhos, como no Grand Tannat e no Single Barrel nº 2.

- **PISANO** situa-se em Progreso, na região de Canelones, e possui vinhedos em Viña Barrancal, um dos lugares mais altos de Canelones, com solo calcário, que tem se revelado bom para o cultivo de Pinot Noir e Chardonnay. A Pisano utiliza em seus vinhedos métodos biológicos e biodinâmicos. Sua linha principal é a Reserva Personal de La Familia, abreviada RPF, dentro da qual se destacam o Tannat e o Chardonnay. A linha Río de los Pájaros tem vinhos de boa relação qualidade/preço. Seu vinho topo, o Cuvée Arretxea, utiliza somente as melhores uvas de Barrancal.

Figura 3. Bodega H. Stagnari, em Las Pueblas, onde cultiva uvas brancas.

- **H. STAGNARI** possui dois vinhedos, que se situam a quase 500 km um do outro. Em La Puebla, na região de Canelones, encontra-se a moderna bodega, em cujos 20 ha se cultivam variedades brancas. Em La Caballada, na região de Salto, fronteira com a Argentina, onde o rio Dayman desemboca no rio Uruguai, cultivam-se as variedades tintas, exatamente onde o basco Harriague plantou, em 1874, a primeira Tannat do Uruguai. Seus principais vinhos são o Primer Viñedo 1×1 Cabernet Sauvignon, o Tannat Dayman Castel La Puebla e o Tannat Viejo.

- **FILGUEIRA** situa-se em Cuchilla Verde, na região de Canelones, perto do rio Santa Lucia. Possui 30 ha de vinhedos, que são dispostos em torno da bodega e cuidados como se fossem um jardim, à moda de um bom *cru* francês. Além das variedades uruguaias tradicionais, oferece um interessante Sauvignon Gris, que passa por barrica depois de fermentado em frio.

- ◉ JUAN TOSCANINI E HIJOS possui 80 ha de vinhedos na região de Canelones, estando sua bodega em Canelón Chico, cidade de Las Piedras. Em Passo Cuelo possui vinhedos muito antigos, de baixo rendimento, que permitem obter uvas de qualidade. Os fundadores da bodega são parentes do mundialmente famoso maestro italiano Arturo Toscanini. Seu vinho topo é o Adagio Espressivo, corte das melhores uvas Tannat, Cabernet Sauvignon e Cabernet Franc de Paso Cuelo. O Adagio Cantabile é um Chardonnay que passa por barrica, e seu Sauvignon Blanc sem madeira tem se destacado.

- ◉ GIMÉNEZ MÉNDEZ possui 100 ha de vinhedos na região de Canelones,

sendo 68 ha em Las Brujas e o restante em Los Cerrilos e Canelón Grande. No Uruguai, foi pioneira no cultivo da Arinarnoa, cruzamento de Merlot e Petit Verdot, e tem um interessante corte com Tannat. O corte mais original da Giménez Méndez é o Puzzle Multivarietal, de quinze variedades diferentes, que recebeu do crítico de vinhos Robert Parker 90 pontos (a pontuação máxima é 100). Seu vinho topo é o Luis A. Giménez Super Premium Tannat.

- ◉ BOUZA é uma pequena bodega butique que, por filosofia e estrutura tecnológica, poderia estar em qualquer parte do moderno mundo do vinho, mas se localiza em Melilla, a 13 km do histórico Mercado del Puerto, em Montevidéu. Possui vinhedos também em Las Violetas, perto do rio Santa Luzia, onde cultiva videiras de Tannat, Merlot e Chardonnay com idades entre 40 e 60 anos. Sua bodega foi construída sobre a base de outra que existia na região desde

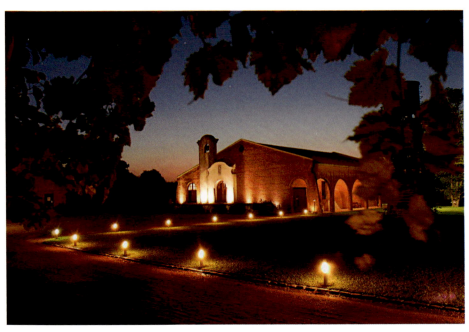

Figura 4. Bodega butique da Bouza, em Melilla, perto da capital de Montevidéu.

1942, e nela convivem o antigo e a nova tecnologia necessária para se obter uma qualificada vinificação. Uma das preocupações da bodega é manter baixa produtividade em seus vinhedos. Considerando que o clima atlântico do Uruguai é semelhante ao da Galícia, na Espanha, começou a cultivar a uva Albariño, que tem dado bons vinhos.

◉ **CARRAU** foi fundada pelo patriarca Juan Carrau Pujol, vindo da Catalunha, na Espanha. Uma das pioneiras do país, possui 45 ha de vinhedos em Las Violetas, nos arredores de Montevidéu, onde fica sua antiga bodega. No nordeste do país,

Figura 5. Vinhedos da Carrau em Cerro Chapeu, os mais altos do Uruguai.

Figura 6. Moderna bodega de Carrau construída em um morro.

em Cerro Chapeu, região de Rivera, na fronteira com o Brasil, construiu uma moderna bodega em forma hexagonal, encravada no interior de um morro, na qual as operações de vinificação são feitas por gravidade. Os vinhedos de Cerro Chapeu são os mais altos do Uruguai (aproximadamente 320 m acima do nível do mar). Sua linha mais conhecida de vinhos é a Castel Pujol. Há também a linha Juan Pujol de varietais. O vinho topo é o Amat, elaborado com as melhores uvas Tannat de Cerro Chapeu e envelhecido por vinte meses, não sendo filtrado.

- **LOS CERROS DE SAN JUAN** é uma das bodegas mais antigas do país, fundada por imigrantes alemães. A bodega e o vinhedo localizam-se no meio do caminho entre o porto de Colonia del Sacramento, cidade considerada patrimônio histórico da humanidade, e a cidade de Carmelo, no departamento de Colonia. Suas parreiras ocupam suaves colinas próximas aos rios San Juan e da Prata. No início, foram importadas e cultivadas variedades que melhor agradavam ao paladar germânico: Riesling, Gewürztraminer e Spätburgunder (Pinot Noir). Modernamente, a bodega é conhecida pelos Riesling secos, os Gewürztraminer Cosecha Tardia e o Pinot Noir elegante. Além disso, é claro, trabalha com as uvas que tradicionalmente se cultivam no Uruguai.

◉ FAMILIA IRURTIA é outra antiga bodega uruguaia, fundada pelo imigrante basco Dante Irurtia. Possui uma das maiores extensões de vinhedos do país: 340 ha, onde planta as principais uvas que se adaptaram ao Uruguai. Situa-se na zona privilegiada de Carmelo, região de Colonia, num microclima particular, no qual se encontram as águas dos rios Paraná e Uruguai, que se juntam ao estuário do rio da Prata. As uvas beneficiam-se de condições ideais: noites muito frias e dias bem

quentes. A linha Dante's Reserve é de varietais, entre os quais se destacam o Pinot Noir e o Viognier. A linha Ca' del Sacramento é muito popular no país. Com o rótulo Reserva del Virrey, a Irurtia oferece excelentes Tannats, de vinhedos muito velhos.

◉ ALTO DE LA BALLENA, uma pequena bodega, situa-se no sudoeste do Uruguai, na região de Maldonado, cuja topografia é caracterizada por colinas e solo pedregoso. Além dessas boas condições, influenciaram a instalação dessa bodega butique na região a sua proximidade com a costa Atlântica e o turismo de Punta del Este. Em seus 20 ha, a partir de pequenas parcelas selecionadas, elabora a sua linha Reserva com varietais Merlot, Syrah e Cabernet Franc.

◉ BODEGA GARZÓN situa-se no povoado de Garzón, no leste de Maldonado, sobre terrenos elevados, diferentes das suaves ondulações de Canelones e Colonia. Pertence à empresa Agroland, que

Figura 7. Rótulos de vinhos elaborados no Uruguai.

atua no setor alimentício *gourmet*. Seus vinhedos possuem, além da boa drenagem, um fator positivo: a proximidade com o Atlântico, cujas brisas suavizam o clima. Essa condição tem se revelado muito boa para o cultivo de Tannat e Albariño. A bodega elabora também bons vinhos de Cabernet Franc, Merlot, Marselan, Petit Verdot, Viognier, Sauvignon Blanc e Pinot Grigio.

- PIZZORNO FAMILY ESTATES, bodega fundada em 1910, localiza-se em Canelón Chico, 20 km ao norte de Montevidéu, e está sob os cuidados de Carlos Pizzorno e família. Na linha Don Próspero (homenagem ao fundador da bodega), merecem destaque o Pinot Noir Reserva e um corte de Tannat e Merlot. Seu vinho *premium* é o Primo, corte de suas melhores uvas Tannat, Cabernet Sauvignon, Merlot e Petit Verdot.

OUTROS PRODUTORES RECOMENDADOS

- Antigua Bodega Stagnari (Canelones)
- Ariano Hermanos (Canelones)
- Bodega De Lucca (Canelones)
- Bodega Spinoglio (Montevidéu)
- Familia Traversa (Montevidéu)
- Finca Narbona (Colonia)
- Marichal e Hijos (Canelones)
- Montes Toscanini
- Viña Progreso (Canelones)
- Viña Varela Zarranz (Canelones)
- Viñedo de los Vientos

Vinhos de Portugal

VÁRIAS CIVILIZAÇÕES AJUDARAM a moldar a indústria de vinhos de Portugal, com sua longa história que se estende por mais de 4 mil anos. Por causa de sua riqueza histórica, geográfica e climática, Portugal possui uma diversidade de uvas invejável. Na costa oeste do país, o oceano Atlântico refresca e umedece o clima; na costa leste, a terra seca esquenta à medida que se aproxima da fronteira com a Espanha. Ao norte, encontram-se os famosos vinhos do Porto, Douro e Vinho Verde. No centro, têm-se bons vinhos no Dão e na Bairrada, assim como nas proximidades de Lisboa, no Tejo e na península de Setúbal. E, no Alentejo, são produzidos vinhos exuberantes que já estabeleceram sua reputação internacional.

Por motivos políticos, Portugal manteve-se comercialmente fechada por boa parte do século XX, e foi somente a partir da década de 1990 que houve grandes mudanças no mercado de vinhos. Os produtores portugueses não ficaram incólumes à influência globalizante, pois vários plantaram uvas da moda, como Cabernet Sauvignon, Merlot e Syrah, entre as tintas, e Chardonnay e Sauvignon Blanc, entre as brancas. Em vários casos, os resultados foram positivamente surpreendentes. Mas, em Portugal, há uma cornucópia de variedades de uvas nativas, muitas delas únicas, com nomes simpáticos e perfis de sabores peculiares – existem 250 uvas autóctones, sendo que a tinta mais conhecida, a Touriga Nacional,

Mapa 1. Portugal geral.

Classificação

está plantada também no Brasil. Os produtores portugueses sabem que, num mercado tão competitivo como o dos vinhos, elas representam o seu trunfo, já que conferem personalidade a seus vinhos, que vêm conquistando cada vez mais consumidores em todo o mundo.

O sistema de classificação de vinhos em Portugal é:

- DENOMINAÇÃO DE ORIGEM CONTROLADA (DOC) ou DENOMINAÇÃO DE ORIGEM PROTEGIDA (DOP): é a categoria mais restritiva em termos de leis de produção dos vinhos portugueses, associada a uma região delimitada e com regras próprias. Têm esse *status* as mais antigas regiões produtoras de vinho do país.
- VINHO REGIONAL: são vinhos de Indicação Geográfica Protegida (IGP ou IG). Exige-se a indicação geográfica das uvas que entram na sua elaboração. Trata-se de um nível de qualidade superior ao vinho básico português, mas que oferece ao produtor mais liberdade em relação a aspectos legislativos, incluindo a possibilidade de usar castas internacionais.
- VINHO: é o nível do vinho básico; apresenta regras flexíveis, que podem ser usadas para diversos estilos, os quais podem ser adaptados para os padrões do mercado.

Região dos Vinhos Verdes

Também existem classificações complementares:

- **RESERVA:** termo usado para demonstrar qualidade. Essa terminologia pode ser atribuída a vinhos safrados, com teor de álcool superior em 0,5% ao limite mínimo fixado, que devem ser aprovados por um painel de degustação.

- **GARRAFEIRA:** classificação que pode ser usada para todos os vinhos, não somente DOC. São vinhos, no caso dos tintos, que envelhecem por no mínimo trinta meses, dos quais doze meses são em garrafa de vidro; já os brancos devem ser envelhecidos por seis meses em barris ou tonéis, seguidos de seis meses na garrafa.

Alguns produtores acrescentam outros termos, como "Grande Escolha", a seus vinhos topos. Outros designativos de qualidade que podem ser usados são: "Colheita Seleccionada" e "Vinhas Velhas".

Essa é a famosa região do Minho, a maior área vinícola de Portugal. Dados recentes sugerem que a área plantada possui 34.000 ha. A área demarcada, reconhecida em 1908, começa um pouco abaixo da cidade do Porto e vai até o extremo norte de Portugal, onde o rio Minho delimita a fronteira com a Espanha. A oeste, o oceano Atlântico serve como limite geográfico e também como moderador climático, e, a leste, ficam diversas serras, como a do Marão, a do Alvão e a da Peneda.

Uma característica do Minho é a sua riqueza hidrográfica, com alguns dos mais importantes rios portugueses, como o Minho, o Lima, o Cávado, o Ave e o Douro, que nesse trecho recebe as águas do Sousa, do Tâmega e do Paiva. No horizonte, descortina-se uma imensa paisagem vegetal verde, que, segundo a hipótese mais aceita, explica a origem do seu nome. Trata-se de uma região de pequenos produtores, onde 90% das propriedades têm menos de 5 ha.

Como em outras regiões no passado, no Minho utilizavam-se práticas tradicionais que priorizavam a quantidade

Mapa 2. Região dos Vinhos Verdes.

em vez da qualidade e do aproveitamento do terreno (horta no centro, com vinhedos em volta). As videiras eram plantadas junto às árvores e cresciam livremente para o alto, enroscando-se em seus galhos; chamavam-se "vinhas de enforcado" e, ainda hoje, podem ser vistas à beira das estradas. Embora econômica, pois exigia poucos cuidados, essa prática não favorecia a maturação das uvas, originando vinhos inferiores.

Mais tarde, passou-se ao sistema de "ramada", que é a nossa conhecida latada (pergolado).

Com a entrada de Portugal na União Europeia, grandes investimentos foram feitos em diferentes setores da economia. Em boa parte da região do Minho houve reconversão dos vinhedos, e adotaram-se sistemas de condução, como o cordão simples e a espaldeira. Antes, os vinhedos ocupavam apenas as partes baixas dos vales; atualmente, são plantados em encostas, onde há boa exposição ao sol e uma melhor drenagem. Grande parte dos equipamentos das adegas foi atualizada.

As principais uvas brancas são as nativas Alvarinho, Arinto (chamada localmente de Pedernã), Trajadura, Loureiro, Azal e Avesso. As principais tintas são Alvarelhão, Espadeiro e Vinhão. Os vinhos mais conhecidos no Brasil são os brancos; os tintos são consumidos na própria região e raramente exportados.

A DOC Vinho Verde possui nove sub-regiões: Amarante, Ave, Baião, Basto, Cávado, Lima, Monção e Melgaco, Paiva e Sousa.

Os vinhos devem ter teor alcoólico abaixo de 11,5% vol., exceto quando elaborados com a casta Alvarinho. Nesse caso, o teor alcoólico geralmente é mais alto, podendo ser igual ou inferior a 14% vol.

Um Vinho Verde típico é leve, ligeiro e dispõe de alta acidez e toque de gás carbônico, que dá a sensação de frescor na boca, ao que alguns degustadores referem-se como "agulha".

A maioria dos vinhos é bebida jovem. Atualmente, existe a tendência de fazer vinhos mais sérios. Esses vinhos provêm de vinhedos de baixo rendimento,

Figura 1. Tradicional vila na região dos Vinhos Verdes.

podem passar por estágio em carvalho e praticamente não contêm gás carbônico residual; apresentam mais estrutura e podem envelhecer bem, principalmente quando elaborados com a casta Alvarinho. Na DOC Vinho Verde, eles devem ser elaborados com um mínimo de 85% de Alvarinho, proveniente das sub-regiões de Monção e Melgaço.

Grandes exemplos de vinhos do Minho procedem da sub-região de Monção e Melgaço. Em Monção, as uvas são cultivadas em terrenos de pedregulho ao longo do rio Minho; já em Melgaço, são cultivadas em solos rochosos. Nessa sub-região, o clima é mais seco e mais quente do que no restante do território, e seus vinhos são mais alcoólicos e mais longevos.

O Vinho Regional Minho é produzido em toda a Região dos Vinhos Verdes, porém não segue as especificações da DOC com relação às castas utilizadas, ao teor alcoólico, ao rendimento do vinhedo, etc.

- **SOGRAPE**, a gigante do vinho português, elabora, com uvas da região, o Gazela, para consumo diário. Com uvas Loureiro e Pedernã (Arinto) de seu vinhedo em Barcelos (Cávado), faz o Quinta de Azevedo, um típico Vinho Verde.

- A **QUINTA DA AVELEDA**, situada em Penafiel (Sousa), num dos mais bonitos parques portugueses, é uma propriedade-modelo. Suas marcas mundiais são o Casal Garcia, cujo rótulo azul lembra um azulejo português, o Aveleda e o Quinta da Aveleda, corte de Alvarinho e Loureiro. A empresa atua em outras regiões vinícolas de

Portugal, como o Douro, onde elabora o tinto Charamba, e a Bairrada, onde faz o Quinta D'Aguieira.

- ⦿ **ANSELMO MENDES**, reputado enólogo, elabora seus próprios vinhos em Melgaço. O Muros de Melgaço, um dos melhores Alvarinho do país, é vinificado integralmente em barris de carvalho francês; trata-se de um branco de classe internacional que mostra o caráter típico dessa uva. O segundo vinho é o Muros Antigos, cuja Alvarinho é fermentada em cubas de inox. Oferece agora dois topos de Alvarinho: o Curtimenta e o Parcela Única.

- ⦿ A **ADEGA COOPERATIVA REGIONAL DE MONÇÃO** produz dois vinhos de Alvarinho bastante conhecidos no Brasil, o confiável Deu la Deu e o popular Muralhas de Monção.

- ⦿ **PROVAM** é uma sociedade de dez viticultores, situada na sub-região de Monção e Melgaço. A moderna adega foi construída em 1992 para produzir vinhos das castas Alvarinho e Alvarinho/Trajadura.

Os vinhos da adega incluem: Portal do Fidalgo, Varanda do Conde, Vinha Antiga, Castas de Monção e Coto de Mamoelas. A exportação para o Brasil começou em 1998.

- ⦿ **COVELA** é uma maravilhosa propriedade situada num anfiteatro natural, voltado para o sul, nas encostas do rio Douro, na fronteira entre a zona granítica da Região dos Vinhos Verdes e a região de xisto dos Vinhos do Porto. Possui uma rica história que remonta ao século XVI. A quinta tem 49 ha, dos quais 18 são plantados com vinha. Novos donos estão rejuvenescendo a propriedade, que tem potencial para fazer alguns dos melhores vinhos do país. As castas plantadas incluem Avesso, Chardonnay, Alvarinho e Loureiro, para os vinhos brancos, e Touriga Nacional, Cabernet Franc e Merlot, para os tintos, que têm produção biológica.

- ⦿ A **SOALHEIRO** é situada ao norte, na sub-região do Minho chamada de Melgaço. Uma cadeia de montanhas a protege e cria as condições

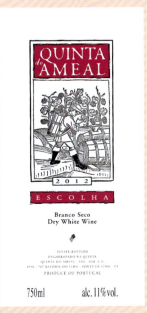

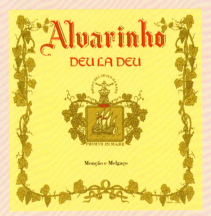
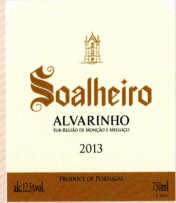

Figura 2. Rótulos de vinhos da região dos Vinhos Verdes.

necessárias para a maturação ideal das uvas cultivadas organicamente. Isso levou os proprietários a plantarem a casta Alvarinho em 1974 e a criarem, em 1982, o primeiro vinho dessa uva em Melgaço, o Soalheiro.

- Os vinhos da **QUINTA DO AMEAL** são produzidos na sub-região do Lima, onde a casta Loureiro atinge maior expressão aromática e gustativa. Premiada várias vezes e referida nas melhores revistas da especialidade, a Quinta do Ameal aposta em novos projetos da casta Loureiro, lançando o Quinta do Ameal Escolha, que é 100% Loureiro e leva o caráter floral à perfeição.

- A vinícola **QUINTA DE GOMARIZ** possui cerca de 17 ha e está situada no Vale do Ave, sub-região do Vinho Verde, na área localmente conhecida como Entre Douro e Minho. Além de Alvarinho e Loureiro, a propriedade produz brancos da casta Arinto, Avesso, Azal, rosados da Espadeiro e tintos da casta Padeiro.

- A empresa **MANUEL DA COSTA CARVALHO LIMA & FILHOS** foi formada em 1981 e atualmente distribui várias linhas; entre elas, estão a São Martinho, a Cruzeiro, a Miogo e a Tapada dos Monges, marca esta que surgiu em 1992 como homenagem aos monges que introduziram, no século XII, a produção de vinho na região.

- O vinho Casa da Senra é produzido por **ABRIGUEIROS** no Vale do Rio Lima, na parte norte de Portugal; seus vinhedos estão localizados em belíssimos terraços, protegidos dos ventos atlânticos pelas montanhas. Sua inclinação ajuda a maximizar a exposição à radiação solar, criando condições ideais para castas como a Loureiro. Além dos vinhedos, houve uma modernização também na adega.

OUTROS PRODUTORES RECOMENDADOS

- Casa do Valle
- Palácio da Brejoeira
- Quinta da Levada
- Quinta da Lixa

Trás-os-Montes

Abrange os vinhedos da região nordeste de Portugal, compreendendo a DOC Trás-os-Montes e o Vinho Regional Trasmontano, ambas denominações estabelecidas em 2006. O nome da região deriva da sua posição geográfica, pois é localizada "atrás" das serras do Marão e Alvão. Nessa área de vales verdejantes e geografia ondulada, a altitude varia entre 350 m e 700 m. O solo é predominantemente de granito, com presença de xisto. Por causa do aspecto geográfico, existe grande diversidade climática, sendo a parte sul ligeiramente mais quente que a parte norte da região.

A DOC Trás-os-Montes é dividida em três regiões distintas: Planalto Mirandês, na parte leste, onde a viticultura recebe influência do rio Douro; Valpaços, um planalto rico em recursos hidrográficos, situado na parte central da região; e Chaves, sub-região situada na parte norte, com vinhedos plantados tipicamente nas encostas de vales, na borda com a Espanha. Essa é uma região de pequenos produtores, muitos comprometidos em abastecer de frutas as cooperativas locais. O número de produtores independentes vem crescendo gradualmente, junto com a qualidade dos vinhos locais. As castas tintas incluem Trincadeira, Marufo, Bastardo, Tinta Roriz, Touriga Franca e Touriga Nacional. As brancas principais são Síria, Rabigato, Viosinho, Côdega de Larinho, Fernão Pires, Gouveio e Malvasia Fina. O Vinho Regional Transmontano pode ser originário de qualquer parte da região e incluir varietais elaboradas com castas internacionais.

◉ VALLE PRADINHOS, criada em 1913, é uma propriedade familiar com 350 ha. Os vinhos são uma mistura de variedades de uvas nativas, como Touriga Nacional, Tinta Roriz, Tinta Amarela, Tinta Barroca e Malvasia Fina, e varietais internacionais, como Cabernet Sauvignon, Gewürtztraminer e Riesling.

OUTRO PRODUTOR RECOMENDADO

◉ Quinta de Arcossó

Mapa 3. Regiões vinícolas do Douro.

Douro

O Douro é a mais antiga região vinícola demarcada do mundo, tendo isso ocorrido em 1756, por influência do marquês de Pombal. A região vinícola do Douro ocupa uma área demarcada de 45.215 ha e inclui paisagens magníficas em vales profundos. Começa perto da cidade de Mesão Frio, a 70 km da cidade do Porto, e segue o rio Douro e seus afluentes até a fronteira com a Espanha. Montanhas elevam-se nas duas margens do rio, onde os vinhedos plantados nas encostas oferecem uma formidável vista.

A partir de Mesão Frio, o Douro é dividido em três regiões: Baixo Corgo, na parte oeste, que sofre mais influência marítima e, portanto, origina estilos mais leves; Cima Corgo, o coração da região, ao redor da cidade de Pinhão, com cerca de dois terços da produção; e Douro Superior, na borda com a Espanha, que apresenta clima continental mais extremo, com invernos frios e verões bastante quentes. Em 2001, grande parte dessa região foi classificada pela Organização das Nações Unidas para a Educação, a Ciência e a Cultura (Unesco) como Patrimônio da Humanidade na categoria paisagem cultural.

Até o início do século XVIII, a maioria dos vinhos exportados era composta de vinhos tranquilos. Com a evolução para vinhos fortificados, somente o excesso da produção passou a ser usado para vinhos tranquilos; mas, atualmente, cerca de metade da produção é de vinhos tranquilos. Existem várias vinícolas que, em vez de competirem com as tradicionais casas produtoras de vinho do Porto, preferem diversificar e focar exclusivamente na produção de tintos e brancos de grande qualidade.

As duas DOCs – Douro, para vinhos de mesa, e Porto, para vinhos fortificados – são supervisionadas pelo Instituto dos Vinhos do Douro e Porto (IVDP) – que também inspeciona os vinhos de Indicação Geográfica Terras Durienses –, o qual, por decisão do governo português, uniu o antigo Instituto do Vinho do Porto (IVP) e a Casa do Douro.

Existem, na região, mais de noventa tipos de castas permitidas na elaboração de vinhos. Cinco uvas tintas

Figura 3. Os vinhedos ladeiam o rio Douro e seus afluentes, desde Mesão Frio até a Espanha.

são consideradas as mais importantes nas duas denominações. A principal é a Touriga Nacional, componente essencial da maioria dos vinhos locais. Ela possui muita fruta e taninos, que enchem a boca e fornecem o corpo e a profundidade necessários à robustez e à longevidade do vinho. É, porém, uma uva de baixa produção. As outras, em termos de qualidade, são a Tinta Roriz (Tempranillo espanhola), a Touriga Franca, a Tinto Cão e a Tinta Barroca. A produção de vinhos brancos é pequena se comparada com a de tintos. Entre as uvas brancas utilizadas, destacam-se a Gouveio, a Rabigato (cujo nome, "rabo de gato", tem a ver com o formato dos cachos), a Viosinho e a Códega.

Um desafio da região é o alto custo da produção devido ao aspecto geográfico. A mecanização é impraticável em grande parte, já que as máquinas não podem entrar nos vinhedos por causa da grande inclinação do terreno, formado por terraços nas encostas.

O solo, predominantemente de xisto com manchas de granito, é bastante pobre e força as plantas a estenderem suas raízes a grandes profundidades em busca de nutrientes e água.

⦿ A Sogrape adquiriu a **CASA FERREIRINHA**, uma das mais tradicionais

Figura 4. A mecanização é difícil em grande parte dos vinhedos do Douro.

do país. Em 1952, o respeitado enólogo Fernando Nicolau de Almeida, da Casa Ferreirinha, criou o emblemático tinto Barca Velha, que é elaborado segundo os padrões de Bordeaux com as uvas Touriga Nacional, Tinta Roriz, Touriga Franca e Tinta Barroca – todas com a mais alta qualidade –, atualmente provindas de vinhedos do Douro Superior, da Quinta da Leda e da Quinta do Seixo. Por causa do grau de exigência da qualidade das uvas, não se elabora o Barca Velha todos os anos. Decorridos sessenta anos da data de seu lançamento, só se engarrafaram dezessete safras, o que contribuiu para o mito e para a escassez, que, aliada à qualidade dos vinhos, justifica os preços elevados e o fervor com que colecionadores de todo o mundo o disputam. Outro grande vinho da Casa Ferreirinha é o Reserva Especial, elaborado nos anos em que a qualidade das uvas não atingiu o nível do Barca Velha. Outros tintos da Casa Ferreirinha são o Esteva, o Vinha Grande e o Callabriga, todos com ótima relação qualidade/preço.

- A **REAL COMPANHIA VELHA**, uma das mais antigas do Douro, possui

389

vinhedos em diversos locais ao longo do famoso rio. Uma linha bastante conhecida no Brasil é a Porca de Murça, com bons tintos e brancos. Outras linhas são a Quinta de Cidrô, a Quinta dos Aciprestes e a Evel. O Evel Grande Escolha, corte de Touriga Nacional e Touriga Franca que amadurece por dezoito meses em carvalho francês novo, é o seu vinho topo. A linha Grandjó inclui um vinho tinto, um branco e um doce.

- ◉ A SYMINGTON, da família de origem escocesa, é hoje uma das maiores produtoras de vinhos do Porto e do Douro. Possui 25 quintas em um total de 1.769 ha, dos quais 940 ha são ocupados por vinhedos, e é dona das conhecidas marcas de Porto Graham's, Dow's, Warre's, Cockburn's e Smith Woodhouse. Com uvas de sua Quinta do Vesúvio, no Douro Superior, elabora também o tinto Quinta do Vesuvio, considerado um dos grandes de Portugal. De uma histórica

propriedade no Cima Corgo, a Quinta do Roriz, saem as uvas para outro excelente vinho, que leva o nome da propriedade. Seu tinto Altano tem ótima relação qualidade/preço. No final dos anos 1990, a família Symington associou-se ao enólogo francês Bruno Prats, ex-proprietário do Château Cos d'Estournel, de Bordeaux, para lançar um vinho de mesa: o Chryseia (nome que, em grego, significa "de ouro"), um tinto que está entre os melhores de Portugal e que é bem posicionado no mercado brasileiro.

- ◉ RAMOS PINTO é um tradicional produtor de vinhos do Porto. Foi o pioneiro no estudo das castas portuguesas na viticultura no Douro, na vinificação e no corte de uvas de diferentes quintas em sub-regiões e altitudes diferentes. Entre seus vinhos de mesa, destaca-se o Duas Quintas, corte de 70% Touriga Nacional e 30% Tinta Barroca, provindas dos vinhedos das Quintas da Ervamoira e dos Bons Ares; trata-se de um vinho moderno que pode ser bebido jovem. O Quinta dos Bons Ares é um corte muito bem-feito de Touriga Nacional e Cabernet Sauvignon.

- ⊙ **NIEPOORT** é outra tradicional casa de vinhos do Porto que apostou nos vinhos de mesa e alcançou grande sucesso. Na linha Redoma, o branco, corte das uvas Códega, Rabigato, Viosinho e Gouveio, de vinhas velhas, é fermentado em barrica e tem semelhança com os grandes brancos da Borgonha; o tinto, corte de Tinta Roriz, Touriga Franca, Tinta Amarela e Tinto Cão, também de vinhas velhas, tem parte das uvas pisadas em lagares de pedra e parte fermentada em cubas de inox, sendo a malolática feita em madeira, o que resulta em um vinho macio, de bom corpo e ótima acidez. Seu topo é o Batuta, de baixa produção, que oferece grande concentração aromática e textura excelente.

- ⊙ A **QUINTA DO CRASTO**, situada na margem direita do Douro, entre Régua e Pinhão, possui uma adega construída na encosta, que proporciona uma magnífica vista do rio. Na quinta são conservados dois marcos de pedra que foram utilizados na demarcação da primeira região vinícola do mundo. Por tradição, suas uvas eram vendidas a granel a importantes casas produtoras de Porto. Seu vinho básico, o Quinta do Crasto, é um tinto que não passa por madeira, sendo leve, macio e agradável. Com uvas de pequenos vinhedos, cujas parreiras têm mais de cem anos, elabora seus vinhos topos: o Vinha Maria Teresa, o Vinha da Ponte e o Reserva Vinhas Velhas. As uvas não são separadas por castas, e os vinhos passam longo tempo em barricas de carvalho. É uma propriedade com cerca de 130 ha, dos quais setenta são ocupados por vinhas. Também fazem parte do patrimônio da empresa a Quinta do Querindelo, com 10 ha de Vinha Velha, e a Quinta da Cabreira, no Douro Superior, com 114 ha de vinha. A Quinta do

Crasto é propriedade da família de Leonor e Jorge Roquette há mais de um século, que também tem um projeto com Jean-Michel Cazes, do Château Lynch-Bages. Em 2002, as duas famílias decidiram criar um vinho marcado pelas características naturais do Douro e pela experiência dos Cazes, que fazem vinhos em Bordeaux há aproximadamente cem anos. O vinho chama-se Roquette & Cazes.

- A **QUINTA DO VALLADO** situa-se em Vilarinho dos Freires, próxima de Peso da Régua, no Baixo Corgo. Fundada em 1716, no século seguinte a propriedade passou às mãos de dona Antonia Ferreira, figura mítica do Douro, e pertence à sua família até hoje. Possui vinhedos nas duas margens do rio Corgo, perto de onde encontra o rio Douro. Seus vinhos são muito bem-feitos, com destaque para o Reserva Field Blend e o Adelaide tinto.

- A **QUINTA DO PASSADOURO** está localizada na margem esquerda do rio Pinhão, no coração do Douro, Cima Corgo, e consiste de duas diferentes vinhas: a Quinta do Passadouro e a Quinta do Sibio. Ambos os vinhedos possuem uma gama de variedades autóctones do Douro, nomeadamente a Touriga Nacional, a Touriga Franca, a Tinta Roriz, a Sousão e a Tinta Barroca. A quinta é copropriedade da família Bohrmann e de Jorge Serôdio Borges, que é o seu diretor e enólogo-chefe e já trabalhou como enólogo na Niepoort.

- **WINE & SOUL** é a empresa do casal de enólogos Sandra Tavares da Silva e Jorge Serôdio Borges, que já trabalhou em várias vinícolas de renome no Douro. Em 2001, os dois decidiram somar suas experiências e adquiriram um vinhedo com 2,5 ha, com vinhas de mais de setenta anos, no Vale de Mendiz, perto do Pinhão. Atualmente, com a agregação da Quinta da Manoella, recebida como herança em 2008, possuem 20 ha. O primeiro vinho da Wine &

Soul foi o Pintas, um "vinho de garagem" de pequena produção, elaborado com mais de vinte castas típicas do Douro, de vinhas velhas. A ele se somaram o branco Guru, corte de Códega, Gouveio, Rabigato e Viosinho; o Pintas Character, o Manoella, elaborado com 60% de Touriga Nacional, 25% de Touriga Franca e o restante de Tinta Roriz e Tinta Franca, e o Quinta da Manoella Vinhas Velhas, com uvas de vinhas centenárias.

- A QUINTA DO VALE MEÃO situa-se no Douro Superior. Seu proprietário, Francisco Javier de Olazábal, foi presidente da Casa Ferreirinha. Durante anos, ele vendeu as uvas de sua quinta à empresa que fazia parte do corte do famoso Barca Velha. Quando resolveu fazer seu próprio vinho, Olazábal desligou-se da Sogrape. Após longa preparação, lançou o tinto Quinta do Vale do Meão, que logo foi reconhecido e elogiado pela crítica e pelos consumidores. O vinho consiste de um corte das uvas Touriga Nacional, Tinta Franca, Tinta Roriz e Tinta Barroca. As castas são vinificadas separadamente em lagares, e depois passam por estágio em barricas (80% novas e 20% de segundo ano) de 225 ℓ, de carvalho francês.

- A QUINTA VALE D. MARIA é uma antiga propriedade situada no Vale do Rio Torto, no coração do Vale do Douro. No final de 1993, quando deixou a Quinta do Noval, Cristiano van Zeller decidiu contribuir para o desenvolvimento dos produtores independentes no Douro, com o objetivo de aumentar a produção do vinho tranquilo em relação à produção de Vinho do Porto na região. Van Zeller começou a desenvolver vinhos diferentes utilizando uvas cultivadas em diversas quintas, especialmente na sua própria, a Quinta Vale D. Maria. A propriedade conta com aproximadamente 28 ha, grande parte deles ocupada por vinhas velhas, com mais de 50 anos, onde se plantam as castas tradicionais do Douro: Tinta Amarela, Rufete, Tinta Barroca, Tinta Roriz, Touriga Franca, Touriga Nacional e Sousão, etc. Cristiano van Zeller é responsável por um dos melhores vinhos do país, o CV Curriculum Vitae.

- A **QUINTA DA CASA AMARELA** está localizada na margem esquerda do rio Douro e pertence à mesma família desde 1885. A casa de moradia – de cor amarela – foi reconstruída e ampliada no início do século XX. Trata-se, então, de uma empresa familiar com tradição secular na região. A média de idade das vinhas da quinta excede 45 anos, e a maioria delas inclui castas nobres do Douro. A produção de vinho adere a um cuidadoso sistema no qual a qualidade é a principal preocupação. Os vinhos tintos são produzidos por um tradicional processo de pisa a pé, de séculos, em tanques abertos, equipados com um sistema de controle da temperatura. Desde 2006, a quinta é responsável por um excelente exemplo de vinho que o Douro é capaz de elaborar, o Quinta da Casa Amarela Grande Reserva.

- A **QUINTA DE LA ROSA** pertence à mesma família há mais de cem anos. Desde 1906, cresce gradualmente e, hoje em dia, é composta de 55 ha. Possui uma grande diversidade de vinhas ao longo das margens do rio Douro, incluindo vinhedos com altitude de até 400 m, todos classificados como classe A. Muitos bons vinhos originam-se nessa quinta; o destaque é o Quinta de la Rosa Reserva, composto de Touriga Nacional, Touriga Franca e Tinta Roriz.

- A **QUINTA DO NOVAL** beneficia-se de uma posição privilegiada, próxima a Pinhão, no coração do Douro. As vinhas são inteiramente classificadas como classe A e plantadas com as nobres castas do Douro: Touriga Nacional, Touriga Franca, Tinta Roriz, Tinto Cão, Tinta Roriz, Tinta Francisca e Sousão. O destaque é o Quinta do Noval Touriga Nacional.

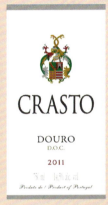
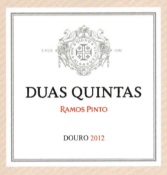

Figura 5. Rótulos de vinhos do Douro.

- A QUINTA DO PESSEGUEIRO foi adquirida, em 1991, por um empresário ligado à moda infantil. A propriedade foi modernizada e ampliada ao longo do tempo, sendo hoje composta por três parcelas com altitudes entre 200 m e 350 m. Respeito ao *terroir*, tecnologia de ponta e um grupo de excelentes profissionais dão origem a vinhos de altíssimo padrão.

- A QUINTA DO PORTAL foi estabelecida no início dos anos 1990 e foca a criação de vinhos do Douro de classe internacional, incluindo DOC Douro, Vinhos do Porto e Moscatel. Grande variedade de uvas e altitudes e exposições solares distintas contribuem para a diversidade e complexidade de seus vinhos. A estrela é o topo chamado Auru.

OUTROS PRODUTORES RECOMENDADOS

- Alves de Sousa
- Bago de Touriga
- C. da Silva
- Carm
- Conceito Vinhos
- João Brito e Cunha
- Jorge Nobre Moreira
- Lavradores de Feitoria
- Maritávora
- Muxagat
- Quinta da Sequeira
- Quinta do Côtto
- Quinta do Infantado
- Quinta dos Murças
- Quinta do Passadouro
- Quinta do Pôpa
- Quinta do Ventozelo (Grupo Symington)
- Quinta Nova de Nossa Senhora do Carmo
- Secret Spot Wines
- Sogevinus (Burmester)

Beira Interior

Região remota, montanhosa, localizada no centro-oeste do país, tendo o seu limite na borda com a Espanha. A Beira Interior contém alguns dos vinhedos de maior altitude no país, os quais podem chegar a cerca de 700 m. O clima é continental, com verões quentes e invernos bastante frios. O solo é tipicamente granítico. A sua varietal emblemática é a Fonte Cal, que dá origem a vinhos brancos de boa acidez, com frutas cítricas e notas de mel. Outras varietais brancas que merecem destaque são a Síria, a Arinto, a Fernão Pires e a Malvasia. As tintas incluem varietais portuguesas, como Touriga Nacional, Trincadeira, Tinta Roriz, Alfrocheiro, Touriga Franca, Rufete, Bastardo e Marufo, e também varietais internacionais, como Cabernet Sauvignon, Merlot e Syrah. Além da DOC Beira Interior, os vinhos da região podem adotar a classificação Vinho Regional Terras da Beira, dependendo das regras seguidas.

◉ A COMPANHIA DAS QUINTAS é uma das maiores empresas vitivinícolas de Portugal, possuindo quintas em várias regiões que totalizam 400 ha. Na Beira Interior, é proprietária da Quinta do Cardo, situada em Figueira de Castelo Rodrigo, numa altitude de aproximadamente 700 m. A principal variedade branca é a Síria, casta que proliferou no Alentejo com o nome de Roupeiro; mas seu lugar de excelência é mesmo a Beira Interior. O branco Quinta do Cardo Síria é a melhor prova de que se pode fazer um vinho bom e barato. A quinta também elabora bons tintos, como o Touriga Nacional Reserva e o Seleção do Enólogo, corte de Touriga Nacional, Tinta Roriz e Touriga Franca.

◉ A QUINTA DE FOZ DE AROUCE situa-se no *concelho*[3] da Lousã, na região das Beiras. É rodeada pelos contrafortes das serras da Lousã e da Penela e banhada pelos rios Arouce e Ceira. Possui 15 ha de vinhedo, onde cultiva 80% de Baga e 20% de Touriga Nacional, para os tintos, e

---

[3] *Concelho* equivale a município.

Cerceal para os brancos. De uma parcela de 3 ha denominada Santa Maria, com vinhas com mais de 60 anos, tira as uvas de seu vinho topo: o Quinta de Foz de Arouce Vinhas Velhas Santa Maria.

OUTROS PRODUTORES RECOMENDADOS

- Beyra
- Quinta dos Currais
- Quinta dos Termos

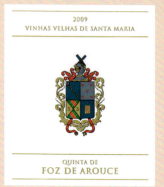

Figura 6. Rótulos de vinhos de Beira Interior.

Bairrada

A Bairrada é uma região de colinas suaves, cujos limites são as areias da orla marítima e as serras do Buçaco e do Caramulo. As principais cidades da DOC são Anadia, Mealhada e Cantanhede, e seus *concelhos*, situados mais ao sul, ficam próximos a Coimbra.

O clima é fortemente influenciado pelo oceano Atlântico e caracteriza-se por ser úmido. O verão apresenta dias quentes e noites frescas. O nome da região provém das palavras *bairro* ou *vila*.

Há diversos pequenos produtores na região; recentemente, começaram a surgir também pequenos produtores independentes, que estão fazendo um bom trabalho na busca de elevar a qualidade dos vinhos locais.

De uma maneira incomum para uma região de vinhos portugueses, na Bairrada existe a supremacia da uva tinta Baga, pequena, de casca grossa, com aromas de frutas negras, tipicamente amoras, cerejas negras e framboesas. Ela é incrivelmente tânica e ácida e, por esse motivo, pode ser comparada à Nebbiolo da Itália. Cerca de 80% dos vinhos da região são tintos predominantemente elaborados com essa varietal. Em 2003, as regras de produção foram alteradas para permitir a inclusão na Bairrada de outras varietais, entre elas a Alfrocheiro, a Camarate, a Castelão, a Jaen e a Touriga Nacional. Atualmente, a Baga representa menos de 50% do encepamento, enquanto, em conjunto, essas outras varietais correspondem a pelo menos 85%. Outras tintas plantadas na região incluem: Tinta Roriz, Rufete, Tinta Barroca, Tinto Cão, Touriga Franca e as internacionais Cabernet Sauvignon, Merlot, Syrah e Pinot Noir. As castas brancas encontradas na Bairrada incluem: Arinto, Bical, Cercial, Sercialinho, Maria Gomes e também Sauvignon Blanc. Também é uma região de espumantes elaborados pelo método clássico.

Além da DOC Bairrada, os seus vinhos podem adotar a classificação Vinho Regional Beira, dependendo das regras seguidas.

◉ A **SOGRAPE** está instalada na região de Anadia. Como a aspereza da Baga favorece a elaboração de

Mapa 4. Região vinícola de Bairrada.

rosados, a empresa transferiu para a região a produção do Mateus Rosé, um de seus mais bem-sucedidos vinhos. Criado em 1942, seu nome foi inspirado no famoso Palácio Solar de Mateus, do século XVIII, que fica em Vila Real, no Douro, e cujo desenho aparece no rótulo do vinho. O Mateus Rosé foi o "primeiro amor" de muitos enófilos; possui garrafa peculiar, baixinha e bojuda, cujo conteúdo simples, frutado e sem pretensões é fácil de beber.

Figura 7. Mateus Rosé.

- A ALIANÇA foi fundada em 1927. É uma tradicional vinícola portuguesa, com forte presença no mercado internacional, incluindo o Brasil, onde está presente há muitos anos. Tem sede em Sangalhos, com moderno centro de vinificação e magnífica adega para envelhecimento dos vinhos. Seu topo é o Quinta da Dona, no qual predomina a Baga (com passagem de catorze meses em carvalho francês). A Caves Aliança elabora também grandes tintos com uvas do Douro (como o Quinta dos Quatro Ventos) e do Alentejo (o Quinta de Terrugem).

- LUIS PATO é um dos principais produtores da Bairrada. Pato sempre procura inovar e buscar novos desafios. Revolucionário e criativo, ficou conhecido como "Senhor Baga", dada a sua dedicação à causa de uma das castas mais difíceis e de maior personalidade de Portugal. Ele tem trabalhado com a Baga em diversos tipos de solo e com vinhedos de diferentes idades. Plantou um vinhedo jovem em pé-franco (sem porta-enxerto americano), desafiando a filoxera; o tinto dessa vinha tornou-se um dos ícones de Portugal: o Quinta do Ribeirinho Baga Pé Franco. Pato nomeia seus vinhos principais a partir do nome do vinhedo do qual vêm as uvas; neles, a produção é reduzida em busca da melhor qualidade possível. Destacam-se o Vinha Pan, o Vinha Barrosa, o Quinta do Moinho, o Vinha Barrio e o Vinha Formol. Para ter mais liberdade na elaboração, ele adota para seus vinhos a denominação "Regional Beiras". Os 60 ha de vinhedos estão plantados com Baga, Touriga Nacional e Tinto Cão, para os tintos, e Maria Gomes, Bical, Cercial de Bairrada e Sercialinho para os brancos. Em 2011, surgiu o Fernão Pires, o primeiro tinto de uva branca, com 94% de Maria Gomes (Fernão Pires) e 6% de película de Baga.

◉ A **CAMPOLARGO** possui 170 ha em duas propriedades, a Quinta de Vale de Azar e a Quinta de São Matheus, no centro da Bairrada, onde cultiva 25 castas de uvas. Há parcelas de Baga, Touriga Nacional, Tinta Barroca, Pinot Noir, Trincadeira da Bairrada (Periquita) e Cabernet Sauvignon. As castas brancas são: Bical, Arinto, Cerceal e Verdelho. Uma adega moderna, equipada com lagares robotizados e voltada ao enoturismo, foi construída perto de Mogofores, *concelho* de Anadia. A Campolargo apostou na mistura da Baga com uvas internacionais e nativas para fazer vinhos diferentes dos tradicionais bairradinos, e tem tido sucesso em seu intento; atualmente, oferece um leque respeitável de vinhos de qualidade, como o Calda Bordaleza, o Termeão e o branco Bical.

Figura 8. Vinhedos e adega da Campolargo, em Anadia, Bairrada.

Figura 9. Magnífica adega da Cooperativa de Catanhede.

OUTROS PRODUTORES RECOMENDADOS

- Adega Cooperativa de Cantanhede
- Caves Acácio
- Caves do Freixo
- Caves Messias
- Caves São João
- Dão Sul – Quinta do Encontro
- Filipa Pato
- Luis Patrão Vinhos
- Quinta das Bageiras
- São Domingos
- Vinhos do Bussaco

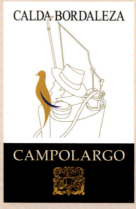

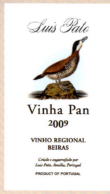

Figura 10. Rótulos de vinhos da Bairrada.

Dão

Localizado no centro-norte de Portugal, ao sul do Douro e a 80 km do mar, o Dão é uma área de planalto, rodeada por várias serras cortadas pelos rios Dão e Mondego. A oeste estão as serras de Buçaco e Caramulo, que protegem a região da influência do oceano Atlântico; a Serra da Nave, ao norte, e a da Estrela (de onde vem o famoso queijo Serra da Estrela), a leste, servem de obstáculos aos ventos do continente.

O território do Dão foi demarcado em 1908, e a sua principal cidade é a charmosa Viseu. A DOC Dão é uma área de vinhedos de 20.215 ha, onde são produzidos 50 milhões de litros de vinho/ano, dos quais 80% são tintos e 20%, brancos.

No norte e no centro da região os solos são de origem granítica pobre, e ao sul, de xisto. Solos arenosos e de boa drenagem também ocorrem com frequência.

O clima do Dão é quente e seco no verão e frio e chuvoso no inverno; geralmente, chove durante a colheita. O que define a qualidade de suas uvas é exatamente a época da chuva, no final do ciclo vegetativo, que vem acompanhado de temperaturas baixas. Quando a natureza coopera, o resultado são vinhos excelentes.

A entrada da gigante portuguesa Sogrape na região foi o marco das mudanças nos vinhos do Dão. As adegas cooperativas dominavam o setor, e sua preocupação era produzir grandes quantidades, sem priorizar a qualidade. A Revolução de 1974 revogou a lei que obrigava os pequenos produtores a vender para as cooperativas e permitiu a liberação do setor, com a consequente entrada de ótimos produtores.

Foi quando ocorreu a redescoberta da Touriga Nacional. Essa grande uva portuguesa, plantada atualmente em todo o país, é originária do Dão. No século XIX, ela constituía 90% dos vinhedos e quase desapareceu por causa da filoxera. Com as inovações tecnológicas, especialmente na seleção de clone, a Touriga Nacional voltou a ser importante em todo o país. Na região do Dão, ela é certamente uma varietal que se expressa muito bem. No Douro, onde o clima é mais quente, ela

Mapa 5. Região vinícola do Dão.

amadurece mais, adquirindo notas frutadas. No Dão, onde a temperatura é mais amena, o seu amadurecimento é mais lento. As uvas do Dão têm maior acidez, e seus vinhos caracterizam-se pelos aromas precisos de violeta. Outras uvas tintas de destaque no Dão são a Alfrocheiro, a Aragonês (Tinta Roriz), a Jaen e a Rufete.

Para os brancos, a melhor uva é a Encruzado, cujos vinhos, que podem passar um pouco em carvalho novo e envelhecem bem na garrafa, oferecem aromas mais florais e cítricos, muito minerais. Destaca-se, ainda, a branca Bical, conhecida no Dão como Borrado das Moscas ("excremento de mosquito"), nome que se deve à sua pele salpicada.

São duas as denominações nessa região: DOC Dão e DOC Lafões. A DOC Lafões situa-se entre o Dão e a Região dos Vinhos Verdes, ao longo do Rio Vouga. O nome é derivado da principal cidade da região. Seus estilos de vinho são mais leves, com alta acidez e características que talvez os aproximem mais do Vinho Verde do que dos vinhos do Dão. Entre as varietais tintas, destacam-se a

Amaral e a Jaen. As brancas que devem ser mencionadas são a Arinto, a Dona Branca, a Esgana Cão, a Cerceal e a Rabo de Ovelha.

A denominação Vinho Regional Terras do Dão inclui ambas as regiões: Dão e Lafões. Existe também a classificação Vinho Regional Terra de Lafões, que é uma sub-região de Terras do Dão, porém não é frequentemente usada.

- ◉ A **SOGRAPE** foi pioneira no Dão, tendo montado a primeira vinícola independente na região depois que as cooperativas perderam o monopólio. De sua adega *high-tech*, na Quinta dos Carvalhais, sai a linha que leva o mesmo nome da propriedade de vinhos que marcou a nova era do Dão. Também lá são elaborados tintos e brancos de ótima relação qualidade/preço na linha Duque de Viseu e na popular Grão Vasco.

- ◉ A **QUINTA DOS ROQUES** está situada ao sul da cidade de Viseu. Ela produz vinhos há mais de um século e dispõe de 40 ha de vinhas modernas –

30 ha plantados com castas tintas que incluem Touriga Nacional, Jaen, Alfrocheiro, Tinta Roriz, Tinto Cão e Rufete, e o restante com castas brancas, predominantemente Encruzado, mas também Malvasia Fina, Bical e Cerceal. Tradicional fornecedora das cooperativas, decidiu fazer seus próprios vinhos a partir de 1990. É proprietária da Quinta dos Maias, situada ao pé da Serra da Estrela, cujos vinhos são elaborados na Quinta dos Roques.

- QUINTA DO PERDIGÃO é uma vinícola relativamente nova, de pequeno porte, mas já é uma das mais premiadas do Dão. Fica na sub-região de Silgueiras, a 9 km de Viseu, e possui 7 ha com foco na Touriga Nacional e mais uma pequena parte experimental, em pé-franco. Sua adega foi construída aproveitando-se um armazém de granito. O foco é a produção em pequenas quantidades e alta qualidade. Entre as castas tintas plantadas, estão a Touriga Nacional, a Alfrocheiro, a Tinta Roriz, a Aragonês e a Jaen; também planta a branca Encruzado.

- A DÃO SUL, fundada em 1989 em Carregal do Sal, acreditou no potencial de produção do Dão. Começou com a Quinta do Cabriz, de 34 ha, mas já incorporou diversas outras quintas, transformando-se na Global Wines e passando a apostar nos vinhos portugueses e no enoturismo. Possui quintas no Vinho Verde, no Douro, no Dão, na Bairrada, na Estremadura e no Alentejo, totalizando 900 ha. Em 2002 nasceu o projeto Vinibrasil, vinícola localizada no Vale do São Francisco. São predominantes as castas Cabernet Sauvignon, Syrah, Touriga Nacional, Tinta Roriz, Tinto Cão e Vinhão, Tanat e Malbec.

- A CASA DA PASSARELLA, construída há mais de duzentos anos, tem história especial na região por ter desempenhado papel importante no movimento de resistência da Segunda Guerra Mundial, e por ter sido usada como esconderijo de judeus franceses. A quinta tem cerca de 100 ha, dos quais quarenta são de vinhedos. As castas incluem Touriga Nacional, Baga, Jaen (Mencia), Alfrocheiro, Tinta Barroca, entre outras. O Casa da Passarela Vinhas Velhas é um dos grandes exemplos de vinho da região.

- A IDEALDRINKS foi fundada em 2010 para produzir e distribuir vinhos, destilados e azeite, com o objetivo de divulgar os melhores produtos do país. Sua sede fica na Quinta do Seminário, em Casais, região de Coimbra, próxima ao Dão. Possui vinhedos de Vinhos Verdes, em Monção (Quinta da Pedra e Quinta de Milagres), em Braga (Paço de Palmeira), na Bairrada, em Anadia (Colinas de São Lourenço, Quinta da Malandrona e Quinta da Curia). No Dão, possui vinhedos na Quinta de Bella, em Viseu, que produz o bom tinto Dom Bella, 100% Touriga Nacional.

- A CASA DA BICA MANOR teria sido originada da construção de um convento que já existia entre 1550 e 1650; e desde 1650 a Quinta da Bica está sob responsabilidade da família Sacadura Botte. A charmosa propriedade é totalmente dedicada à produção de vinhos de alta qualidade. Com seu estilo mais tradicional, produz bons e consistentes vinhos, com destaque para o Quinta da Bica Reserva.

- QUINTA DA FONTE DO OURO faz parte da Sociedade Agrícola Boas Quintas. Sua história e tradição na agricultura estendem-se há mais de século; a família Cancela de Abreu mantém registros da sua atividade vinícola desde 1884. Atualmente, possui quintas também na Península de Setúbal e no Alentejo. Elabora um dos melhores varietais nacionais à base da casta Encruzado.

- CESCE AGRÍCOLA, empresa de Júlia de Melo Kemper, lançou seu primeiro vinho em 2008, originado da Quinta do Cruzeiro. Seus vinhos são elegantes, modernos e merecem atenção.

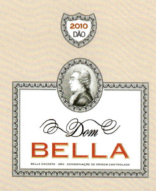

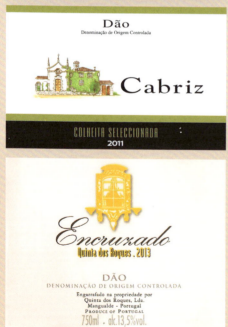

Figura 11. Rótulos de vinhos elaborados no Dão.

- A QUINTA DO SERRADO fica localizada em uma das melhores sub-regiões do Dão. A linha de produtos da Quinta do Serrado tenta preservar as características tradicionais do Dão e conta com excelentes vinhos, como o Quinta do Serrado Reserva, um corte de Touriga Nacional, Alfrocheiro e Jaen.

OUTROS PRODUTORES RECOMENDADOS

- Casa de Mouraz
- Caves Messias
- Caves São João
- Fontes da Cunha
- Lusovini
- Magnum Vinhos
- Quinta da Pellada
- Quinta da Ponte Pedrinha
- Quinta Vale das Escadinhas
- Vinhos Borges

Lisboa

A região vitícola de Lisboa vem ganhando importância por causa do contínuo aprimoramento de seus vinhos nos últimos anos. Ela contém nove Denominações de Origem Protegida: Alenquer, Arruda, Bucelas, Carcavelhos, Colares, Encostas de Aire, Lourinha, Óbidos e Terras Vedras. O Vinho Regional, que antigamente era chamado de Vinho Regional Estremadura, atualmente é conhecido como Vinho Regional Lisboa. Algumas das denominações têm pouca expressão comercial e, apesar de terem perdido espaço há algum tempo, estão gradualmente se recuperando. Novos vinhedos têm surgido tanto em Colares como em Carcavelhos. Em Colares, perto de Caiscais, existem alguns hectares com varietais como Ramisco e Malvasia, plantadas em solos arenosos. São exemplos como esse que asseguram um dos pontos fortes de Portugal: a sua diversidade.

A área vitícola de Lisboa é estreita, com cerca de 60 km de largura, e estende-se ao longo de 100 km desde o norte da capital, subindo pela costa atlântica até Leiria. O terreno é levemente ondulado, e o clima varia, apresentando regiões mais frescas perto do mar, onde são produzidos vinhos mais leves, frescos e com menor nível alcoólico. Vinhos da parte interior são tipicamente mais encorpados e possuem sabor de frutas mais intenso.

Bucelas dedica-se apenas à elaboração de vinhos brancos baseados na uva Arinto, aromática e de marcada acidez, que, em anos bons, origina um vinho cujo estilo pode se assemelhar ao de um bom Chardonnay francês. Bons espumantes também podem ser elaborados nessa região.

A influência marítima é interrompida pela Serra do Montejunto, cadeia de montanhas que atravessa a região na diagonal e determina sensíveis diferenças climáticas nas sub-regiões. Alenquer, protegida das brisas do mar, possui um clima mais quente que as demais sub-regiões, e, por isso, a uva Syrah tem dado ótimos resultados ali, onde se encontram os principais produtores de Vinho Regional de Lisboa.

Mapa 6. Região vinícola de Lisboa.

A noroeste da Serra de Montejunto, sob os efeitos das brisas marítimas, em Óbidos, são produzidos vinhos aromáticos e com frescor. Entre esses extremos, existem outras áreas de vinhos regionais, com características diferentes e que produzem vários estilos.

- A **QUINTA DA ROMEIRA**, situada em Bucelas, possui um passado ilustre: figuras históricas hospedaram-se nessa elegante propriedade. Atualmente, modernizada e bem cuidada, pertence à Wineventures, uma nova empresa de vinhos. Elabora, com a Arinto, os conhecidos brancos Prova Régia e Morgado de Santa Catherina, topo que é feito de suas melhores uvas, passa por carvalho e pertence ao *ranking* dos grandes vinhos brancos portugueses.

- A **QUINTA DE PANCAS**, que também pertence à Companhia das Quintas, é uma vinícola com boa estrutura que fica logo na saída de Alenquer e elabora varietais de Touriga Nacional e Tinta Roriz, além de Cabernet Sauvignon e Merlot. Ademais, oferece um bom Chardonnay e um branco marcante de Arinto.

- **QUINTA DO MONTE D'OIRO** foi a produtora que, além de uvas nativas, apostou na plantação da Syrah e de outras uvas do Rhône, como a Cinsault. Com a Syrah, elabora o Vinho da Nora Reserva e, com a Tinta Roriz, o Tempera.

- **QUINTA DA CHOCAPALHA** é uma antiga e tradicional produtora do Alenquer. Em 1987, foi adquirida pela família Tavares da Silva. Passou por uma remodelação, com a introdução de novas técnicas de cultivo e vinificação. Seu tinto é um corte de Touriga Nacional, Tinta Roriz e Alicante Bouschet. O CS é 100% Cabernet Sauvignon. O Arinto tem uma excelente relação qualidade/preço; as uvas desse vinho se desenvolvem muito bem na quinta, onde a amplitude térmica é grande – durante o dia, elas são protegidas do vento e da influência oceânica pela

Serra do Montejunto; à noite, há um acentuado decréscimo na temperatura. O Chocapalha Arinto é um branco com agradável acidez, notas cítricas e minerais.

OUTROS PRODUTORES RECOMENDADOS
- Adega Mãe
- Adega Regional de Colares
- Agrovitis
- Casa Santos Lima – Companhia das Vinhas
- Casal de Santa Muaria
- Coteaux da Murta
- DFJ Vinhos
- Enoport Caves Velhas
- Quinta de Sant'Ana
- Quinta do Gradil
- Quinta do Pinto
- Quinta do Sanguinhal
- Vinhos Vidigal

Figura 12. Rótulos de vinhos de Lisboa.

Tejo

A região se "esparrama" pelas margens do rio Tejo, a nordeste de Lisboa; antigamente, era chamada de Ribatejo. Percorrendo o Tejo, distinguem-se três áreas com tipos de solo diferentes:

- ⊙ **LEZÍRIA**, nas margens, terreno de aluvião alagado pelas cheias periódicas do rio Tejo. Em seu solo bastante fértil cultivam-se uvas, cereais, tomate e arroz. A região produz bom volume de vinhos, mas raramente atinge alta qualidade.
- ⊙ **BAIRRO**, na margem direita ao norte de Lezíria, mais afastada do rio, com solos de calcário e argila.
- ⊙ **CHARNECA**, na margem esquerda ao sul de Lezíria, com solos pobres e arenosos.

Nos terrenos de Bairro e Charneca vem ocorrendo a produção de boas uvas viníferas, o que tem ajudado a região do Tejo na busca de mais qualidade para seus vinhos. A região do Tejo possui cerca de 20.000 ha de vinhedos, e a maioria dos vinhos produzidos é declarada de *mesa*.

A DOC Tejo é delimitada por seis sub-regiões: Almeirim, Cartaxo, Chamusca, Tomar, Santarém e Coruche. Os vinhos são feitos das tradicionais uvas tintas: Aragonês, Alfrocheiro, Camarate, Castelão, Moreto, Negra-Mol, Rufete, Tourigas Nacional e Franca, Trincadeira, entre outras. Entre as brancas, incluem-se: Fernão Pires (40% das plantações), Rabo de Ovelha, Arinto e Talha. Foi permitida pelo governo a inclusão de uvas internacionais no corte das tradicionais portuguesas; assim, Chardonnay, Sauvignon Blanc, Merlot, Cabernet Sauvignon e Syrah já marcam presença.

A região é a segunda maior produtora do país, e a classificação DOP aumentou significativamente nos últimos anos; atualmente, cerca de 40% do vinho engarrafado na região é DOC.

Ao contrário do que ocorre em outras regiões de Portugal, o Tejo tem produzido mais vinho branco que tinto. A tradição de quantidade se deve a que grande parte do seu vinho era destilado para fazer aguardente vínica, usada no Porto; existia uma lei, já revogada, segundo a qual toda a aguardente vínica do país devia vir do Tejo. É interessante notar que

Mapa 7. Regiões vinícolas do Tejo.

a umidade e os nevoeiros matinais, em razão da grande massa de água, seguidos de dias ensolarados, têm permitido a elaboração de vinhos brancos doces a partir de uvas atacadas pela "podridão nobre".

Na área pode ser usada a classificação DOC Tejo e IG Tejo.

- **ENOPORT** é a designação da reunião das quintas pertencentes ao maior grupo graneleiro português. Há mais de trinta anos iniciou um processo de remodelação e foi uma das precursoras do conceito de *vinhos de quinta*, valorizando o local de origem das uvas. Inclui a conceituada Caves Dom Teodósio, baseada na cidade de Rio Maior, a 80 km de Lisboa, perto de Santarém; a Quinta de São João Batista, de 110 ha, em Tomar, onde se elabora um excelente Touriga Nacional; e também as Quintas D'Almargem e Bairro Falcão, em Cartaxo. É proprietária da marca Vinhos Verdes Calamares, muito conhecida no Brasil.

- **QUINTA DA ALORNA**, um belo palácio estabelecido nos meados do

Figura 13. Rótulo de vinho do Tejo.

Península de Setúbal

século XVIII, ajudou a escrever a história de Portugal e foi palco de grandes acontecimentos históricos e culturais. Atualmente, conta com cerca de 220 ha de vinhedos e com varietais como Cabernet Sauvignon, Alicante Bouschet, Touriga Nacional, Chardonnay, Verdelho e Arinto. Destaque para o vinho Marquesa de Alorna Reserva.

Pela famosa ponte 25 de Abril, sobre o rio Tejo, ao sul de Lisboa, chega-se à península de Setúbal, que faz parte do majestoso Parque Natural da Arrábida e é onde nasce o rio Sado. Nela elaboram-se vinhos em duas DOCs: Palmela (vinhos de mesa) e Setúbal (vinhos fortificados à base de Moscatel). A denominação comum aos vinhos de toda a região é IG Península de Setúbal.

A DOC Palmela tem área de 9.210 ha, abrangendo os *concelhos* de Palmela, Setúbal e Sesimbra. O clima em Palmela, protegida pela Serra da Arrábida, é quente e seco, enquanto o resto da região, de início, sofre mais influência marítima e da bacia hidrográfica do rio Sado e, mais para o interior, da secura alentejana.

Comparada a outras, a região tem poucos produtores, mas é sustentada por duas marcas fortes do vinho português. As instalações são de alta tecnologia, e são realizadas experiências com uvas internacionais. Os tintos são elaborados predominantemente com uva Castelão, que encontrou na região seu hábitat natural; como outras uvas nativas

OUTROS PRODUTORES RECOMENDADOS

- ◉ Casa Cadaval
- ◉ Companhia das Lezírias
- ◉ DFJ Vinhos
- ◉ Falua (João Portugal Ramos)
- ◉ Fiúza & Bright
- ◉ Quinta da Lagoalva de Cima
- ◉ Quinta do Casal Branco
- ◉ Vale d'Algares

Mapa 8. Região vinícola da Península de Setúbal.

Figura 14. Serra de Arrábida e o rio Sado, em Palmela.

portuguesas, a Castelão foi conhecida por outros nomes, como Periquita e João de Santarém. Outras varietais incluem Aragonez, Bastardo, Touriga Franca, Touriga Nacional, Trincadeira e Moscatel Roxo. Entre as brancas, podem ser encontradas Moscatel de Setúbal, Moscatel Galego Branco, Antão Vaz, Arinto, Fernão Pires, Malvasia Fina, Roupeiro, Rabo de Ovelha, Verdelho e Viosinho, além de castas internacionais como Chardonnay, Riesling e Sauvignon Blanc.

- **JOSÉ MARIA DA FONSECA** é a segunda maior produtora de vinhos de Portugal. Sua sede fica em Azeitão, e nela convivem harmoniosamente o antigo e o moderno. Seu sucesso nos vinhos começou com o Periquita, o primeiro vinho engarrafado em Portugal, com uma história de 160 anos; era feito da uva Castelão, que crescia num pequeno vinhedo chamado de Cova da Periquita (*cova* significa "vale"), onde ainda existem periquitos selvagens. No fim do século XIX, a filoxera destruiu o vinhedo. O fundador da empresa trouxe a Castelão de outra região para reparar o dano. Com o tempo, a própria uva passou a ser chamada de Periquita e espalhou-se por outras regiões. Após longas discussões na Comunidade Europeia, desfez-se a ambiguidade entre o nome do vinho e da uva: Periquita é a marca exclusiva da José Maria da Fonseca; a uva deve ser chamada simplesmente de Castelão. O Periquita básico é um dos vinhos mais vendidos no Brasil. Antes feito exclusivamente com a uva Castelão, agora leva 20% de Trincadeira e Aragonês, para ficar mais frutado. O Periquita Clássico só é elaborado em bons anos e tem grande capacidade de envelhecimento. A empresa engarrafa o Lancers, o grande rival rosado do Mateus. Seu vinho topo é o Hexagon, elaborado com seis uvas (Tourigas Nacional e Franca, Tinto Cão, Trincadeira, Syrah e Tannat), com estágio de doze meses em carvalho francês novo. A linha Quinta do Camarate é muito apreciada no Brasil. A José Maria da Fonseca também faz vinhos no Douro, Dão e Alentejo.

- A **BACALHÔA**, fundada em 1922, é uma empresa de grande porte que tem projetos em várias regiões do país sob o nome de João Pires & Filhos. Sua adega também fica em Azeitão, assim como a sede da José Maria da Fonseca. Do patrimônio da empresa, destaca-se o Palácio e a Quinta da Bacalhôa, importante monumento nacional da época do Renascimento. Seu tinto, o Quinta de Bacalhôa, lançado nos anos 1970, foi o primeiro feito com uvas Cabernet Sauvignon de um pequeno e antigo vinhedo; envelhecido em carvalho francês novo, é considerado um marco da enologia portuguesa. O Má Partilha, 100% Merlot, é muito bom, assim como o Só Syrah e o Só Touriga Nacional. Entre os brancos, destacam-se o Cova da Ursa, 100% Chardonnay e fermentado em carvalho, e o Catarina, corte de Fernão Pires e Chardonnay.

Figura 15. Rótulos de vinhos da Península de Setúbal.

OUTROS PRODUTORES RECOMENDADOS

- Casa Ermelinda Freitas
- Cooperativa Agrícola Santo Isidro de Pegões
- Herdade da Comporta

Alentejo

A capital do Alto Alentejo, Évora, é uma pequena cidade cujo centro antigo, cercado de muralhas construídas pelos romanos, é Patrimônio Mundial. O Alentejo é uma região levemente ondulada que se estende pelo sudeste de Portugal e chega até a fronteira com a Espanha, cobrindo assim a maior parte do sul português.

O ditador Antonio de Oliveira Salazar achava que o Alentejo, em razão de suas grandes extensões de terras relativamente planas, deveria abastecer Portugal de cereais. Como consequência, atualmente há cerca de 22.000 ha de vinhedos no total. O clima é continental, com invernos frios e verões bastante quentes. A região recebe tipicamente 3 mil horas de sol por ano. Por causa da baixa incidência pluviométrica, a irrigação é permitida e frequentemente usada como compensação, assim como para aliviar o excesso de calor.

O solo é variado e inclui granito, argila, xisto e também solos calcário e de origem vulcânica. Durante as últimas duas décadas, grandes investimentos trouxeram à região mudanças radicais tanto nos campos quanto nas adegas. Pequenos e grandes produtores e cooperativas trabalham lado a lado para demonstrar a diversidade do Alentejo. Assim, temos uma enorme diversidade de produtos, diversos processos de vinificação e, sem dúvida, grandes vinhos. Atualmente, de cada duas garrafas de vinho consumidas em Portugal, uma é de vinho alentejano.

Entre as uvas tintas, as mais importantes são a Trincadeira, que resiste à seca e ao calor do Alentejo, a Aragonez, a Touriga Nacional, a Castelão e a Alicante Bouschet, um cruzamento francês pouco difundido em sua terra natal e que se adapta muito bem a condições áridas. Entre as brancas, destacam-se a Antão Vaz, que enfrenta admiravelmente o calor do Alentejo (sua colheita prematura ajuda a conservar a acidez), a Roupeiro, capaz de conferir aos vinhos frescor e sabor de mel; a Arinto, lá valorizada como estimuladora da acidez, e a Perrum. Varietais internacionais também se adaptam no Alentejo, com destaque para a Syrah e a Semillon.

Mapa 9. Região vinícola do Alentejo.

Figura 16. No Alentejo, os vinhedos ficam em grandes extensões levemente onduladas.

Além da classificação DOC Alentejo, os vinhos podem usar a designação Vinho Regional Alentejano.

- A **FUNDAÇÃO EUGÉNIO DE ALMEIDA**, situada em Évora, está entre as instituições que mais influenciaram o desenvolvimento dos vinhos na região. As uvas são processadas na Adega de Cartuxa, antigo posto jesuíta onde, já no século XVII, funcionava um lagar de vinho. Seu vinho topo é o Pêra-Manca, citado em crônicas quinhentistas e que teria vindo ao Brasil com Cabral na viagem do descobrimento. Teve a sua produção interrompida por séculos, porém a marca foi ressuscitada a partir de 1990 pela Fundação, que tem trabalhado para elevar seu *status*. Corte de Aragonês e Trincadeira, somente é elaborado nos anos excepcionais; possui aromas de frutas vermelhas misturadas com figo, com fundo de couro, uma boca estruturada e elegância. O Pêra-Manca branco é um corte de Antão Vaz e Arinto. Outro vinho de grande prestígio da Fundação é o Cartuxa, tinto ou branco, elaborado com as uvas alentejanas típicas. É impressionante a sua capacidade de fazer vinhos em grande volume com boa qualidade e consistência.

- **VINHOS DA CAVACA DOURADA**, cuja propriedade, a Herdade do

Mouchão, situa-se em Portalegre, representa o que os vinhos do Alentejo têm de mais tradicional, pois preserva as mesmas técnicas ancestrais de vinificação, combinando-as com modernas tecnologias de produção. Possui 38 ha, dominados pelas castas Alicante Bouschet e Trincadeira. As melhores uvas, de uma parte do vinhedo denominada Carrapetos, são fermentadas em lagares com pisa a pé e depois passam por tonéis de madeira (mistura de carvalho, macaúba e mogno). As uvas dos tonéis 3 e 4 ficam por dois anos e são usadas na elaboração do seu vinho topo, o Mouchão Tonel 3-4, que depois estagia por mais dois anos em garrafa. Ele apresenta frutas negras, com notas de pêssego e amêndoas torradas e grande equilíbrio entre tanino e acidez: é um vinho *cult*. Uvas de parcelas contíguas, como Aragonês e Touriga Nacional, vão para o Dom Rafael, o segundo vinho da empresa.

◉ A **ADEGA COOPERATIVA DE BORBA**, com cerca de trezentos associados,

é uma das mais modernas e bem equipadas do Alentejo. Trabalha com enormes quantidades de vinho, porém procura manter um padrão de qualidade em todas as suas linhas. Seu tinto topo, o Borba Reserva, é facilmente reconhecido pelo rótulo de cortiça. O branco Montes Claros Reserva é feito com a casta Antão Vaz e apresenta boa concentração de fruta e boa acidez.

◉ **JOÃO PORTUGAL RAMOS**, enólogo com grande prestígio internacional, há mais de vinte anos tem seu nome associado ao vinho português, primeiro como consultor de conhecidas marcas e depois como produtor. Atualmente, possui 500 ha de vinhedos no Alentejo; sua adega fica em Estremoz, na Vila Santa, a região dos famosos mármores portugueses de solos xistosos. Com uvas cultivadas em vinhedos nas colinas ao redor da cidade, Ramos elabora seu tradicional tinto Marquês de Borba. Entre seus vinhos topo, o Vila Santa é um corte de Trincadeira, Aragonês, Cabernet

Sauvignon e Alicante Bouschet, enquanto o Extremus, outro tinto de classe, é corte de Trincadeira e Alicante Bouschet. Produz também vinhos no Douro (o Duorum, em parceria com José Maria Soares Franco), no Tejo (o Falua) e no Vinho Verde, com Alvarinho de Monção e Melgaço.

- A ROQUEVALE possui duas herdades em Redondo, com uma área total de vinhedos em torno de 185 ha, que inclui as castas tintas Aragonez, Trincadeira, Alfrocheiro, Castelão, Moreto, Alicante Bouschet, Tinta Caiada, Touriga Nacional, Touriga Franca e Cabernet Sauvignon; e as brancas Roupeiro, Fernão Pires, Arinto e Rabo de Ovelha. O centro de produção, inaugurado em 2003, é moderno. A empresa orgulha-se de oferecer vinhos com boa relação qualidade/preço.

- A HERDADE DO ESPORÃO, uma das maiores referências vinícolas do Alentejo, é propriedade do gigantesco grupo Finagra e possui modernas instalações em Reguengos. Seu vinho tinto Esporão, corte de Trincadeira e Aragonês, com 20% de Cabernet Sauvignon, lançado em 1989, é considerado um dos pioneiros da modernidade dos vinhos portugueses. A linha Monte Velho, de tintos e brancos para consumo diário, tem boa relação qualidade/preço.

- A CORTES DE CIMA, fundada pelo dinamarquês Hans Kristian Jorgensen, é uma vinícola destacada da região de Vidigueira. Possui 100 ha de vinhedo em duas propriedades: Cortes de Cima, onde fica a adega, e Chaminé. Apostou nas castas Aragonês e na internacional Syrah, obtendo grandes resultados. O Incógnito, 100% Syrah, é um vinho moderno ao estilo do Novo Mundo; agrada pelo aroma de frutas maduras, eucalipto e tostado. A linha Chaminé oferece um branco, corte de Sauvignon Blanc, Viognier, Verdello com Antão Vaz, e um tinto corte de internacionais (Syrah, Cabernet Sauvignon e Petit Verdot) com Touriga Nacional e Alicante Bouschet.

- A **HERDADE DO PESO** foi adquirida pela Sogrape, que a transformou em uma das mais importantes da Vidigueira. O Vinha do Monte, corte de Aragonês, Alicante Bouschet e Syrah, tem grande aceitação por seu aroma intenso de frutas vermelhas e por apresentar taninos macios.

- A **PAULO LAUREANO VINUS** pertence a um dos principais enólogos do Alentejo, que já assessorou mais de trinta produtores da região. Paulo Laureano ficou conhecido por seu trabalho na Herdade do Mouchão. Na Vidigueira, passou a produzir seus próprios vinhos, defendendo com convicção as castas portuguesas, indicadas em seus rótulos. Trabalhando com o trio de castas tintas Aragonês, Trincadeira e Alicante Bouschet, e com o de brancas Antão Vaz, Arinto e Roupeiro, tem oferecido um ótimo conjunto de vinhos modernos do Alentejo.

- A **HERDADE DA PIMENTA** pertence à Casa Agrícola Alexandre Relvas e abriga 170 ha, dos quais 65 são ocupados por vinhedos. Construída recentemente, esta adega tem à sua disposição tecnologia de ponta, e isso se nota no estilo expressivo e moderno de seus vinhos. O Grande Escolha, um corte de Touriga Franca, Touriga Nacional e Syrah, merece destaque.

- A **SOCIEDADE AGRÍCOLA ERVIDEIRA** pertence à família do Conde d'Ervideira, um produtor da região que trabalhou incansavelmente por causas locais no final do século XIX e que recebeu o título de D. Carlos I. A propriedade foi recentemente reorganizada. Contém 160 ha de vinhedos divididos entre Vidigueira (110 ha) e Reguengos de Monsaraz (50 ha). O Private Selection, corte de Aragonez, Trincadeira e Alicante Bouschet, é um excelente vinho.

- A **HERDADE DA MADEIRA VELHA** é um projeto recente. Em 2010 comprou três marcas de vinho existentes e já apreciadas no mercado externo: Canto X, Canto V e Zéfyro. Os vinhos dessa propriedade são

Figura 17. Rótulos de vinhos do Alentejo.

exuberantes, modernos e fáceis de beber.

- **JÚLIO BASTOS**, um produtor muito respeitado na região, foi o responsável por regenerar a Quinta da Dona Maria e trazê-la de volta à sua glória. A propriedade é uma referência não apenas pela sua beleza, mas também pela sua história e pela qualidade de seus vinhos. Conta-se que ela foi adquirida pelo rei dom João V e dada como presente à dona Maria, por quem o rei estava loucamente apaixonado. Júlio Bastos oferece uma gama de vinhos de ótima qualidade e consistência, com destaque para o Dona Maria Reserva.

- **TERRAS DE ALTER** utiliza as uvas produzidas pela Sociedade Agrícola das Antas, Sociedade Agrícola do Monte Barrão e Sociedade Pink Living – pertencente a Peter Bright –, na região de Alter do Chão e Fronteira. Peter Bright é um enólogo de origem australiana que vive em Portugal desde 1982, cuja produção vinícola segue o estilo dinâmico do Novo Mundo, com sistemas modernos de viticultura e enologia. Produz vinhos de castas internacionais e também de castas tradicionais portuguesas, com destaque para a Touriga Nacional, um vinho com excelente relação qualidade/preço.

OUTROS PRODUTORES RECOMENDADOS

- Adega Cooperativa de Redondo
- Carmim (Cooperativa Agrícola de Reguengos de Monsaraz)
- Francisco Nunes Garcia
- Herdade da Farizoa (Companhia das Quintas)
- Herdade da Malhadinha Nova
- Herdade do Rocim
- Herdade dos Grous
- Quinta do Carmo (Grupo Bacalhôa)
- Quinta do Mouro
- Tapada do Chaves
- Vinhos Tiago Cabaço

Índice remissivo

A
abertura, 163, 174, 188
acidez, 53, 63, 69-71, 74-75, 78-84, 95, 104, 116, 131, 134, 148, 174-175, 185-186, 200, 207, 210-211, 228, 265, 269, 274, 282, 284, 287, 292, 296, 299, 313, 322, 345, 351, 357-358, 363, 380, 391, 397, 407, 411, 414, 423, 426
  volátil, 201
acidificação, 116
ácido, 23, 29, 31, 54, 92, 101, 116, 196, 201, 226
  acético, 201
  cafeico, 217
  lático, 92
  málico, 29, 92, 201
  tartárico, 29, 91, 92, 116, 201
Aconcágua, 266, 269, 273-274, 277, 278-281, 287, 351
açúcar, 17-18, 20, 23, 28, 29, 30, 31, 50, 53-55, 63, 89, 101, 104-105, 115, 117, 125-126, 131, 136-137, 139, 144, 148, 152-153, 200, 206, 215, 226-228, 237, 253, 322, 351
adega, 63, 76, 85-86, 105, 123, 128, 131, 148, 170-172, 201, 242, 247, 252, 261, 289-290, 305, 314, 348, 352, 367, 380, 382, 384, 391, 401-405, 407-408, 414, 421, 423, 425-428, 430
  climatizada, 171-172, 185-186
aduela, 107, 109, 110, 113
Agrelo, 322, 342-343, 346-347, 350
agrotóxicos sintéticos, 60
água, 18-20, 29, 43, 45-46, 56, 60, 101, 103, 105, 117, 148, 163, 180, 191, 192, 195, 200, 215, 218, 237, 266, 271, 277, 287, 288, 299, 302, 323, 327, 331, 335, 351, 355, 367, 372, 378, 388, 417
Água Doce, 235, 236, 258, 260
agulha, 380
albariza, 148, 149
álcool etílico, 17-18, 29, 213

Alenquer, 376, 411-413
Alentejo, 69, 74, 83, 210, 375-376, 397, 401, 408-409, 421, 423-429
Alicante Bouschet, 29, 95, 239, 248, 413, 418, 423, 426-428
Almaviva, 287, 289, 291-292
Almeirim, 415-416
Alsácia/Reno, 34, 35, 77, 80, 104, 156, 157
Altamira, 323, 336, 340, 342, 346, 348, 350
Alter do Chão, 430
altitude, 45-46, 222, 226-227, 230-233, 235-237, 257-258, 260, 267, 272, 288, 322-323, 324, 326-327, 329-330, 333, 335-338, 343, 346, 348, 351, 353, 355, 357, 385, 390, 394, 396, 397
Alto Jahuel, 285-286, 287, 294
Alto Rio Mendoza, 338
Altura Máxima, 329
amadurecimento, 31, 43, 47, 52, 53, 70, 77, 78, 107, 112, 120,

431

178, 223, 228, 231, 244, 277, 282, 322-323, 355, 407

Amaral, 407

Amarante, 379, 380

Amontillado, 151

Anadia, 399-400, 402-403, 409

analogia, 205-206

Andes, 272, 277, 292, 299, 302, 311, 323, 327, 331, 335, 343, 351

Angostura, 303, 308

anidrido sulfuroso, 87, 92, 97, 100, 101

antera, 22

antioxidante, 216-217

antocianina/antociano, 28-29, 43, 89, 118, 173, 322, 355

Apalta, 294, 296, 300, 302-307, 314

Appelation d'Origine Contrôlée (AOC), 166

Appelation d'Origine Protégée (AOP), 167

Aquitania, 288, 319

aroma(s), 7, 13, 15, 32, 43-44, 53, 60, 66-74, 76-78, 79-84, 87, 89, 92-93, 98, 100, 108, 111-113, 116, 131, 134, 136-137, 144-145, 147, 150, 155, 173, 180-182, 184-185, 191, 196-197, 201-202, 206, 208, 232, 235, 237, 246, 253, 269, 274, 277, 288, 324, 399, 407, 425, 427-428

primários, 197

secundários, 197

terciários, 197

aromática(o), 22, 66, 70, 80, 98, 107, 111, 114, 116, 121, 152, 173, 196, 206, 208, 209, 327, 357, 391, 411, 413

Arruda, 376, 411, 412

árvore, 19, 23, 47, 108, 109, 159, 288, 380

associação, 206, 220, 230-231, 269, 346

Asti, 74, 81, 137, 227

aszú, 104

Atacama, 26, 263, 274

Ave, 378, 379, 380, 384

B

Babo, 55

bago, 28-30, 51-55, 58, 66, 86, 95-97, 103-104, 121, 140, 237, 327, 338, 396

Baião, 379, 380

Bairrada, 74, 82-83, 134, 375-376, 382, 399-404, 408-409

Bairro, 415

Baixo Corgo, 387, 392

Barca Velha, 389, 393

barro, 148

Basto, 379, 380

Baumé, 55

Beira Interior, 376, 397-398

Bento Gonçalves, 229- 231, 240-242, 247

Bical, 82, 399, 402, 408

Borrado das Moscas, 82, 407

Bío-Bío, 273, 308, 319

Blanc

de blancs, 126, 132-133

de noirs, 126, 132

Borba, 376, 424, 426

bordalesa, 156-158, 268, 280

borgonhesa, 156, 157

botrytizado(a), 184, 207, 313

bouchonée, 161, 201

brett, 201, 202

Brix, 55

brotação, 31, 50

Bucelas, 82, 376, 411-413

Buin, 273, 285, 286, 288, 290, 293, 294

buquê, 197

C

cacho de uva, 19, 28, 47, 57, 85, 95, 103

Cafayate, 325, 327-330

calcário, 43, 44, 148, 331, 363, 367, 415, 423

cálcio, 91, 201, 215

calda bordalesa, 58

Caliboro Alto, 317

Calingasta, 332, 333

Campanha, 222, 226-227, 233-234, 244-245, 253, 255-256

Gaúcha, 233

Meridional, 233

Oriental, 233

Campos Novos, 235, 236

Canelones, 364-369, 372, 374

canópia, 22

Cantanhede, 399, 400, 404

cápsula(s), 163, 178, 186

características organolépticas, 18, 31, 65, 180

carbónica, 121, 122

carbonização, 125, 138

Carcavelhos, 411, 412
Carmelo, 364, 371, 372
Carregal do Sal, 406, 408
Carrodilla, 342, 343
Cartaxo, 376, 415-417
carvalho, 92, 107-114, 153, 188, 211, 231, 240, 242-244, 247, 248, 257, 260, 297, 338, 351, 381, 382, 390, 391, 393, 401, 407, 413, 421, 426
cascalho, 43, 44
Catamarca, 325, 326, 328
Cava, 84, 126, 134
Cávado, 378, 379, 380, 381
centrífugas, 91
Cerceal, 134, 398, 402, 407, 408
Cercial de Bairrada, 399, 402
Cereza, 321, 331
Cerro Chapeu, 371
Chacras de Coria, 342
Champagne, 4, 34, 35, 79, 126, 132, 134
champagne, 68, 76, 126-128, 130-133, 135, 156, 157, 180
safrado, 127
Chamusca, 376, 415, 416
chapéu, 88, 89, 100, 117-118
chaptalização, 115, 116, 231
Charneca, 415
Chaves, 385
Cheval des Andes, 324, 346
Chillán, 273, 319
Chimbarongo, 273, 300, 303
chips, 112-113, 231
Choapa, 269, 274
Cima Corgo, 386-387, 390, 392
Cinsault, 73, 75, 295, 319, 413

cítrico, 29, 81, 201, 407
clarificação, 91, 98, 121
clone, 26, 28, 261, 270, 280, 338, 405
Clos, 166, 303
de los Siete, 352, 353
de Vougeot, 16
Quebrada de Macul, 288
colagem, 91
Colares, 43, 376, 411, 412, 414
colheita(s), 16, 32, 54-56, 63, 85-86, 95, 101, 105, 123, 127, 132, 145, 173, 175, 223, 225, 227-228, 232, 235, 237, 267, 288, 314, 319, 352, 405, 423
precoce, 228, 232
pós, 49
tardia, 102, 207, 227, 262,
Colheita Seleccionada, 378
colheitadeira(s), 55
mecânica, 55
moderna, 55
Colonia, 38, 364, 365, 371, 372, 374
Colonia del Sacramento, 364, 371
concelho, 397, 399, 402
de Palmela, 418
de Sesimbra, 418, 419
de Setúbal, 418
Concha y Toro, 274, 287, 289-291, 303, 308, 340
conservação, 155, 177, 188
consumo, 7, 34, 91, 95, 120, 123, 136, 159, 162, 213-215, 217-219, 254, 264-265, 271, 313, 321, 336-337, 361, 381, 427

excessivo, 218, 219
moderado, 217, 218, 219
contains sulfites, 217
conversão malolática, 92, 98, 197, 257
copitas, 180
Coquimbito, 338, 339
Coquimbo, 273, 274
cordilheira, 266, 285, 288, 315, 357
da Costa, 267, 271-272, 277, 282-283, 302
dos Andes, 26, 263, 266, 271-272, 277, 287, 311, 322, 326, 335, 351
Cordón del Plata, 345
corked, 161
corpo, 53, 76, 148, 153, 200, 208, 211, 245, 305, 388, 391
corrente de Humboldt, 266
corta-cápsula, 178, 179
corte, 25, 26, 56, 58-59, 69, 72, 81-84, 92-93, 98, 114, 132, 134, 147, 164, 226, 230, 239, 242-243, 245-248, 258, 260-261, 279-280, 291-292, 294, 296, 301, 303, 307-308, 313, 314, 317, 327, 329, 330, 333-334, 336, 338-340, 342-343, 345-346, 348, 350, 352, 354-355, 358, 366, 369, 374, 381, 390-391, 393, 397, 410, 413, 415, 421, 425-428
Coruche, 376, 415, 416
costa, 25, 39, 147, 211, 266, 267, 272, 274, 277, 283, 311, 372, 375, 411

Cousiño Macul, 287, 288

Crémant, 132

crioextração, 116

Criolla, 321, 331

criomaceração, 116, 117

Cru, 166-167, 369

Cruz de Piedra, 338

Cuchilla Verde, 368

cultivo orgânico, 60-62

cultura biodinâmica, 61

Cunaco, 303, 307-308

Cuyo, 326

D

damajuanas, 331

Dão, 69, 70, 74-75, 82, 210, 375, 376, 404-410, 421

decantação, 97, 182, 184, 201

decanter, 182

dégorgement, 128, 129, 135

degustação, 13, 132, 166, 191-192, 196, 199, 201, 203, 225, 347, 348, 378

delestage, 117-118, 119

Denominação de Origem, 152, 164, 166, 167, 225, 230

Denominação de Origem Controlada (DOC), 166, 377

desacidificação, 116

descuba, 89

desengaçamento, 95

dióxido de enxofre, 61

direção, 45

diurético, 217, 218

DOCG, 166

doença de Pierce, 59

Dom Pérignon, 127, 133

Don Melchor, 287, 290, 291

dormência, 49, 50, 237, 239

dosage, 130, 131, 135

dose de álcool, 216

Douro, 47-48, 69-70, 76, 83, 140-141, 144-145, 210, 375-376, 378-379, 382, 384, 386-396, 401, 405, 408, 421, 427

Superior, 387, 389- 391, 393

E

ecossistema, 63

efervescência, 128, 195

Eiswein, 105

Encostas de Aire, 411, 412

Encruzilhada do Sul, 233, 234, 244, 245

energia, 17, 18, 30, 43, 47, 49, 61, 63, 158, 218

engaço, 28-29, 58, 86, 95-96

engarrafar, 95

Entre Cordilheiras, 272, 285, 302, 311

envelhecimento, 66, 67, 69, 84, 95, 107, 111, 131, 135, 144, 147, 148, 151, 152, 175, 182, 197, 198, 216, 224, 255, 297, 314, 401, 421

enxertia, 25-27, 264

enzimas de leveduras, 17

escoliose da videira, 59

Esgana Cão, 407

esmagamento, 86, 89, 96, 140

espaldeira, 47, 48, 227, 230, 233, 235, 237, 255, 336, 380

espumante, 14, 39, 76, 79-84, 125-126, 132, 134-138, 156, 159, 160, 180-181, 186-187, 195, 209, 211, 224-225, 227-228, 230-231, 240-242, 244-247, 250, 252, 253-255, 258, 260-262, 308, 313, 399, 411

abrir e servir, 186

estame, 22

Estate Bottled, 166

éster acetato de etila, 201

estigma, 22

Estremoz, 426

estuário do rio da Prata, 372

eutipiose, 58-59

Évora, 376, 423, 424, 425

exotérmica, 18

F

Farroupilha, 229, 231, 250, 252

fechado, 174, 201

fermentação alcoólica, 17-19, 28, 30, 87-89, 92, 118, 121, 197

filamento, 22

filoxera, 23, 25-26, 43, 71, 223, 264, 268, 402, 405, 420

filtragem, 93

finca, 345, 346, 352

flor, 13, 19, 20, 22, 51, 69, 150-151

floração, 31, 267, 268, 319

florais, 69, 72, 77, 79, 81-84, 134, 197, 269, 324, 407

Flores da Cunha, 229, 231, 248, 252

flute, 180
Fonte Cal, 397
fotossíntese, 20, 45-46, 49, 357
fracionamento, 351
frutose, 18, 70
Fundo Maquehua, 311
fungicidas sistêmicos, 58-59
fungos, 30, 57-58, 101, 161, 319

G

Garibaldi, 229-231, 245, 246, 250, 252
garrafa, 16, 60, 66-69, 78, 91, 93, 95, 107, 111, 120, 123, 125-132, 134-135, 155-159, 162-164, 170-171, 173-174, 178, 182, 185-186, 188-189, 197, 201, 224, 231, 242, 248, 266, 378, 401, 407, 423, 426
Garrafeira, 378
Garzón, 366, 372
gás carbônico, 17-18, 20, 29, 88, 121, 125-126, 134, 136-138, 157, 195, 380, 381
glicose, 18, 20, 218
Godoy Cruz, 338
gosto, 15, 29, 78, 86, 109, 151, 153, 191, 193, 199, 201, 207
Grande Escolha, 378, 428
Gualtallary, 323, 348, 350, 351
gyropalettes, 130

H

habillage, 130
harmonia, 200, 207, 208
Huarpe, 323, 326, 335
Huelquén, 287

I

Icewine, 105
inclinação, 45, 47, 140, 186, 384, 388
Indicação
de Idade, 145
de Procedência (IP), 224, 241
Geográfica, 167, 224, 230, 377
Indication Géographique Protégée (IGP), 168
Indicazione Geografica Tipica (IGT), 167
insetos, 25, 57, 59, 61, 264
Instituto dos Vinhos do Douro e Porto (IVDP), 145, 387
Instituto Nacional da Propriedade Industrial (Inpi), 224, 230, 231
Instituto Nacional de Vitivinicultura (Inavi), 361, 362
intensidade, 193, 195, 276
IP Altos Montes, 229, 231
Itata, 273, 319

J

Jerez, 34, 37, 105, 139, 148-151, 153, 157, 180
jeroboam, 156
Junin, 336, 340

L

La Pampa, 325-326, 352, 357
La Rioja, 325-326, 332
Lafões, 376, 407

lagares, 88, 89, 140, 391, 393, 426
de granito, 140
robotizados, 144, 402
Lágrima, 146, 152
lágrimas do vinho, 195
Las Barrancas, 338
Las Compuertas, 338, 342, 346
Las Heras, 336
latada, 47, 227, 237, 380
Late Bottled Vintage (LBV), 145
Lavalle, 336
Leiria, 376, 411
levedura, 17-19, 28-29, 30, 84, 87, 89, 98, 101, 105, 121, 125, 126, 128, 131, 134, 136, 137, 139, 197, 201, 279
Lezíria, 415, 418
Lima, 378, 379, 380, 384
limbo, 20
limpidez, 193
lipídios, 215
liqueur d'expédition, 131, 135
liqueur de tirage, 125
Lisboa, 43, 147, 375-376, 411-412, 414, 415, 417, 418
lodges, 144
Lolol, 300, 302, 308
Loncomilla, 301, 315, 317
Lontué, 311-313
Los Lingues, 308, 310
Louis Pasteur, 17
Lourinha, 411-412
Luján de Cuyo, 322, 324-325, 336-337, 338, 340, 342-350
Lunlunta, 338, 345, 348
luz, 20, 45-47, 54, 170-171, 182, 193, 253, 269

435

M

maceração, 89, 100, 132
  carbônica, 121-122
  pré-fermentativa, 116
  pós-fermentativa, 120
madeira, 65, 67, 69, 77, 84, 86, 90, 107-109, 111-113, 120, 144-147, 152, 155, 168, 211, 223, 240, 246-247, 260, 265, 282, 291, 295-296, 329, 338, 345, 351, 369, 391, 426
magnum, 156
Maipo, 266-267, 272-273, 283, 290, 295, 298, 301, 303, 308, 322
  Andes, 285, 287, 288, 313-314
  Costa, 285, 295-296
  Entre Cordilheiras, 285
Maipú, 336-338, 340-342, 346
Málaga, 37, 105, 139, 152
Maldonado, 364-365, 372
málico, 29, 92, 201
Malleco, 273, 319
Manzanillas, 148, 150, 151
Marchigüe, 300, 302, 305
Marsala, 105, 139, 152
Marufo, 385, 397
maturação, 53, 55, 58, 65, 86, 168, 170, 175, 197, 226, 228, 230, 231, 232, 233, 235, 237, 245, 258, 267, 269, 274, 287, 327, 380, 384
Mayor Drummond, 342
Mealhada, 399-400
Melgaço, 379-384, 427
Melilla, 369-370

Mendoza, 322, 323, 325-326, 335-337, 338-341, 343-347, 351, 355, 357
método, 53-54, 60-61, 63, 79, 83-84, 88, 95, 105, 118, 121, 125, 126, 128, 135, 137, 138, 140-142, 153, 168, 174, 188-189, 225, 322, 367, 399
  champenoise, 126, 128, 130
  Charmat, 125, 136, 137, 225, 245, 246, 258
  de transferência, 125, 135
  do tanque, 136
  tradicional, 125-126, 132, 134, 135, 225, 230, 244
micro-organismos, 17, 161, 170
micro-oxigenação, 112
Miguel Torres, 311, 313
míldio, 58
Minho, 378, 380-384
Mogofores, 400, 402
Molina, 273, 311-313
Monção, 376, 379-382, 409, 427
Monte Belo do Sul, 229, 230
Montilla, 37, 139, 153
Moscatel, 80, 148, 152, 227, 262, 396, 418, 420
  de Alejandria, 319
  de Setúbal, 81, 105, 139, 147, 420
  Espumante, 137, 242, 261
mostímetro, 54
mosto, 17-19, 30, 54, 86, 89, 97, 100-101, 105, 115-118, 120, 216, 231
mudança de cor, 52, 193, 237

Mulchén, 319
mutage, 152

N

Nebuchadnezzar, 156
Neuquén, 325-326, 356-359
non-vintage, 127, 132
norte e leste de Mendoza, 336
Nova Pádua, 229, 231, 247

O

Óbidos, 376, 411-413
oídio, 58
olfato, 192, 193, 196, 199
Oloroso, 148, 150-151
ovário, 22
oxidação, 55, 85, 87, 97, 121, 150-151, 161, 170, 197, 216-217, 239

P

País (uva), 315, 319
Paiva, 378-380
Palácio Solar de Mateus, 401
paladar, 7, 34, 81, 92, 150, 182, 191, 192, 198, 324, 372
Palmela, 418, 420
Panquehue, 273, 277-278, 313
paradoxo francês, 214
Paredones, 300, 308
Parque Natural da Arrábida, 418
parral, 336
parreira, 19, 227, 230, 247, 264, 268-269, 294, 308, 315, 319, 322, 357, 371, 391
parreiral, 17, 23, 221

Pascual Harriague, 363
passito, 84, 101, 260,
Patagônia, 263, 326, 344, 356-359
patamares, 140, 267
pé-franco, 26, 43, 71, 402, 408
Pedernal, 332-333
pedregulho, 43-44, 381
pele, 17, 28-29, 30, 66, 67, 71, 80, 82, 103, 407
Península de Setúbal, 74, 147, 375-376, 409, 418-422
Pêra-Manca, 425
Peralillo, 273, 300, 307
Perdriel, 322, 324, 342, 344-346
pérgula, 47, 336
Periquita, 402, 420-421
Perrum, 423
pH, 174-175
Phylloxera vastatrix, 16
pigeage, 117-118
Pinheiro Machado, 233-234, 255
Pinto Bandeira, 226, 229, 231, 240, 246, 252
pipa, 142, 144, 240
pipeño, 315
pirâmide Maia, 347
pirazinas, 202
Pirque, 273, 285, 286-287, 289, 291, 296
pisa a pé, 88, 140, 142, 394, 426
Planalto
   Catarinense, 211, 235-236, 257
   de Palmas, 235-236
   Mirandês, 385

podridão
   cinzenta, 58
   nobre, 101, 103, 104, 175, 417
pólen, 22
polifenóis, 43, 54, 89, 174, 216, 253, 363
polifenólicos, 215
polinização, 22
polpa, 28-29, 86, 96
porta-enxerto, 23, 26, 28, 402
Portalegre, 376, 424, 426
Porto, 144, 376, 378, 387
pós-colheita, 49
posição, 128, 130, 171
potássio, 91, 201, 215
pragas, 57-58, 60-61, 235, 264, 267
prato, 175, 205, 206-207, 209, 210, 212, 215
prensagem, 89, 96-97
prensa(s), 90, 91, 96
   contínuas, 90
   horizontais, 90
   vertical(is), 90
Progreso, 367, 374
Protected Designation of Origin (PDO), 167
Protected Geographical Indication (PGI), 168
Puente Alto, 285, 286, 290-291, 297
pulverização, 58
pupitre, 128-129
*puttonyo*s, 104

Q

quercetina, 216

quintas, 140, 382, 390-394, 397, 408, 409, 413, 417

R

Rabigato, 385, 388, 391, 393
Rabo de Ovelha, 407, 415, 420, 427
rack, 171-172
raízes, 16, 19, 23, 25, 43-44, 264, 324, 388
ramada, 380
recioto, 101
Redondo, 376, 424, 427, 430
redução, 173, 197, 201
refratômetro, 54
Região Sur, 274, 319
remontagem, 88, 117
remuage, 128-129, 135
remuer, 130
rendimento, 28, 59, 72, 75-76, 83, 166-168, 237, 268, 287, 336, 369, 380-381
Reserva, 144, 242, 244-248, 274, 279, 283, 288, 294-295, 301, 317, 338, 340, 343, 346, 358, 367, 372, 374, 378, 383, 389, 391, 392, 394, 397, 409-410, 413, 418, 430
resveratrol, 216
retrogosto, 199
rio
   Aconcágua, 277-278
   Atuel, 325, 355
   Calchaqui, 327-328
   Claro, 300, 312, 316
   Colorado, 356-357
   da Prata, 362, 367, 372

Dão, 405-406
Diamante, 325, 355
Jachal, 325, 331
Limay, 325, 356-357
Lontué, 273, 311
Mataquito, 273, 311-312
Maule, 273, 315-316
Mondego, 325, 376, 405-406
Negro, 325-326, 356, 357-359, 362, 364
Neuquén, 325, 356-357
Paraná, 372
Pinhão, 386, 392
Sado, 376, 418-420
San Juan, 325, 331-332, 333, 372
Santa Lucia, 367, 368
Santa Luzia, 369
Teno, 311-312
Tinguiririca, 273, 299, 300, 302
Uruguai, 232, 234, 362, 364, 368
Rio Negro, 325-326, 356, 357-359, 362
Rivadavia, 336
Rivera, 364-365, 371
rolha(s), 13, 128, 130, 155, 159-163, 170-171, 178-179, 184-186, 188, 201
de cortiça, 16, 127, 145, 159-160, 161, 162-163
sintética(s), 160, 161, 162
Roupeiro, 83, 397, 420, 423, 427, 428
rototanque, 117-118
rótulo, 7, 13-14, 67, 76, 123, 127, 130, 132, 140, 145, 147,

151, 155, 163-165, 166-169, 170, 177-178, 201, 203, 217, 243, 251, 255, 256, 259, 262, 264, 266, 281, 284, 289, 291-292, 298, 302, 314, 318, 330, 334, 337, 341, 346-347, 349, 354, 358, 359, 365-366, 372-373, 381, 383, 395, 398, 401, 404, 410, 414, 417, 422, 426, 428-429
Ruby, 144, 253, 261
Ruta del Viño, 315

S
sabores do vinho, 60, 198
ácido, 22, 198-199
amargo, 73, 80, 83, 198, 326
doce, 76-83, 101-105, 116-117, 131, 132, 139, 144, 146, 152-153, 180, 184-185, 198, 207, 208, 227, 317, 390, 417
salgado, 198-199
umami, 198-199
saca-rolha, 178
safra, 55, 127, 145, 164-165, 168, 173, 178, 228, 239, 245, 250, 260, 270, 271, 296, 314, 317, 335, 338, 358, 389
Salta, 325-326, 327-330, 343, 346, 357
Salto, 363-364, 368
San Carlos, 328, 338, 351
San Clemente, 273, 315-316
San Felipe, 273, 278, 280, 339
San Javier, 315-317
San Javier de Loncomilla, 317

San José, 364-366
San José de Tocornal, 285, 291
San Juan, 296, 325-326, 331-334, 371
San Martin, 336
San Pedro de Melipilla, 295-296
San Pedro de Yacochuya, 327, 330
San Rafael, 316, 325, 355
Santa Rita, 287, 293-294, 350
Santa Rosa, 336
Santarém, 376, 415-417
São Joaquim, 235-236, 257-258, 260
sarmento, 19, 22, 23, 50
screw-pull, 178-179
screwcap, 162
Sekt, 126, 136
semente(s), 15-16, 22, 29, 86, 90, 96-97, 216
Seña, 279-281
sensibilidade sensorial, 206, 208
Sercialinho, 399, 402
Serra
Catarinense, 226, 258-260
da Estrela, 405-406, 408
da Nave, 405-406
do Alvão, 378, 385
do Buçaco, 399-400, 405-406
do Caramulo, 399-400, 405-406
do Marão, 378, 385
do Marari, 235-236
do Montejunto, 411-414
do Sudeste, 221-222, 226, 233-234, 244, 253, 255

Gaúcha, 70, 134, 222-223, 226, 227-229, 231, 232, 233, 235, 240, 243, 246, 247, 250-252, 254

Silgueiras, 408

Single Vineyard, 166, 279, 295, 301, 314, 340, 342, 343, 345, 358

Síria, 385, 397

sistema de condução, 47-48, 59, 227, 261

skin contact, 116

sobreiro, 159-160

socalcos, 140

solera, 151

solo, 19, 26-27, 31, 43-45, 63, 77, 126, 148-149, 151, 227, 232, 233, 235, 250, 253, 272, 277, 285, 286-287, 288, 291, 302, 317, 327, 331, 333, 336, 351, 362-363, 365, 367, 372, 381, 385, 388, 397, 405, 411, 415, 423, 426

sommelier, 178-179

Sousa, 378, 380, 381

Sousão, 392, 394

Sparkling Wine, 126

staves, 113

substâncias tânicas, 28

sul de Mendoza, 355

sulfitagem, 87, 97, 121

sulfitos, 217

sur lie, 120

Süssreserve, 101

T

taça(s), 13, 115, 180-181, 186, 188, 191, 193, 195, 196, 197, 217

Talha, 415

tampa(s), 127-128, 162-163
de rosca, 162-163

tanino, 28-29, 44, 66-67, 70-72, 74, 86, 108, 111, 112, 116, 118, 173-174, 182, 185-186, 198, 200, 207, 210, 216, 226, 232, 235, 269, 277, 287, 322, 324, 327, 363, 388, 426, 428

tártaros, 91

Tawny, 145

Tejo, 147, 375, 415-417, 418, 427

temperatura de serviço, 185-186

teor alcoólico, 53, 71-72, 80-81, 89, 101, 104, 115, 139, 144, 164-165, 167-168, 195, 200, 225, 254, 358, 378, 380-381

termovinificação, 118

Terras Durienes, 387

Terras Vedras, 411

terroir, 31, 63, 202, 246, 266-267, 294, 295, 343, 348, 353, 358, 366, 396

tetra pak, 158, 331

Tomar, 376, 415-417

tonelaria(s), 109-111

topografia, 45-46, 101, 230, 235, 253, 363, 372

Torrontés, 80, 324, 326, 327, 329-330, 336, 340, 343, 346, 350, 357

tostagem, 109

Traiguén, 270, 271, 273, 289, 319

transparência, 93, 100, 193

transvaso, 125, 135

Trás-os-Montes, 376, 385

tratamento a frio, 91, 98, 201

trepidação, 170-171

tricloroanisol (TCA), 161

tronco, 19, 58

Tucumán, 325-326, 328

Tunuyan, 340, 351

Tupungato, 211, 325, 336, 339, 340, 346, 350, 351-353

U

Ugarteche, 342, 350

umidade, 32, 43, 101, 103, 170-171, 228, 235, 245, 333, 335, 337, 351, 357, 417

unfiltered, 93-95

uvas tintureiras, 95

V

vacum-vin, 188

Vale
Central, 34, 273-274, 285, 294
de Casablanca, 267, 282-283
de Colchagua, 299, 302-309
de Curicó, 311-314
de Elqui, 274
de Leyda, 283-284, 294
de Limari, 267, 271, 274-276
de San Antonio, 283-284
de Tulum, 331, 333
de Uco, 323, 336, 340, 342, 343, 346, 350, 351-354

de Zonda, 331, 333
do Aconcágua, 266-267, 277-281
do Maipo, 285-298
do Maule, 266-267, 315-318
do Rapel, 266-267, 299-302
do Rio Torto, 393
do São Francisco, 237-239, 261-262
dos Vinhedos, 67, 166, 228-231, 242-245, 247, 252
Norte, 326
Ullum, 331-332
Valpaços, 385
vento
polar, 340
sudestada, 340
zonda, 340
videira, 19-22, 23-26
europeia, 23-26, 250
americana, 23-26
Vidigueira, 376, 424, 427, 428
Vilarinho dos Freires, 392
Villa Alegre, 273, 315
Vin
de Pays, 167
Doux Naturel, 139, 152
Mousseux, 136

vinha(s)
ao alto, 140
de enforcado, 380
vinhas velhas, 72, 253, 269, 327, 343, 378, 391, 393, 398, 409
vinhedo, 15-17, 23, 34-42, 49, 57, 59
vinho (básico português), 377
vinho(s)
da roda, 147
de gelo, 105
de mesa, 70, 167, 168, 210, 223, 224, 387, 390, 391, 415, 418
do Porto, 70, 75, 84, 139, 140-146, 178, 375, 382, 387, 390, 391, 393, 396
doce, 76, 78-80, 83, 85, 101, 103, 105, 116-117, 139, 148, 153, 180, 184, 207, 227, 317
doces naturais, 152
fino(s), 34, 76, 84, 150, 164, 224, 240, 247, 250, 258, 339, 347
fortificado, 80, 83-84, 105, 139, 147, 148, 150, 152, 153, 209, 387, 418

Kosher, 123
regional, 167, 377, 381, 385, 397, 399, 402, 407, 411, 425
rosado, 75, 85, 100, 125, 184, 193, 207, 210
trasmontano, 385
torna-viagem, 147
Verde, 211, 375, 380-381, 407
Vinhos Verdes, 79, 211, 376, 378-384, 407
vinificação, 85, 87, 92, 96-100, 121, 123, 153, 168, 173, 188, 216, 217, 233, 246, 247, 340, 370-371, 390, 401, 413, 423, 426
Vintage, 132, 144-145
visão, 192, 193
Vista Flores, 336, 343, 351-352
Vistalba, 322, 342-343, 346
Vitis vinifera, 23-26, 223, 264, 362

X

Xisto, 44-45, 140, 382, 385, 388, 405, 423, 426